阅读推广人系列教材（第二辑）

中国图书馆学会 编
总主编 王余光 霍瑞娟

大学图书馆阅读推广

主　编　王新才
副主编　黄　鹏　王　媛

CIPG 中国国际出版集团　朝华出版社 BLOSSOM PRESS

图书在版编目（CIP）数据

大学图书馆阅读推广 / 王新才主编 . -- 北京：朝华出版社, 2017.6
阅读推广人系列教材 . 第 2 辑 / 王余光，霍瑞娟主编
ISBN 978-7-5054-4023-4

Ⅰ . ①大… Ⅱ . ①王… Ⅲ . ①院校图书馆—读书活动—教材 Ⅳ . ① G252.17

中国版本图书馆 CIP 数据核字 (2017) 第 133262 号

大学图书馆阅读推广

主　　编	王新才
副 主 编	黄　鹏　王　媛
选题策划	张汉东
责任编辑	刘小磊
责任印制	张文东　陆竞赢
出版发行	朝华出版社
社　　址	北京市西城区百万庄大街 24 号　　邮政编码　100037
出版合作	（010）68995593
订购电话	（010）68996050　68996618
传　　真	（010）88415258（发行部）
联系版权	j-yn@163.com
网　　址	http：//zhcb.cipg.org.cn
印　　刷	环球东方（北京）印务有限公司
经　　销	全国新华书店
开　　本	710mm×1000mm　1/16　　　　字　数　260 千字
印　　张	18.5
版　　次	2017 年 6 月第 1 版　 2017 年 6 月第 1 次印刷
装　　别	平
书　　号	ISBN 978-7-5054-4023-4
定　　价	39.80 元

版权所有　翻印必究·印装有误　负责调换

阅读推广人系列教材（第二辑）编委会

主　编　王余光　霍瑞娟
编　委　（按姓氏音序排列）
　　　　邓咏秋　何官峰　黄　鹏　金德政
　　　　李东来　李世娟　李西宁　邱冠华
　　　　王丽丽　王　玮　王新才　王　媛
　　　　吴　晞　肖容梅　熊　静　徐　雁
　　　　许　欢　张　岩　张　章　仲　岩

总 序

全民阅读、阅读推广，是立足中国文化、提高中华民族素质与竞争力的重要举措，近年来受到政府与社会的广泛关注。党的十八大报告在关于"扎实推进社会主义文化强国建设"的论述中明确表示，要"开展全民阅读活动"。2014年和2015年，李克强总理先后在《政府工作报告》中提及"倡导全民阅读""建设书香社会"。

开展全民阅读活动是一项社会文化系统工程，需要集合全社会的力量推行。图书馆承担着传承社会文明、传播知识信息的重要职责，尤其在推动全民阅读，提高人民群众思想道德素质和科学文化素质，推动社会进步中发挥着重要作用。其实，图书馆界开展阅读推广工作由来已久，甚至可以说，提供阅读场所和读本的图书馆，自诞生之时就以阅读推广为自身的天然使命。2005年，作为我国图书馆界及相关业界最有影响力的社会组织，中国图书馆学会成立了科普与阅读指导委员会，这标志着中国图书馆学会在推动全民阅读上有了专门的组织机构。2009年，科普与阅读指导委员会更名为阅读推广委员会，下设15个专业委员会。近年来，中国图书馆学会依托图书馆行业自身优势，联合社会力量，积极倡导全民阅读，指导和推动全国图书馆界开展阅读推广活动，加强阅读文化和阅读服务的研究，集聚了一批从事全民阅读与阅读推广研究和教育培训等方面的专家，形成了开展阅读推广活动的长效机制。

图书馆馆员是图书馆阅读推广活动的策划者、组织者和实施者，其相关能力直接影响着图书馆阅读推广活动的成果与实效。图书馆阅读推广活动的开展，离不开高素质的"阅读推广人"。为了更加规范有效地开展阅读推广活动，进而从根本上促进我国全民阅读事业的发展，中国图书馆学会于2014年年底在江苏常熟举办的全民阅读推广峰会上，正式启动了"阅读推广人"培育行动，计划通过未来几年的努力，培育一大批专业"阅读推广人"。通过培育行动，将有更多职业"阅读推广人"在图书馆、学校以及更广阔的空间里发挥更大的作用，为推进全民阅读工作和书香社会建设做出更大的贡献。

为了配合"阅读推广人"培育行动的开展，中国图书馆学会组织编写了"阅读推广人"系列教材。希望这套教材的出版能对"阅读推广人"的培育和图书馆界及相关业界阅读推广工作的开展有所助益。由于编者水平有限及出版时间仓促，书中错误之处在所难免，敬请同行及读者指正。

中国图书馆学会理事长、国家图书馆馆长：韩永进

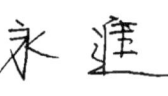

前　言

《论语·季氏》记录孔子言论说："生而知之者上也；学而知之者次也；困而学之，又其次也；困而不学，民斯为下矣。"孔子从求知的角度将人分为四等。一等是生而知之者。这一类人无疑很少。在《论语·述而》中，他认为自己也非生而知之者，只是一个"好古"而"敏以求之"的人。而这"好古""敏以求之"者，也就是他所说的第二等：学而知之者。这一类人，对未知有天生的好奇，总是主动探索，努力认知，因而属于求知驱动型。第三等是困而学之者，也就是那些遇到了困难而不得不想办法解决才去学习的人，属于问题驱动型。困而学之最终通常会知之。生而知之也罢，学而知之也罢，困而学之也罢，最终的结果是都"知之"，即《礼记·中庸》所谓"或生而知之，或学而知之，或困而知之，及其知之，一也"。第四等是那些即使遇到了困难也不去学习从而想办法解决的人。

孔子对人群求知的四类划分，虽然简略，目的也并不在划分群类本身，但他所划分出的学而知之与困而学之两类人却属于导读的主要对象，尤其是后者。后者属于有求知动力并努力的人。但是，有了求知的努力，实际上并不必然导致获得"知"这一结果，而且很可能，即使能获得"知"，这一过程也很漫长。导读者的作用在于给求知者指明范围，从而缩短其学习过程，节约其时间。节省读者时间，这正是阮冈纳赞图书馆学五定律中最能体现服务目的的一个。

另外，从事导读的人，还要设法唤醒那些沉睡或装睡的人，即那些孔子眼中"斯为下"的人，他们没有求知的动力，也没有求知的努力。但导读者通过举办具有吸引力的活动，可以吸引他们的到来。这也正是"推广"一词的意义所在。

大学图书馆开展阅读推广活动应该说由来已久，但很少有专门的著作来总结经验，并开展理论探讨。本书是"阅读推广人系列教材"（第二辑）中的一部，专门针对大学图书馆的阅读推广工作展开讲解。为了写好本书，我们特地组织了一个极其强干的写作班子。参与者都是在目前各大高校图书馆极富阅读推广工作经验的同人。本教材分十三讲，每讲安排一位负责人，由其负责撰写或组织撰写。前五讲为理论探讨，后八讲为经验总结，以一系列的案例来展现各大高校图书馆目前的阅读推广工作，这些案例多在教育部高校图工委读者服务创新与推广工作组及中国图书馆学会阅读推广委员会举办的案例大赛中获奖，具有示范意义。具体如下：

第一讲　大学图书馆阅读推广的基础理论

第二讲　大学图书馆阅读推广的基本准备

第三讲　大学图书馆阅读推广活动的策划

第四讲　大学校园读书会的培育

第五讲　高校阅读推广活动评价

第六讲　北大读书讲座：汇聚名家大师，分享阅读人生

第七讲　基于卡通形象的高校图书馆阅读推广

　　　　——以武汉大学图书馆卡通形象"小布"为例

第八讲　以书评促阅读

　　　　——重庆大学图书馆阅读推广实践

第九讲　尊经重典校风薪传　崇阅尚读书香永继

　　　　——西南交通大学经典"悦"读推广实践

第十讲　以经典阅读为中心的高校阅读推广活动

　　　　——以华中师范大学"文华阅读季"为例

第十一讲　书与剧的碰撞　你与我的思扬

　　　　——天津财经大学图书馆阅读推广案例

第十二讲　阅读推广：从形式走向内涵建设

　　　　——湖南大学"一校一书"阅读推广案例

第十三讲 "阅读推广人"活动的创意与实践
　　——沈阳师范大学图书馆阅读推广案例

本书由王新才担任主编，黄鹏、王媛担任副主编。由于作者遍布全国各高校，且由于认识及水平局限，缺憾及错误在所难免。恳请方家不吝赐教。

王新才

2017 年 4 月

目 录

第一讲 大学图书馆阅读推广的基础理论 / 1
第一节 大学图书馆阅读推广的概念和基本内容 / 1
第二节 大学图书馆阅读推广活动溯源 / 1
第三节 大学图书馆阅读推广理论溯源 / 4
第四节 大学图书馆阅读推广的意义 / 7
第五节 大学图书馆阅读推广：馆员与读者间的文献互动 / 10

第二讲 大学图书馆阅读推广的基本准备 / 17
第一节 高校图书馆是阅读推广的主体 / 17
第二节 以大学生为主体的读者是阅读推广的客体 / 25
第三节 阅读推广的基本保障 / 31

第三讲 大学图书馆阅读推广活动的策划 / 35
第一节 大学图书馆阅读推广活动的受众及目标 / 35
第二节 大学图书馆阅读推广活动的主要形式 / 36
第三节 大学图书馆阅读推广活动的策划原则 / 36
第四节 大学图书馆阅读推广活动的策划模式 / 39
第五节 大学图书馆阅读推广活动的策划思路 / 42
第六节 大学图书馆阅读推广活动的策划流程 / 43
第七节 大学图书馆阅读推广成功案例 / 49
第八节 阅读推广活动策划的关键点 / 68

第四讲 大学校园读书会的培育 / 73

第一节 我国高校读书会的现状 / 75
第二节 大学校园中开展读书会的意义 / 78
第三节 清华大学校园中的"团体读书"热 / 82
第四节 大学校园中读书会持续发展的策略 / 86

第五讲 高校阅读推广活动评价 / 89

第一节 高校阅读推广活动评价的目的 / 89
第二节 高校阅读推广活动评价指标 / 90
第三节 调查问卷的内容设计 / 91
第四节 基于读者问卷调查的高校阅读推广活动的评价 / 92
第五节 基于图书馆问卷调查的高校阅读推广活动的评价 / 96
第六节 对两次问卷调查的综合分析 / 100
第七节 基于问卷调查的阅读推广活动的建议与思考 / 104
第八节 基于图书馆调查的阅读推广活动的建议与思考 / 107
第九节 调查和座谈的结论 / 108
第十节 阅读推广活动评价总体框架的构建 / 109

第六讲 北大读书讲座：汇聚名家大师，分享阅读人生 / 115

第一节 鲜明的讲座定位 / 116
第二节 持续的品牌化运作 / 116
第三节 运行情况统计与经验总结 / 123
第四节 未来工作展望 / 127

第七讲 基于卡通形象的高校图书馆阅读推广
——以武汉大学图书馆卡通形象"小布"为例 / 129

第一节 卡通形象在宣传推广中的作用 / 129
第二节 "小布"的设计理念 / 130
第三节 "小布"的推广方式 / 132
第四节 "小布"主题在线游戏 / 140
第五节 "小布"的推广效果 / 146
第六节 图书馆卡通形象设计 / 148

目录

第八讲 以书评促阅读——重庆大学图书馆阅读推广实践 / 155

第一节 书评系统实施背景 / 155
第二节 "以书评促阅读"的理念 / 158
第三节 "书评中心"的实现 / 161
第四节 "书评中心"运行效果与影响 / 165
第五节 启示与展望 / 168

第九讲 尊经重典校风薪传崇 阅尚读书香永继
——西南交通大学经典"悦"读推广实践 / 171

第一节 背景介绍 / 171
第二节 过程回顾 / 172
第三节 经验分享 / 174
第四节 结 语 / 185

第十讲 以经典阅读为中心的高校阅读推广活动
——以华中师范大学"文华阅读季"为例 / 187

第一节 活动开展前的准备工作 / 188
第二节 以经典阅读为中心的活动内容 / 190
第三节 经典阅读活动的延伸 / 199
第四节 结 语 / 206

第十一讲 书与剧的碰撞 你与我的思扬
——天津财经大学图书馆阅读推广案例 / 209

第一节 思扬话剧比赛的创立缘由 / 209
第二节 主题的选择与诠释 / 211
第三节 社团的筛选及活动的实施 / 212
第四节 决赛的实施 / 215
第五节 网络及校园推广设计 / 217
第六节 学校思扬话剧比赛宣传推广活动的设计 / 219
第七节 活动带给我们的启示和思考 / 222

第十二讲 阅读推广：从形式走向内涵建设
——湖南大学"一校一书"阅读推广案例 / 227

第一节 活动缘起 / 227
第二节 活动总体方案设计 / 231
第三节 "潇湘读书人——寻找湖大读书种子"活动 / 236
第四节 "经典阅读"课程建设 / 245
第五节 活动的效果评估与启示 / 248

第十三讲 "阅读推广人"活动的创意与实践
——沈阳师范大学图书馆阅读推广案例 / 253

第一节 "阅读推广人"活动及其现状 / 254
第二节 "阅读推广人"活动策划与实施 / 260
第三节 "阅读推广人"活动的绩效评价 / 271
第四节 关于"阅读推广人"活动的启示 / 273

后记 / 277

第一讲

大学图书馆阅读推广的基础理论

第一节 大学图书馆阅读推广的概念和基本内容

大学图书馆阅读推广，主要是指针对大学生的阅读推广活动。

大学图书馆阅读推广，主要涉及三个方面：其一，大学，属于高等教育机构；其二，图书馆，是大学文献信息资源中心；其三，大学生，是阅读推广的主要对象。

从推广这一概念来看，又涉及三个方面：其一是推广的主体，即由谁来推广；其二是推广的客体，即推广的对象；其三是推广什么，即拿什么内容给推广的对象。

在大学图书馆，阅读推广的主体当然是大学图书馆阅读推广活动的组织者，其客体广义上为大学图书馆的所有读者或用户，但通常这种推广主要针对大学生。因此，大学图书馆阅读推广，实际上就是大学图书馆工作者根据图书馆的文献收藏，针对读者，尤其是广大大学生读者的阅读需求而开展的特定的文献信息推荐及阅读组织活动。

第二节 大学图书馆阅读推广活动溯源

阅读推广有个近义词，即导读，两者含义基本相同，但又有所区别。

导读偏重于阅读指导，主要涉及三个方面：一是关于某一问题有哪些书或文献可读，套用张之洞在《书目答问》中的说法，即"应读何书"；二是关于一定范围的书或文献该如何去读，即张之洞所谓"书以何本为善"[1]；三是关于具体的某一本书，应如何理解、学习其内容，即书应如何读。

导读之导者通常为教育工作者。

对古代的教学机构，《礼记·学记》称："家有塾，党有庠，术有序，国有学。"家族开设的私人教育场所称塾。据《周礼》记载，五百家为党，一党之民求学的地方称庠。一万两千五百家为遂（据《礼记》郑注，术为遂声之误），一遂之民求学之地为序。党通常在乡，所以有乡党之称，而遂则在远郊之外。学是太学，是一国最高教学机构[2]。另据《礼记·王制》载，"夏后氏养国老于东序，养庶老于西序"，则序分东序和西序，郑玄注称，东序，在国中，王宫之东；西序，小学，在西郊[3]。因此，基本上，古代东序和太学属大学性质。

《礼记·内则》开具了一份学习时间表："六年，教之数与方名。七年，男女不同席，不共食。八年，出入门户，及即席饮食，必后长者，始教之让。九年，教之数日。十年，出就外傅，居宿于外，学书计。衣不帛襦袴，礼帅初，朝夕学幼仪，请肄简、谅。十有三年，学乐诵《诗》，舞《勺》。成童，舞《象》，学射御。二十而冠，始学礼，可以衣裘帛，舞《大夏》，惇行孝弟，博学不教，内而不出"。[4] 古人重修身，既要诚意正心，也要格物致知。可以看出，一个学生从六岁开始接受最简单的基础教育，渐学渐多，一直到成童，即十五岁以上，习《象》舞，学射箭和驾车，到二十岁举行冠礼，才算真正成年，可以学礼。也可看出，其所学，不仅仅是学知识，更重要的是要学习礼乐制度，或为人处世之道。

据《礼记·学记》，从少年到成年，其求学要经历约九年，"一年视离经辨志，三年视敬业乐群，五年视博习亲师，七年视论学取友，谓之小成。九年知类通达，强立而不反，谓之大成。"通常每年都有子弟入学，即所谓"比年入学"，而入学之后，每隔一年都要对学生的德行道艺进行考校，即所谓"中年考校"。经过第一、第三、第五、第七、第九年的五次考校，最终可达至大成。达到了这种程度，就

---

[1] 张之洞，撰.范希曾，补正.书目答问补正[M].上海：上海古籍出版社，2010.
[2] 阮元，校.十三经注疏：礼记正义[M].清嘉庆刊本.北京：中华书局，2009：3297.
[3] 阮元，校.十三经注疏：礼记正义[M].清嘉庆刊本.北京：中华书局，2009：2885.
[4] 阮元，校.十三经注疏：礼记正义[M].清嘉庆刊本.北京：中华书局，2009：3186.

可以"化民易俗，近者说服，而远者怀之"，这也就是"大学之道"。这样一个过程，相当于现代从中学到大学毕业。

进了学校，该学什么，如何学，通常是一个教与学的关系问题。导读，就是当学生有学习需求时老师在学习方法等方面所给予的指导活动。早期学统于官，能接受教育的主要是贵族子弟。到了孔子时代，教育走向民间，私人也开始开办学校。孔子就曾办学，并培养了约三千名学生。孔子虽说有教无类，但也注重因材施教，并指导弟子们如何学习。《论语》中有不少相关记载，如：

陈亢问于伯鱼曰："子亦有异闻乎？"对曰："未也。尝独立。鲤趋而过庭。曰：'学诗乎？'对曰：'未也。''不学诗，无以言。'鲤退而学诗。他日，又独立，鲤趋而过庭。曰：'学礼乎？'对曰：'未也。''不学礼，无以立。'鲤退而学礼。闻斯二者。"①（《论语·季氏》）

又如：

子曰："小子何莫学夫诗？诗，可以兴，可以观，可以群，可以怨。迩之事父，远之事君；多识于鸟兽草木之名。"子谓伯鱼曰："女为《周南》《召南》矣乎？人而不为《周南》《召南》，其犹正墙面而立也与？"②（《论语·阳货》）

又如：

子曰："《关雎》，乐而不淫，哀而不伤。"③（《论语·八佾》）

又如：

子曰："《诗》三百，一言以蔽之，曰：'思无邪'。"④（《论语·为政》）

导读源于教育。向弟子们推荐读物，并告之怎样理解读物，孔夫子之所作所为，充分证明了导读的教育属性⑤。

通常学生学什么、读什么与政府的教育及政治导向紧密相关。自汉以后，随着《易》《书》《诗》《礼》《春秋》等儒家文献立于官学（至宋扩展为"十三经"），受教育者的阅读范围就受到了相当的限制。隋唐科举制确立后，又以之作为取

---

① 阮元，校.十三经注疏：论语［M］.清嘉庆刊本.北京：中华书局，2009：5480.
② 阮元，校.十三经注疏：论语［M］.清嘉庆刊本.北京：中华书局，2009：5486.
③ 阮元，校.十三经注疏：论语［M］.清嘉庆刊本.北京：中华书局，2009：5360.
④ 阮元，校.十三经注疏：论语［M］.清嘉庆刊本.北京：中华书局，2009：5346.
⑤ 王心裁.文化冲突交融中的导读目录［J］.图书情报知识，1998（4）：2-6.

士依据，读什么及如何读也就基本上围绕儒家经典展开。通常，古代的教学机构，无论是官方的还是民间的，都设有藏书场所，但它们主要作为文献收藏场所而存在，除了普通借还服务外，藏书楼并不主动提供其他服务。实际上，无论是国内还是国外，无论是公共图书馆还是大学图书馆，最初主要提供图书借还服务。图书馆主动服务的思想来自阮冈纳赞提出的"图书馆学五定律"。

第三节　大学图书馆阅读推广理论溯源

在公共图书馆出现之前及出现早期，存在着如会员制图书馆（subscription library）[①]及流通图书馆（circulating library）[②]，这类图书馆都不是免费的，或收取会员费，或对借出的图书收费。不过，流通图书馆的出现使得图书出版及阅读风尚发生了改变。因图书要尽快得到借还，则馆藏需要以小说类读物为主。据研究，在一个成功的流通图书馆，小说类收藏应占到收藏品的七成。而且，对于收藏而言，图书必须便宜；为了方便阅读，图书的开本也必须合适。以前的开本如对开本（folio edition）很快让位于那些小的12开本（duodecimo edition）。这些小说类图书既不提供学术知识，也基本不提供精神指导，但却是最便于快速阅读和流通的。小说类图书引导了人们的纯享受型阅读。到19世纪中期，英格兰的会员制图书馆据称有274家，苏格兰也有266家。但在19世纪三四十年代英国宪章运动中，中产阶级觉得人们的自由时间不能白白地浪费。从事竞选的政治家们也认识到，要鼓励中产及以下阶层将更多的时间花在精神提升的活动上，而像阅读这样的活动就能促进社会向善。这样就导致英国于1850年颁布了《公共图书馆法》。这部法律第一次给予地方行政区建立免费的公共图书馆的权力，也第一次以立法的形式规定创设一个持续性地提供广泛而免费的获取信息与文献的机构。公共图书馆法确立的最根本的一点在于其免费原则。这一法律的通过加上政治家、富商和大众的努力，使得公共图书馆到19世纪末在英语圈国家中大量

---

① Subscription library［EB/OL］.［2016-10-10］.https：//en.wikipedia.org/wiki/Subscription_library.
② Circulating library［EB/OL］.［2016-10-10］.https：//en.wikipedia.org/wiki/Circulating_library.

建立。①

虽然免费原则在英国得到法律的确认，在美国也由于卡内基等富商的捐助而大量建立，但公共图书馆所提供的服务往往是简单的借和阅。甚至像波士顿公共图书馆，是美国据税收而建立的最早最大者，1848年简称，但直到1854年才最终向大众开放。至于像读者指导这样的服务，在公共图书馆出现后，一直到1916年，都应该算形成期。1897年，美国图书馆协会会长认为，给读者以帮助和指导的图书馆馆员的个人影响，是构建社区阅读模式的最重要的潜在力量。形成期之后到1962年为成人教育期，读者指导系统地致力于通过严肃而有目的的阅读来开展有意义的成人教育。1963年以后读者指导开始向消遣演化。②

开办图书馆的目的是什么？实际上人们很少对此展开系统思考，直到1931年，一个叫阮冈纳赞的印度人写了一本关于图书馆的书，即《图书馆学五定律》(*The Five Laws of Library Science*)，才对此做了全面而清晰的阐述。

阮冈纳赞（Shiyali Ramamrita Ranganathan，1892—1972）最初学的是数学，他在印度马德拉斯基督教学院获得了数学学士及硕士学位，之后在芒格洛尔等地的大学教数学。他与图书馆的缘分始于1923年马德拉斯大学招聘图书馆馆员。900名应聘者中，没有一个有图书馆方面的正规训练，他也只是临时抱佛脚找了大英百科关于图书馆的文章读了读，但因他有关于数学史的研究论文发表，这一研究背景为招聘委员会所看中，结果他收到了任命状并在次年就职。随后他虽有点儿后悔，但还是接受安排，伦敦大学学院（University College London）学习，那里有当时英国唯一的图书馆学研究生学位项目。在英国学习期间，他的学习成绩平平，但他的数学知识，以及他对问题的细致考察，使他在图书分类方面有了新的发现。当时流行的是杜威十进分类法，阮冈纳赞发现很多图书因分类者的个人看法、需求及偏见等原因，可能分到不同的类当中。有一天他在伦敦一家玩具店看到一种组合玩具，从而深受启发，为他构建"冒号分类法"奠定了基础。正是在英国的学习改变了他想做数学教授的想法。回印度后他接受了马德拉斯大学图书馆长的职位，开始以莫大的兴趣从事图书馆工作，探索相关问题，并为图

---

① Public library [EB/OL]．[2016-10-10]．https：//en.wikipedia.org/wiki/Public_library．
② Readers' advisory [EB/OL]．[2016-10-15]．https：//en.wikipedia.org/wiki/Readers%27_advisory．

书馆在印度这个国家中的重要性描绘了一幅图景。20年中，作为一个每周工作7天、每天工作13个小时的工作狂，他帮助成立了马德拉斯图书馆协会，成功游说促成了遍及全印度的大量公共图书馆的建立以及综合性的印度国家图书馆的创设。这在当时的政治环境中是很难想象的。他的《冒号分类法》(*Colon coassification*)出版于1933年，而在这前两年，他出版了他的第一部图书馆学著作《图书馆学五定律》。[1]

"五定律"中的第一定律是"图书是供使用的"(Books are for use)。第一定律表明的是目的性。图书馆收藏文献，在以前，人们特别注重收藏和保护。阮冈纳赞并不否定这一点，他只是更加强调保存的目的是为了促进使用。没有使用者对图书馆所收藏文献的利用，这些文献毫无价值。因此，通过强调文献收藏与保护的目的，阮冈纳赞构建了图书馆服务的基础。

第二定律是"为人找书"(Every reader his/her book)。这一定律有一个基本的前提，即处于各类社会环境中的个体都有资格获得图书馆服务。公共图书馆通常是用税款建立的，是公共机构，没有权力将任何纳税人拒之门外。"为人找书"也可译为"每个读者有其书"。为了做到这点，从图书馆方面来说，第一，要有良好的能满足读者各类需求的馆藏；第二，图书馆员要具备一流的直接服务读者的知识；第三，图书馆要广泛促进和宣传其服务，以吸引各类读者。从读者角度来看，每个读者的需求是不一样的，他们不同的口味和差异性需要得到尊重，图书馆员不应当去评判读者的阅读选择。

第三定律是"为书找人"(Every book its reader)。第二定律聚焦于读者，第三定律则着眼于收藏品。读者的需求需要藏品来满足，而藏品也不能沉睡于书架上，也需要为之找到需要它的读者。

第二定律也好，第三定律也好，或者从读者的角度谈读者与图书的关系，或者从图书的角度谈图书与读者的关系，无论怎样，它们都指向一个共同点，即图书馆要设计一些方法，方便图书与读者接触。比如开架制，提供良好的检索环境，等等，这样做的结果就是"节省读者的时间"(Save the time of the reader)。这也就是第四定律。

图书馆的馆藏总是不断地在扩充，读者的需求也总在不断地变化，图书馆

---

[1] S.R.Ranganathan [EB/OL]. [2016-10-20]. https://en.wikipedia.org/wiki/S._R._Ranganathan.

管理者必须不断地想办法来适应变化。这样，图书馆就不会是静止的，而是始终在变化，或者说，"图书馆是一个生长中的有机体"（The library is a growing organism）。这就是第五定律。[①]

阮冈纳赞的图书馆学五定律，尤其是其中第二和第三定律，为图书馆阅读推广活动提供了有力的理论支撑。无论是为人找书，还是为书找人，都与传统的由教育工作者主导的导读有所不同。在导读活动中，导师与学生关系紧密，导师了解学生，知道学生该读什么书，知道该如何读书，导师起着整体的主导作用。而在阅读推广活动中，图书馆馆员与读者的关系相对来说更松散。读者可以有明确表达的文献或学习需求，这样表达出来的需求，通常容易得到满足。但也有很多读者不一定有明确的文献需求，而可以确定的是，图书馆有大量的藏书，其中有很多甚至常年都不为人所知、所用。因此，为人找书，特别是为有明确需求的读者找书，相对容易，而为书找人，就要困难得多。图书馆很难对所有读者进行调查，明确其文献需求。但有一个相对简单的办法来使图书馆的藏书为更多的人所用，这就是做阅读推广活动。

第四节　大学图书馆阅读推广的意义

图书馆不仅仅是文献收藏空间，更是人们学习求知的场所。

我国图书馆事业体系由公共图书馆、大学图书馆及科研院所图书馆三大类型组成。大学图书馆作为整个图书馆事业体系的一个重要组成部分，主要面向教师和学生提供服务。相对来说，公共图书馆面向全体人民，而且由于人们在探讨图书馆相关问题时，通常是以公共图书馆为对象，所以这里，我们也先从公共图书馆服务入手谈阅读推广的意义，而将大学图书馆作为一个特例。

公共图书馆由于通常是由纳税人的税款建立，因此就不能拒绝为纳税人提供服务，基本上自然人都是纳税人。因此，图书馆应该对所有的人提供无差别的公平公正的服务。美国图书馆协会（American Library Association，简称 ALA）在

[①] 阮冈纳赞. 图书馆学五定律［M］. 夏云, 等译. 北京：书目文献出版社, 1988.

其 1930 年的公报中曾刊登过一份于 1929 年起草的伦理规范建议稿（*Suggested Code of Ethics*）。该建议稿指出，图书馆工作人员是图书馆与大众发生联系的解释者，既可能对大众提供文献帮助，也可能通过个人接触而对大众产生伤害。因此，图书馆工作人员应该对使用图书馆的所有人，无论种族、肤色、信仰或健康，都一视同仁，提供公平、公正及有礼貌的服务，不得有个人态度，不得有偏爱，更不能带有冷漠的官僚气息。直至 2008 年，这一规范经过了多次修改，最终确定为 8 条。这 8 条中有如下几点值得注意：

第一，图书馆通过组织适当的及有用的资源、公平的服务政策、公平的获取，以及对读者准确的、无偏私的和礼貌的反应来为用户提供最高水平的服务；

第二，图书馆力持知识自由原则，并且反对各种对图书馆资源进行审查的行为；

第三，图书馆保护每一个用户在信息检索、接收，或资源咨询、借阅、获取及传递等方面的隐私及秘密；

其四，图书馆尊重知识产权，并倡导在信息用户与版权持有者间权益的平衡。[1]

图书馆要面向所有人开展服务，这一想法也为联合国教科文组织（United Nations Educational, Scientific and Cultural Organization，简称 UNESCO）所吸纳。1949 年，联合国教科文组织通过了《公共图书馆宣言》（*Unesco Public Library Manifesto*），认为公共图书馆是现代民主政治的产物，是一个民有民享的民主机构。民有民享的思想在其 1994 年由国际图书馆协会联合会（International Federation of Library Associations，简称 IFLA）参与了的修订版中得到了进一步强化，表述为：每一个人都有平等享受公共图书馆服务的权利，而不受年龄、种族、性别、宗教信仰、国籍、语言或社会地位的限制。对因故不能享用常规服务和资料的用户，例如少数民族用户、残疾用户、医院病人或监狱囚犯，必须向其提供特殊服务和资料。修订版所确定的图书馆的使命还有如下条款：

1. 养成并强化儿童早期的阅读习惯；

---

[1] ALA Council.Code of Ethics of the American Library Association［DB/OL］.［2016-12-26］.http：//mfrl.org/policies/CodeOfEthics.pdf.

2. 支持个人和自学教育以及各级正规教育；

3. 提供个人创造力发展的机会；

4. 激发儿童和青年的想象力和创造力；

5. 加强文化遗产意识，提高艺术鉴赏力，促进科学成就和科技创新。[1]

民有民享的思想表明，获得图书馆各类服务是民众享有的权利。而图书馆开展阅读推广，也不是一种可有可无的特别服务，而应当是一种义务。因此，图书馆开展阅读推广活动具有重要的意义：

第一，阅读推广活动对人的阅读习惯的养成意义重大。据研究，人类的阅读习惯形成于儿童时期，尤其是四岁前后。在这样一个时段接触图书，可以让孩子一生都喜爱阅读。图书馆应想方设法吸引孩子。这也是为什么IFLA与UNESCO在《公共图书馆宣言》中将"养成并强化儿童早期的阅读习惯"放在其使命第一位的原因。

第二，阅读推广活动对促进成人的终身学习意义重大。知识在不断更新，一个人要是不能持续不断地学习，就会逐渐游离于时代之外而跟不上发展。阅读习惯能帮助人不断学习。终身学习习惯的养成对人一生的发展至关重要。

第三，阅读推广活动对促进人的自由发展至关重要。阅读推广活动除了促进人们阅读及学习习惯的养成，还能促进激发人们的想象力与创造力，或提供创造力发展的机会，也能增强人们的文化遗产意识，提高艺术鉴赏力。人们在不断的阅读和学习中，增长知识，进德修身，正如中国古人所谓"腹有诗书气自华"。人的自由发展意味着不能对人的创造力等方面设置太多限制。就图书馆来说，读者的阅读需求就是最大的工作动力。图书馆应以读者文献需求的满足为最大的工作目标，为此，图书馆对文献不能有限制，任何文献，只要收藏进图书馆，其目的就是为了使用，不仅不能有限制，还应当分类排架妥当，让读者方便获取。图书或者文献信息只有在流通中才能发挥其最大作用，正像美国图书馆协会颁布的图书馆伦理规范所言，图书馆应旗帜鲜明地反对针对图书资源的任何形式的审查，应保护每一位用户在信息检索、接收，或资源咨询、借阅、获取及传递等方面的

---

[1] IFLA/UNESCO Public Library Manifesto 1994［EB/OL］.［2016-12-26］.http：//www.ifla.org/publications/ifla-unesco-public-library-manifesto-1994.

隐私及秘密。图书馆当然更不能对使用者本身进行限制，人人生而平等，无论年龄、种族、性别、宗教信仰、国籍、语言或社会地位，以及健康，都享有平等使用图书馆的权利。

人的自由发展不仅对个人意义重大，对民族、国家及人类社会的发展也都具有重大意义。一个专制的社会，通常限制信息的自由流通，限制人的自由发展，常常想方设法设置信息获取障碍，制造不平等，制造愚昧，从而使一部分人听命于另一部分人；而一个自由的社会，则力求破除障碍，促成人的自由发展，使人各展其智，各尽其能，从而促成社会的进步。

公共图书馆的服务是针对所有人，大学图书馆则主要面向教师与大学生，尤其是大学生。大学图书馆开展阅读推广活动，其对象也主要是大学生。在一些发达国家，孩子由于从小就注重阅读习惯的培养，所以通常到了大学，就不存在普通意义上的阅读推广问题。而在我国，由于应试教育的影响，小孩从小基本上是为了考试而学习，阅读主要不是为了个人修养，而是为了提高成绩。这种将孩子当工具培养的方式使得不少孩子失去阅读的兴趣。因此，在我国，大学图书馆开展阅读推广活动存在着如上所述的培养阅读习惯、终身学习习惯及个人自由发展等方面的意义。还有一点，大学生是社会极其活跃的一分子，他们养成良好的习惯，就会进一步影响其他人。他们就像种子，一粒一粒，虽难见绿意，但持续不断地繁衍生长，终会长成葱葱森林。

第五节　大学图书馆阅读推广：馆员与读者间的文献互动

在专制社会，个人很难自由发展。在西方，宗教也曾对人类思想做了诸多限制，直到新教伦理出现。在马克斯·韦伯（Max Weber）看来，在欧洲向资本主义过渡时期，那些资本占有者或企业家等多为清教徒。那些具有禁欲主义倾向的人非常强调"谋事在人，成事在天"，并认为判断一个人是否是上帝的选民，根本在于其人是否充分发挥了才华。《马太福音》中曾讲述过，一个人不能将上帝给自己的 talent 藏起来，越使用 talent，就会使自己有更多 talents。Talent 原本指古代希伯来等民族使用的货币单位，后来演变成人的才华。一个充分使用了其才华的人，上帝会给他更多才华；一个闲置才华的人，上帝会连他原有的也拿走。有人把这个故事总结为"马太效应"。但同样，从上帝对才华使用的态度上，人们也不难领会，一个人只有充分展现才华，实现自我，才能被上帝选中，服务上帝。这样一种思想，无疑对资本主义的发展起了重要的促进作用，它也是马克斯·韦伯在分析资本主义发展时总结出来的。[①]

人的自由发展在马斯洛（Abraham Maslow）那里，称为"自我实现"。他将人的需要按重要性和发生的先后次序分成五个等级：第一层次是生理上的需要，第二层次是安全上的需要，第三层次是情感和归属的需要，第四层次是尊重的需要，第五层次是自我实现的需要。低阶的需要满足后便追求高阶的需要，直到自我实现。其中前三个层次需要以"信息需求及其满足"为中介，而后两级则可直接通过"信息需求及其满足"来实现。[②] 可以看出，不论是哪一个层次的需求，都离不开信息，对信息的需求是满足各层次需要的重要手段。

信息是物质的属性，物质的运动变化都以一定的信息呈现出来。通常意义上，信息是音讯、消息、通讯系统传输和处理的对象，因而可以泛指人类社会传播的一切内容。信息是物质运动变化中所呈现的内容，这些内容可以被感知，也可以被记录下来。记录下来的信息就成为文献的重要组成部分。

我们通常所称的图书文献与普通意义上的信息有相当的区别。图书中通常包含有信息，但图书中的信息更多地是作为思考之素材用。正是因为对事物信息的感知、认知与思考，人们能形成知识与思想。这些知识与思想又反过来促进人类的进步。在今天，图书的开架已基本普及，但在某些国度，却仍采用闭架借阅方式。信息获取上的封闭必然导致落后。我们也因此不难发现信息自由的重要性。

越是高级的需要，越与知识和思想相关。如果只是生理及安全的需要，通常可从物质层面加以解决，而如果涉及感情、尊严及自我实现，则必须更多从精神层面来着手。在这个过程中，图书文献的重要性不言而喻。

对文献信息的需求是可以明确表达出来的，这样的需求容易解决。这也是阮

---

① 马克斯·韦伯.新教伦理与资本主义精神［M］.苏国勋，译.北京：社会科学文献出版社，2010.
② 亚伯拉罕·马斯洛.动机与人格（第三版）［M］.许金声，等，译.北京：中国人民大学出版社，2007.

冈纳赞所总结的"为人找书"的问题。也有不少读者,他们到图书馆来,并无明确的文献需求,其需求可经激发而表达出来,也可能始终不明确,对于这样的读者,图书馆文献布置是否有序,陈设是否亲民,活动是否丰富,吸引力是否强烈,等等,显得相当重要。图书馆阅读推广活动,往往更多是针对那些潜在的需求者,或者说,是默认人们有文献需求,然后有选择地推荐并提供文献。在某种程度上,这种活动相当于阮冈纳赞所说的"为书找人"。

正是因为基于潜在需求,所以在阅读推广活动中读者不是主导者,组织者或者图书馆相关馆员才是活动的主导者。

从主导者一方来说,必须考虑三个方面的问题。

第一,读者,即阅读推广的对象问题。

大学图书馆阅读推广活动的对象通常为大学生。大学生群体庞大。一所高校,往往年招本科生数千人,加上硕士生、博士生,在校生人数往往有数万之多。小一些的学校,也往往不下万人。因此,在开展活动之前,仔细思考推广对象问题是必要的。

推广对象可以是整体的,即针对所有大学生的,但更多应该考虑对象细分。客户细分是客户关系理论的重要组成部分,特别强调需求的差异性,认为只要存在两个以上的用户,需求就会不同[①]。推广对象分层越细,所做的工作越有针对性,就越能满足特定群体的需求。细分的方法,有根据年级的,有根据专业的,有根据文献类型的,有根据社团的,等等,不一而足。

读者可以细分,但这种细分并不是图书馆因此开展区别服务的依据。图书馆的总体原则应是一视同仁,决不可以将部分读者拒之门外。读者的文献需求都应尽可能予以满足。服务中的歧视行为应当坚决制止。

但是,只要开展阅读推广服务,实际上不可避免地存在服务倾斜。也就是说,图书馆在开展阅读推广时,明显地将服务资源集中在了少数人身上。这对于其他人来说是不公平的。因此图书馆方还要平衡两者的关系,不要因为阅读推广而顾此失彼。

此外,对于读者所需相关文献信息,也涉及隐私保护问题。有些人借了什么

---

① Kotler P, Armstrong G.Principles of marketing [M].Pearson Education, 2010.

书并不一定想让别人知道。因此，如何在阅读推广活动中避免隐私泄漏，也值得图书馆方注意。

第二，文献，即阅读推广标的物。

标的物是指当事人双方权利义务指向之对象。这里使用标的物一词，是因为阅读推广涉及图书馆馆员与读者，虽然两者没有明确的契约关系，但只要图书馆一方尝试向读者开展这一服务，就意味着双方形成了一种类似于契约的关系，而这种关系共同指向的物品即是标的物，也就是文献。

阅读推广的标的物要依赖于阅读推广的对象，即不同的对象适用不同的文献。针对整体的文献推广，需要考虑文献的通俗与有趣。但随着学生在校年龄的增长，阅读及知识面的扩充，其需求会发生明显变化。通常来说，人们最初容易被文学读物所吸引，但随后历史、哲学类读物会成为喜爱阅读者的首选。也就是说，人们会从纯粹的自娱转向人生思考。也正是在这种过程中，阅读的意义得以彰显。

由于读者需求的原因，读者越多，需求越广泛，文献资源建设也就相应地要考虑品种问题。除了品种，对于不同观点、不同学说等类文献，也必须尽量搜罗。图书馆工作者不是判官，不必判断是非，他们所要做的，是尽量网罗各种类型及各种观点的文献，供读者选择。

阅读推广，更多的是推荐那些值得推荐的文献，这是一个将有价值的文献寻求出来加以推广的过程，着眼的是文献质量。而文献资源建设，则需充分意识到需求的多样性，以及价值的相对性，对多数人毫无价值的文献，可能对少数人具有极大价值，因此，它关注的是文献的品种数量。

当品种达到一定程度，鉴于个人时间的有限性，大量文献必然会长年滞于架上无人问津。而如何发现读者需求，如何发现文献价值，如何在这两者之间做好工作，值得每一个图书馆工作者深入思考。

在文献准备中，图书馆应当明确，只要没有明确的限令，所有进入图书馆的文献，都应当是可以公开的。对于大学图书馆来说，凡是该馆的用户，都有权使用相关文献。

不过，不可避免的是，由于知识结构、个人偏好，甚至意识形态等原因，馆员所推荐的读物，必然具有选择性，这种选择性很可能导致不同观点的冲突。因此，图书馆在文献准备中，如何尽量保持价值中立，也是一件值得思考的事情。

第三，活动，即阅读推广行动。

就活动而言，必须注意以下几个问题：

首先，活动要有组织。高校图书馆有大有小，通常不论大小，都有流通、阅览、采访、编目及读者或学科服务等部门。流通、阅览是读者服务的第一线，相关工作人员应当熟知馆藏，并应结合各类节假日、各类活动向读者推荐图书。一些图书馆的阅览部门工作人员定期编写图书介绍，张贴在显眼位置，以便学生浏览。或者推出推荐书架，适时向学生推荐好书。学科服务部门通常针对的是研究型用户，像用户荐购，通常由学科服务馆员联系有关学科的教授、副教授及博士生来开展。一些未设学科服务部的图书馆通常设有咨询部，其主要工作是有针对性地解答各类读者问题。采访部虽不直接接触读者，但该部为各部门开展相关业务提供了文献保障，结合各类活动适时购进相关图书是各部门活动成功的基础。一些稍大型的活动通常需要多个部门的配合，有条件的单位可成立活动小组，从策划到文案，到美工，到技术，都需要人手，一个人通常忙不过来。活动也可与学生社团合作，这样既能吸引学生参与，又能适当减轻馆员的工作量，能做到双赢或多赢。

其次，活动要有计划。根据读者情况，以及自身条件限制来开展活动。计划首先必须考虑时间上的分配。一年两个学期，如何合理地分配时间，如何在适当的时间做适当的事，对于图书馆来说值得思考。一些图书馆利用上半年的世界读书日和下半年的新生入学大做文章，就是基于这种考虑。计划还必须考虑主题。一个收藏丰富的图书馆，其任何藏品都有可能的读者存在。读者的文献需求存在一个明显的"长尾"，即少数图书，其需求量极大，而大量图书需求者偏少。也有人简单归纳为"二八定律"，即大约20%的文献可满足80%的读者需求，而另外20%的读者需求，则需要80%的文献来满足。如果只针对20%的文献来开展推荐活动，固然可以赢得大量的赞美，但如果长期这样做将不利于馆藏中另外80%的文献的开发利用。"为书找人"也是图书馆馆员应当做的事情，或者说如何更好地促使图书馆的收藏得到全面使用，是图书馆阅读推广活动从事者值得认真思考的事情。通过丰富的主题来满足不同的读者群，不失为一种很好的选择。

此外，在活动的形式上还要做好安排，力求丰富多彩，比如开设经典书架、开列经典书目、定期举办读书活动，以及真人图书馆、讲座等。多样化的阅读推广活动是成功的基础。

最后，活动要考虑创造品牌。品牌建设的实质在于提高知名度，形成品牌效应。品牌知名度的形成和培育取决于创意、定位、投入、持续和宣传。其中创意和定位最重要。一个高校图书馆，要结合自身的实际情况寻求创意，并加以定位。对于阅读推广品牌，定位就是品牌创建者希望品牌在预期读者大脑中扎根的程度。因此真要让品牌在读者头脑中扎下根来，就必须舍得投入。投入当然少不了经费的投入，但更需要时间及精力的投入。很多活动往往就是因为人力、物力与财力等方面的不足而难以持续开展。持续既可以是同一主题的持续开展，也可以是围绕创意或主题而持续深化，努力开拓。有创意而主题突出的活动通常具有宣传点，也就值得宣传，因而可以充分利用各种媒体来开展宣传活动。①

图书馆的阅读推广可定义为馆员与读者间的文献互动，这种互动，在高校又是通过高校馆员所组织的各类活动充分体现出来的。因此，将活动组织好，开展成功，是高校图书馆义不容辞的责任。

---

① 王新才.高校图书馆阅读推广的多样化与品牌建设［J］.图书情报研究，2015（4）：3-7.

第二讲

大学图书馆阅读推广的基本准备

阅读推广的基本准备，需要从阅读推广的主体、客体、对象三个方面及其关系上进行剖析设计。高校开展阅读推广的主要主体是高校图书馆，学校其他能参加开展阅读推广的相关部门都可以成为辅助主体；客体是以图书为中心，不限载体的全部阅读资源；主要对象为本校读者。阅读推广工作中三者的关系可简单表述为主体促进客体和对象发生联系。所以，图书馆需要根据自身的能力和优势，通过从阅读资源和高校读者角度深入分析来设计阅读推广途径，是厘清阅读推广思路的必然选择。

第一节 高校图书馆是阅读推广的主体

阅读推广活动需要一个强有力的推广组织机构来策划和组织各项活动。学校相关部门是高校阅读推广活动的领导机构，图书馆是当仁不让的阅读推广活动的直接组织者和实施者，学校社团和志愿者组织是重要的参与者。三者合作开展阅读推广工作，既能把握工作的主动性，又能节省图书馆的人力资源，充分调动读者参与的积极性，保证高校图书馆开展的阅读推广工作具有一定的有效性和持续性。其中，高校图书馆作为阅读推广主体，是整个学校阅读推广工作的关键。这个主体如何在阅读推广工作中起到应有的作用呢？笔者从以下几个方面来进行论述。

一、建设舒适优良的馆舍环境和阅读环境

阅读环境对读者的阅读能产生极大的影响。优良的馆舍环境、舒适的阅读空间、良好的阅读环境,可以让读者有家的感觉,从而使读者对阅读产生浓厚的兴趣,由心而发地想要在图书馆这个舒适、惬意的环境里阅读。而图书馆里浓厚、愉悦的阅读氛围,会让更多的人对阅读产生兴趣,这也是图书馆所要营造的环境目标。图书馆良好的设计和布置会使读者生出遨游书海的欲望,使图书馆成为人人向往的美好天地。

经典阅读需要人沉下心来,细细品味,反复揣摩,感受经典魅力。因此高校图书馆应该注重图书馆环境和文化的建设,通过阅读共享空间、经典阅读室等的设立,汇集图书馆馆藏经典著作,激发读者阅读经典的兴趣,与此同时,图书馆应建立阅读交流栏,以便学生交流读书体会,营造浓厚的读书氛围,使读者在优雅舒适的环境中休闲和自由交流,从而获得传统阅读的快乐。[1]

馆舍环境的布置一定要宽敞、明净,馆内陈设上可以摆放古色古香的书桌 椅,宽大的书桌上放一盏古典台灯,馆内适当地点缀一些人文景观,悬挂名家字画;图书馆的一隅可添置小桥流水盆景,整个图书馆内适当地栽种藤蔓植物、鲜花美化环境,将精心挑选的经典书籍随意地摆放在人们触手可及的地方。在这样一个弥漫着浓浓书香的环境里,大学生耳濡目染,浓厚的阅读意识被激发,愿意徜徉其中,静坐下来,阅读经典,体悟跨越时空的心灵交融。

国内外的实践有:深圳图书馆创设了"南书房"服务区,倡导经典阅读;深圳市南山区建有经典阅读室;郑州大学图书馆建设了"经典阅读素质教育"阅览室;英国牛津大学图书馆、美国芝加哥大学图书馆都设有专门的经典文献阅览室,并有固定的开放时间。

二、制定馆藏发展政策

馆藏资源是图书馆的立馆之本,也是开展阅读推广活动的基本条件,没有资源,阅读推广就成了无源之水、无本之木。图书馆要结合自身的特点及其所面

---

[1] 黄健. 高校阅读推广活动的影响因素及其评价 [J]. 大学图书馆学报,2013(1):93-96.

对的读者的阅读倾向，建立合理的文献资源配置体系，保证其藏书能够充分的满足读者阅读需求。因此，图书馆不仅要拥有资源，还要拥有优质的资源。制定完善的馆藏发展政策，是图书馆资源建设的重要一环，也是图书馆阅读推广工作的基础。

馆藏发展政策是图书馆发展的一种规划性文件，目的是为图书馆馆藏的维护和发展提供政策框架。同时馆藏发展政策还保证了馆藏发展的连续性和一致性，最终使馆藏发展为学校发展的整体目标服务。按照学校发展实际和发展目标，在保障重点学科文献资源建设的同时，力求更加全面地收藏所有学科的文献资源，确保文献资源与学校学科建设同步甚至超前发展。将图书馆建设成能满足教学需要的本科生图书馆和能满足科研需要的研究型图书馆。

关于馆藏发展政策，我国目前还没有在国家层面制定相关的规范，可供参考的仅有 2007 年由教育部高等学校图书情报工作指导委员会制定的《普通高等学校图书馆文献资源发展政策编制指南》《普通高等学校图书馆电子文献发展政策编制指南》等，且并未得到图书馆界的普遍重视。而在许多发达国家，制定馆藏发展政策已是各类型图书馆的一项常规工作，如美国早在 1993 年就已经有高达 72% 的高校图书馆制定了本馆的馆藏发展政策。

近些年来，我国在馆藏发展政策的理论研究上取得了一些进展，但在实践领域并未得到图书馆界应有的重视。除武汉大学、厦门大学等少数几个高校图书馆制定了本馆的馆藏发展政策外，很多高校图书馆制度中根本没有此项内容，导致采购工作缺乏规范和指导。因此，各高校图书馆应尽快建立起详细、主题鲜明的馆藏发展政策，其中重要的一项就是要为推动阅读制订良性发展计划，给予读者阅读以坚定、持续的支持和引导。不论是为满足教学和科研需要，还是为促进阅读，高校图书馆都应该实行按需采购的制度，将书商的新书目录、学科馆员的反馈、读者荐购书目和书评等作为重要的选书依据。在经费允许的前提下，明确采购要着重关注图书的质量，购买系统的、有价值的书籍，满足读者阅读的需要。

另外，由于各个图书馆的自身所处位置不同，其办馆条件也不相同，其购书经费也多寡不均，但无论多寡，图书馆都要有效地利用购书经费，购置可以充分满足读者需求的书刊，使书尽其用，充分发挥每本书刊的价值。同时，图书馆还应将数字资源建设放在图书馆发展的突出位置，重点对待。网络数字技术所带来的丰富的阅读内容、便捷的获取方式、开放的阅读环境、互动的阅读过程以及直接感官冲击的阅读效果是传统的纸质阅读无法比拟的，深受广大读者的青睐，已成为当代大学生的一种主流阅读方式，也是一种获取知识的新途径。因此，高校图书馆必须加强数字化资源建设，顺应读者的数字化阅读需求，加大对电子阅览室、多媒体室等处网络设施的投入，购买电子资源，各类数据库、电子书刊等，加强对各种资源的整合、采集、整理，将相关资源馆藏化、数字化，建立自己的特色资源数据库。加大对数字资源的建设与开发的投入，以更好地为读者提供更广泛、更快捷的文献资源。同时，图书馆还要通过网络平台，实现对网络信息资源的整合、开发及共建共享，为读者提供更加全面综合、更加容易利用的文献资源。

总之，高校图书馆要加强资源建设整合，构筑多元化阅读平台，使各种文献形式和载体资源协同发展，建设结构合理、重点突出、特色明显的优质文献资源体系。这是对高校图书馆开展阅读推广活动最有力的支持。

三、规范借阅制度

俗话说，没有规矩，不成方圆。图书馆的规章制度是图书馆实践的总结与概括，反映图书馆发展的客观规律，是图书馆馆员及读者的行动准则。它是合理组织图书馆工作，充分发挥图书馆职能的保证，也是图书馆实现科学管理的依据与准绳，是正确处理图书馆内部各种关系、发挥图书馆全体人员的积极性与创造性、提高服务质量和保证图书馆正常运行的手段。

图书馆针对读者服务一般都会有相应的制度。借阅制度、续借制度、预约制度、召回制度、馆际互借、超期惩罚制度以及豁免制度等可构成一个完整的借阅体系，它的合理、有序、健康运转，能够保障读者阅读需求顺利实现和阅读行为顺利完成。但是，目前我国许多高校图书馆的借阅制度存在着一定的问题，必须参考国外高校相关规章制度进行修改。如美国著名大学图书馆借阅制度的条款设定内容就很详备，各环节连贯一致，人性化贯穿于整个管理过程中。那些看似烦琐的制度条文，虽然会导致管理成本的增加，但一方面，它具有更强的可操作性；另一方面，其人性化的管理措施，使得工作人员和读者之间更亲密友好，让读者、资源与管理者之间形成一个良性的循环。在这个循环中，我们能够体会到美国著名大学图书馆制定借阅制度的目的很明确，那就是以读者为中心，提高文献的利用率。要贯彻"以读者为中心"的服务理念，首先应该从读者制度的人性化方面体现出来，只有从制度上体现，才能更持久、深入，更具操作性。

目前，国内高校主要的规章制度都有其共通之处，因而，图书馆有必要建立体例一致、形式规范、内容健全、语言标准的制度体系，各高校图书馆再根据各自的特点加以完善。特别需要指出的是，目前图书馆针对读者的有关借阅制度普遍存在的通病就是语言过分强势、生硬，这样多多少少会伤害读者的阅读热情。读者到图书馆本身就是一种值得尊重和鼓励的行为，对于可能出现的不规范行为，也应该注意措辞和语气。

因此，图书馆的借阅制度必须与时俱进，跟上时代发展的步伐，充分利用自身优势，充分考虑读者借阅的便利性，制定更加人性化的借阅制度，提高服务质量，发挥图书馆服务读者，服务教学、科研的作用，才能真正使图书馆的教育、信息服务和学术研究职能得到充分发挥。

四、加强阅读推广的宣传工作

宣传工作是高校图书馆的一扇窗口，是阅读推广过程的必然手段。宣传工作是指对高校图书馆及其提供的产品及服务的介绍，是现代高校图书馆工作的重要组成部分。高校图书馆开展宣传工作，一是可提高文献资源的利用率。宣传作为一种传递信息资源的方法和手段，可揭示图书馆的馆藏资源和网络资源，加深读者对信息资源的认识，使读者进一步了解图书馆的职能、作用、服务项目、规章制度等，从而激发其利用图书馆的热情。二是可促进图书馆的发展。通过宣传图书馆，展示图书馆人默默无闻、无私奉献的崇高职业形象，唤起社会对图书馆重要性的认识，赢得公众对图书馆人的尊重，增强图书馆人的自豪感和工作热情，使图书馆的发展获得强大的内在动力。

目前，高校图书馆通常使用的媒介可分为传统媒介、多媒体和社交媒介。传统媒介包括悬挂横幅标语、张贴海报、布展等；多媒体有电子显示屏、报纸、电视、通识平台、网站等；社交媒介有社交网站、QQ群、博客、微博、微信等。无论是传统媒介还是社会化媒体，高校图书馆都应根据自身需求结合自身的技术和管理水平选择几种或多种推广手段，将推广范围最大化。宣传要注意传递信息的新颖性、准确性和易用性。宣传还要有一定的计划性，在不同的时期，确定相应的主题，围绕主题开展各种宣传工作，用心营造友好氛围和创新服务，才能受信于读者，形成良性循环。

图书馆还可以吸收大学生参与图书馆宣传工作。在校大学生是高校图书馆的主要读者群体，可以起到很好的宣传效果。大学生之间彼此了解、相互沟通，学校有什么新闻，大学生们都会互相转告。高校图书馆吸收在校大学生参与图书馆宣传工作，可以吸收社团成员参与为主，例如读书协会社团、校学生会等。图书馆宣传工作者首先从社团、学生代表那获取读者所需信息，同时有针对性地宣传图书馆信息，然后利用学生间的"口碑"进行宣传。这样往往能达到一个较好的宣传效果。

高校图书馆可以充分利用图书馆的宣传周、全校读书月等大型活动，利用校园网站、广播、墙报、简报、横幅实时宣传报道，编印下发各类资料汇编，以多样的形式大力宣传阅读的价值，让大学生真正了解阅读的意义、阅读的方法以及读什么、怎样读；披露国内外阅读动态、发展趋势；介绍阅读指导和阅读研究性著作；通报中外最新的学术性和大众性出版物；介绍或剖析中外经典著作等。在读书活动期间，采用不同的有特色的主题密集宣传，平时有计划地定期宣传，多种形式并用，给学生留下深刻印象，使阅读深入人心，使建设书香校园的思想无处不在，无人不知。

在这不断变化的形势和社会环境下，图书馆宣传工作应以提高服务水平和创新服务项目及方式为目标，应以向读者推广图书馆服务、满足读者需求为任务。宣传工作是图书馆长远发展中不可或缺的一项工作，尽管一部分高校图书馆受到经济、人力等方面因素的影响，宣传工作不尽如人意，但仍应克服困难，根据自身情况，尽可能地做好宣传工作，更好地为读者服务，努力提高图书馆在读者心中的地位。

五、建立稳定的阅读服务团队

建立专门的阅读推广机构并组建稳定的服务队伍是实施阅读推广的保证。阅读推广队伍的不稳定会影响阅读推广项目的质量和连续性。目前，阅读推广工作已成为图书馆的一项重要工作，大多数高校图书馆都有专门的阅读推广人员，有些图书馆还成立了专门的宣传推广部门。阅读推广人员应该具备以下几点基本素质：

首先，具有良好的职业品质。职业品质是各个从业者对自己所从事职业的内涵和价值的判断与认可程度，以及在这种价值判断指引下所采取的职业态度。良好的职业品质既源自身良好的社会公德修养，即为社会奉献的精神和对待他人的良善品格，也源自扎实的职业训练和深厚的个人职业意识和职业修养。良好的职业品质是图书馆阅读推广人开展好业务工作的基础。

其次，一切为读者服务的宗旨。为读者服务是高校图书馆的宗旨，"一切为读者，为一切读者，为读者一切"是服务宗旨的理想细化。服务宗旨落实到实际行动中最好能够做到：资料随手可得，信息共享空间，咨询无处不在，馆员走进学科，技术支撑服务，科研推进发展。只有这样，才能使读者不受时空限制、无障碍地利用图书馆。

再次，熟知图书馆资源及新技术。图书馆馆员、高校图书馆阅读推广人应熟知图书馆馆藏文献资源类型、内容及馆藏位置，方便随时引导读者获取文献资源；熟知数字资源、虚拟资源及利用方法，随时指导读者检索和利用数字资源；熟悉计算机技术及多媒体技术，及时通过新技术向读者推送服务。

最后，具备图书馆学基础知识和管理学知识。阅读推广人应掌握图书馆学基本知识，包括：图书馆的要素；图书馆的组织、工作内容和工作方法；图书分类体系，熟知中国图书分类大类。掌握管理学知识是指了解管理学中基本理论的主要内容，能灵活运用所掌握的管理学中的基本理论和原则，分析、解决管理实际问题，进而做到管理好读者、管理好资源、管理好服务团队。

此外，阅读推广人员还应具备以下能力：

第一，策划、组织及评估能力。高校图书馆阅读推广人必须具有较好的活动策划、组织及评估能力。策划能力应包括：阅读推广主题的拟定、阅读推广项目的设计、工作任务的分配、阅读推广进度计划的制订以及阅读推广方案的撰写、阅读推广经费预算的制定、阅读推广活动的选址和活动的布置。组织能力表现为：顺利完成接待任务、后勤保障任务、联谊任务，做好阅读推广现场服务与管理。评估能力体现为：阅读推广活动结束后能及时对活动效果进行评估。从读者满意度和阅读效果出发，对评价低的策划活动及时进行调整，让评价高的策划活动持续开展下去。

第二，较强的公关能力。公关能力是指有目的、有计划地为改善或维持某种公共关系状态而进行实践活动的能力。高校图书馆阅读推广人的公关能力表现在建设书香校园活动中的介入能力、适应能力、控制能力以及协调性等。高校图书馆阅读推广人跟读者、各部门打交道，要把握交往的技巧、艺术、原则，了解读者的行为特点，要与各种类型和特点的读者友好交往。

第三，撰写书评和推荐书目的能力。高校图书馆阅读推广人需具备撰写书评的能力。撰写书评是高校图书馆阅读推广人应尽的职责，是深化读者服务的需要，是爱岗敬业的表现。书评要尽力做到从政治观点、思想内容、科学水平、审美价值以及理论和实践意义等各方面对图书进行分析、评论和介绍，使读者通过阅读书评就能够快速知晓图书主题。

另外，高校图书馆阅读推广人应为读者推荐好书，推荐书目不能简单照搬出版机构的畅销书目、其他单位或者高校的推荐书目。推荐书目必须符合自身院校特点，从本校读者实际情况出发。推荐书目必须遵循一定的标准，应具有正能量，合理推荐经典文学、优秀人物传记。

因此，一个理想的图书馆，不仅仅是一个资源存储机构，它还应指导读者读什么及怎么读。高校图书馆应该设立专门的阅读推广岗位，有条件的图书馆可以建立阅读推广工作部门，负责开展高校图书馆推广的各项工作，包括读者需求调查、本馆现状分析以及需要解决的问题等，提出开展阅读推广活动的措施建议。阅读推广部门的建立是高校阅读推广的组织保障，便于图书馆活动的策划、实施，使高校阅读推广活动内容更加专业、步骤更加精细、管理人员主人翁意识更强。

第二节　以大学生为主体的读者是阅读推广的客体

高校图书馆阅读推广的主要对象是师生读者。高校图书馆需要对不同目标对象的阅读推广行为进行研究，针对不同的读者制定和设计不同的阅读推广项目。新生对图书馆不了解，阅读目的不明确，喜欢通过新书推荐来找寻喜爱的图书；高年级学生具有一定的阅读能力和意愿，阅读能力强，通过信息检索课程的学习，信息检索能力有所提高，图书馆与学生社团共同举办的名师讲座、主题活动等对他们的吸引力比较强，他们参与的积极性比较高；教师文化层次比较高，到图书馆主要是为了获取专业的文献和服务，一般不会主动参与主题类的阅读推广活动，但对深层次的课题服务、学科服务比较感兴趣。因此，以大学生为主体的读者是阅读推广的客体，识别大学生读者的潜在阅读需求和阅读特点，并与大学生社团合作进行阅读推广，是做好高校图书馆阅读推广工作的必要前提。

一、识别大学生读者的潜在阅读需求

提高读者满意度，实现高校图书馆发展的可持续性，可从识别读者的潜在阅读需求开始。读者的潜在阅读需求可以通过信息收集并进行调研分析，细化读者群体来识别。根据读者本身的属性，细化读者群体，分层管理。

大学生具有青年读者和学生读者的双重特征。作为年轻人，他们处在生理、心理、智力发展和世界观的形成期。生活独立性逐渐增强，思想较为活跃，思维、观察能力有所提高，自我意识较强。作为学生读者，他们接触的知识领域更加宽广而深入，其阅读兴趣、阅读目的受到毕业后继续求学或就业需求的影响。为了成为合格的专门人才，成为德、智、体全面发展的大学毕业生，他们在大学生活阶段，系统学习政治理论、专业理论，以及综合性的科学文化知识，使自己具有较高的文化素质、合理的知识结构，由知识型人才向智能型、创造型、通用型人才发展。

大学生的阅读倾向和规律随着其知识的累积程度和年级阶段的不同有着明显的差异，高校图书馆应针对大学生读者阅读的这一特点，开展有针对性的阅读咨询、指导。多数大一新生，刚刚从应试的阅读模式中解脱出来，摆脱了高考的压

力，突然的放松使他们无所适从，而他们对于在大学应该如何阅读学习还处于懵懂无知的状态，同时对于图书馆的知识也极度缺乏，这使他们的阅读带有较大的随意性和不确定性，主要是进行消遣性的、无目的的阅读。所以图书馆需要对其阅读进行有效引导，通过新生入馆教育等方式，帮助他们学会利用图书馆，并树立正确的阅读动机，以免其走入阅读的误区。河南理工大学图书馆在每届新生入学时，都要由专人对他们进行入馆教育，指导新生如何利用图书馆，以及在图书馆应进行何种阅读活动。①

大二、大三的学生经过大一的学习生活，已经逐步适应了大学的阅读学习方式。由于他们已经开始了专业课的学习，面临更多的专业知识要去学习，因此需要借阅大量的专业类图书，以解决在学习过程中出现的困难。在阅读的同时，拓展了知识面，为将来择业打下基础。但是随着高等教育的普及、就业压力的增大，有相当一部分学生为了提高自己的就业成功率，通过考取各种资格证书来获得更好的就业机会，然而这也往往会导致他们在专业知识的学习上存在缺陷，不能达到用人单位对专业人才的要求，从而失去就业的机会。这就要求高校图书馆与学校其他相关单位配合，采取有效措施，指导他们加强对专业知识的学习，为以后打下坚实的专业知识基础。

对于大四毕业班的大学生，他们的阅读目的比较明确，带有明显的实用性和功利性。他们阅读的主要目的集中在撰写毕业论文上，需要大量并且多元化的阅读专业书刊，大部分时间都消耗在查找与毕业论文相关的专业文献资料上。还有相当一部分大学生还要考公务员、考研等，需要阅读有关的考试参考类图书资料。所以，图书馆应为其有针对性地开展文献信息检索、咨询服务。另外，毕业班的大学生还要面对择业的问题，图书馆可以聘请相关方面专家开设职业规划讲座，根据所处年级、学科专业领域、个人发展状态等情况为其答疑解惑。

图书馆可通过跟踪关注读者的历史借阅信息、检索记录、浏览记录，对读者进行问卷调查，也可以通过提取图书馆论坛的读者提问发言等方式，以数据挖掘为手段全面了解读者的个人兴趣爱好、心理发展状态，确定读者的阅读倾向，为读者建立阅读档案，提供有针对性的个性化阅读服务。

---

① 郭海明.高校图书馆阅读推广服务机制构建［J］.图书馆建设，2012（5）：51-54.

二、针对大学生读者的阅读特点提供相应的阅读推广服务

根据哈佛大学教育学家珍妮·查尔提出的阅读素养形成的"五阶段模型",大学生应进入"构建与批判"的阅读阶段,"构建"即通过对书本知识的融会贯通形成并完善自身知识体系;"批判"即通过对自身知识体系、思维脉络反复推敲,审视书本中的逻辑、思维脉络,在批判继承过程中达到自身修养、素质的升华。

据 2014 年有关调查显示:2013 年我国人均每天读书 13.43 分钟,52.8% 的人认为自己的阅读数量很少或比较少。经过近年来各大门户网站的统计调查,大学生中间的多数人虽然对于阅读抱着较为积极的态度,但平均下来每年每人课余的阅读量约为 5 至 10 本。这个数据远远低于世界上各个发达国家高校学生的人均阅读量。

由于大学生群体心理存在跳跃性、求知性、交替性、猎奇性特征,容易造成其选择时出现困惑和迷茫。长期以来,过于追求实用的阅读模式限制了大学生眼界、视野、思维境界的发展,给阅读选择亦造成了相当的障碍。同时,由于自身专业领域、知识深度及层次的不同,大学生会因阅读能力、理解能力、思考能力未达到相应标准而无法开展深度阅读。碎片式的网络阅读占据了大学生越来越多的时间,大多数学生拥有积极向上的阅读态度,对阅读的重要性给予充分肯定,但由于缺乏阅读的动力,导致阅读行为较为滞后。

一般而言,大部分高校学生的阅读面都比较窄,还有一部分学生只阅读自己感兴趣的杂文而对于文学名著或者专业书籍持保留态度。学生的阅读还具有盲目性和随机性,没有一定的阅读方向,也没有形成固定的阅读方式和阅读习惯。随着网络的影响,更多的学生现在喜欢阅读的是短小轻松、易于理解的"网文",也就是"轻阅读",阅读的质量跟不上去,对于内容的独立思考能力和深度阅读能力有所欠缺。可见,当前大学生的阅读状况不容乐观,主要表现为:阅读量小,阅读功利性强、重网络阅读、轻纸本阅读,阅读通俗化、快餐化等。这些缺陷严重影响了大学生的阅读兴趣和深度,他们多为被动阅读,无法感受到读书的乐趣。但让人欣慰的是,现在大多数学生在阅读能力方面的自我期望较高,且能够认识到自身阅读能力的缺陷,希望通过专家指导或其他方式提升自身的阅读素养。因此,图书馆在阅读推广活动中要多动脑筋,面向不同阶段的大学生读者开展有针

对性的阅读咨询和指导服务，组织一些大学生感兴趣的活动来吸引大学生的关注，以此来提高大学生的阅读兴趣。同时，图书馆也可以招收一些喜欢阅读的大学生参与阅读推广活动，让他们担任义务阅读推广者。首先，这些大学生推广者是学生身份，与其他大学生读者在沟通上有共同语言，更能了解大学生读者的需求。其次，通过大学生推广者的宣传，能够让更多的大学生了解图书馆，了解图书馆的信息资源，由此来培养大学生的阅读兴趣。最后，大学生推广者本身就喜欢阅读，通过他们的影响能带动更多的大学生来积极地参与阅读。

三、图书馆与大学生社团合作共促阅读推广

阅读推广是高校图书馆以活动的形式积极开展的，通过影响读者的阅读选择从而不断引导读者阅读的一种过程。图书馆作为学校的一个部门，不论人员还是精力都是有限的，需要借助外部的力量才能更好地开展工作。从高校来说，最好的合作伙伴就是学生社团。

学生社团是由来自不同院系、不同班级的学生自发组织起来，按照学校相关章程和规定自主组织并开展活动的群体。学生社团通常有形成自发性、内容多样性和活动特色化等特点。大学生社团可以通过加强与图书馆沟通，积极向图书馆反馈当前学生读者的阅读需求和阅读变化。[①]大学生在参与阅读推广活动时能及时通过社团组织把自己在活动中的感受、感想反馈给活动组织者。学生对阅读活动的反馈，有利于活动组织者广泛积累活动经验，进一步完善活动机制，为下一次开展高质高效的阅读推广活动打下坚实基础。大学生社团发挥中间作用，高校图书馆能深入了解读者的阅读喜好或阅读兴趣。同时，大学生社团中就有学生读者，学生最了解学生，学生读者能把自己最真实的阅读情况及时地反映给图书馆，有利于图书馆下一次阅读推广活动的开展。学生社团根据读者的阅读需求和变化进行创意和设想，能进一步丰富阅读推广的活动内容，让活动形式多样化，同时不断激发读者的阅读兴趣，助力于阅读推广活动广泛开展。因此，通过与大学生社团的合作，高校图书馆能更好地与读者进行联系和沟通，进一步拉近了读者与图书馆的距离。

---

① 李文，杨安生.高校图书馆学生社团多角色分析与启示［J］.图书馆建设，2015（5）：76-79.

大学生社团参与图书馆的阅读推广活动，阅读交流，以书会友，除了能激发大学生自身的阅读兴趣外，还能不断提高自己的阅读水平，不断发动更多的群体参与到阅读活动中，形成人人"爱读书、读好书、好读书"的阅读氛围，进而改变大学生的阅读现状。大学生社团还能积极联合校内其他社团或校外其他机构，积极参与到阅读推广活动中来，形成良好的阅读氛围。

大学生社团还能积极发动身边的人参与阅读推广活动，通过发挥桥梁纽带作用，积极促进阅读推广活动进一步开展。高校图书馆也应积极支持大学生社团参与到阅读推广活动中，充分发挥其桥梁纽带作用，不断做好阅读推广的各项工作，实现"双赢"，共同发展。

例如，武汉大学图书馆的珞珈阅读广场由图书馆组织，与自强网、真趣书社和爱乐社等学生社团合作举办，是图书馆推广阅读文化的一种新尝试。活动采取竞标方式，由学生组织递交项目申请书，图书馆经过评审，最终选择合适的社团开展合适的活动。活动包括"珞珈开卷""影像阅读""音乐空间"三个版块的内容。它通过小型沙龙的形式，融合影音与阅读，提供一个分享阅读感悟、思考和鉴赏人文作品，搭建面向全校师生的艺文传播平台，引导同学们通过阅读书籍、观看影音等方式增加人文涵养，提升人文情怀。参与阅读推广活动的读者根据自己对文字、影像、音乐等人文艺术作品的阅读和思考进行交流。《论语》、路遥的《平凡的世界》、莫言的《蛙》、刘震云的《一句顶一万句》以及马尔克斯的《百年孤独》等书籍都成为大家分享的热点。

大学生社团在高校图书馆开展阅读推广工作中扮演着重要的角色，发挥着不可替代的作用。对于图书馆而言，每一位读者都是一本"真人图书"，每一个社团都代表着一种"独特的校园文化"，都值得图书馆去珍藏。高校图书馆要积极重视大学生社团，通过大学生社团自管理、自推广的形式开展丰富多彩的阅读推广活动，进而影响读者的阅读行为。

四、建立大学生读者阅读激励机制

据调查，上网已成为大多数学生课余生活的主要内容，这使得他们在有限的课余时间里阅读纸媒的时间减少，浅阅读、快餐式阅读、功利性阅读充斥着大学生的阅读生活，高校大学生普遍缺乏利用图书馆的热情和动力。如今，90后已经成为大学生主体，他们的权利感和个人意识更强，信息获取渠道更多元，强制性的形式化的管理必然会遭到形式主义的反馈，甚至激化师生矛盾。实践证明，采用激励机制是推动当代大学生阅读的有效方法之一，通过一定的激励手段可以激发大学生的阅读兴趣，调动其积极性和创造性，使大学生树立以"多读书、读好书"为荣的价值观。阅读激励机制可以尝试从以下几方面来建立：

第一，设立阅读学分制。阅读学分制度，是图书馆按照一定的标准，将读者在一定时期内的阅读情况转化为相应数量的学分，读者按照学分的多少获得图书馆一定的奖励和享受一定的服务的图书馆阅读管理制度。读者获得的阅读学分由图书馆专门人员进行登记汇总，在每学期末学校评比奖学金时计入总分，成为评比的一部分。同时当读者的阅读学分积累到一定数量后，可参加图书馆优秀读者及其他奖项的评比。"阅读学分制"有很强的趣味性和竞争性，能够激发读者的阅读兴趣，使其体验到获取知识的快乐，同时也可大大提高图书馆文献资源利用率。[1] 当然，阅读学分制的设置比较复杂，需要科学合理设置。

第二，"阅读之星"评选活动。"阅读之星"评选活动是通过图书馆借阅管理系统对读者借阅图书量进行统计，对于年底借阅排行榜前十名的读者，在征得本人同意后，图书馆将其个人借阅信息及读书感悟等汇总后在馆内宣传板上展示。图书馆为获得"阅读之星"的读者颁发荣誉证书，此外还提供一些其他的物质奖励，例如，获得印有图书馆Logo的精美纪念品，可以获得图书馆当年考研专用研习室的优先预约权，或提供一年的免费文献传递服务，或奖励图书馆电子阅览上网机时，或者可以跟随图书采购人员到书店里挑选图书等。榜样的力量是无穷的，图书馆利用榜样的激励作用，可以激发其他读者的阅读热情，有利于弘扬多读书、读好书的良好风气。

第三，搜书技能大比拼。高校图书馆开设文献检索课或开展新生入馆教育，可以帮助学生更好地利用图书馆，提高学生获取文献信息的技能，但是在实际工作中发现，很多读者虽然接受了培训，但真正利用图书馆时依然感觉茫然，面对资源丰富的图书馆感觉无从下手，也有的学生不愿意认真查找资料，也不愿过于

---

[1] 陈焕之.阅读积分制——高校图书馆阅读管理新模式[J].图书馆建设，2010（2）：51-53.

烦琐地利用图书馆。为唤醒学生潜在的能量，培养他们自我学习的积极性、主动性，图书馆每年举办"搜书技能大比拼"活动，比赛要求读者在规定时间内从书库中正确找到相应数量的图书，最终评选出获胜者，并给予相应的奖励。生动活泼的竞赛形式比传统的入馆教育、文献检索培训更有吸引力，更容易调动大学生利用图书馆的热情，但该类比赛参与人数毕竟有限，受益的读者也只是少数。

第四，爱心图书漂流活动。图书漂流是一种源自国外的阅读方式，这种崭新的阅读方式在国内日渐受到推崇，越来越多的人参与其中。图书漂流是指书友们将自己拥有却不再阅读的书籍贴上特定的标签后，投放到公共场所，无偿地提供给拾取的人阅读。图书馆可利用与书商的业务关系，筹集用于漂流的优秀图书，同时向全校师生特别是毕业班的同学发出捐书倡议。为了鼓励同学踊跃捐赠，图书馆出台相应的规定，读者一次性捐赠多少本以上且符合馆藏标准的图书，将获得图书馆颁发的捐书荣誉证书。图书馆对于读者捐赠的回馈表达了图书馆对其无私付出和爱心传递的肯定，促进更大范围的知识共享和爱心传递。

以上这些激励机制是为了服务大学生而存在的。在激励机制建设的过程中，图书馆可以鼓励和吸纳学生参与到激励机制的建设中来。图书馆可以通过学生社团组织、教育教学平台、校园网络等渠道将激励机制发布，使学生更清楚了解学校的激励机制，广泛吸纳学生的意见和建议，不断制定符合学生需求的激励制度，有效调动学生的积极性和主动性，让学生成为阅读推广活动的主人。

第三节 阅读推广的基本保障

阅读推广工作已经成为图书馆的常规性工作。但是，如何做好阅读推广工作，仍然是摆在图书馆人面前的一道不小的难题。为了做好阅读推广工作，除了作为阅读推广主体的图书馆和客体的大学生读者外，还要有以下几点基本保障：

一、人力保障

图书馆阅读推广的资源管理问题，涉及场地、设施、资金与文献等资源，但最大的问题还是人力资源管理。阅读推广主要依靠图书馆馆员的主动性和创造性来推动服务的开展。阅读推广作为现代图书馆的服务内容，具有综合性、复杂性的特点，对图书馆馆员的要求远远高于外借阅览等传统图书馆服务，需要馆员不断学习、研究与思考。特别是从事阅读推广活动的馆员需要对各个要素及其相互关系拥有足够的认知，才有可能设计出有效的阅读推广活动。

图书馆应立足长远，采取更多长效机制促进阅读推广人力资源的发展。除了设立阅读推广专门岗位，甚至设立阅读推广部门，配备合适的推广馆员外，还可以发挥学科馆员的阅读推广优势。学科馆员制度已经成为许多高校图书馆的基本制度，是图书馆与校院系沟通的有效机制。从操作层面上来说，学科馆员是图书馆开展阅读推广活动的天然桥梁，比如学科博客的建立和维护。在高校图书馆的专业资源的阅读推广工作中，没有人比学科馆员更了解或善于沟通专业或学科方面的情况，这也是高校图书馆有别于公共图书馆的显著特征之一。

同时，还应该谋划阅读推广人才的培训机制。澳大利亚新南威尔士州为了提升图书馆馆员的阅读指导能力专门开展了一项培训员集中受训项目，受训者再回到原单位指导其他同事。培训活动对图书馆流通量、资源阅读、馆藏发展的促进作用显著。有了这样的人力保障，阅读推广工作的目标性和长效性才能更好地实现。

二、管理保障

阅读推广是图书馆的一项新型服务。同所有新型服务一样，当其处于萌芽状态，或处于其他主流服务的从属地位时，管理者的管理一般是放任的自发管理。在全民阅读的大环境下，阅读推广服务已然成为一种主流服务，需要管理者进行管理变革，从自发管理转向自觉管理。为推动全民阅读，更好地履行图书馆推广全民阅读的社会使命，图书馆管理者需要改变原有管理理念，将阅读推广纳入管理视野，对阅读推广进行顶层设计，图书馆管理者应给予阅读推广更加自觉的管理。①

另外，阅读推广工作的开展，需要仔细规划和管理团队，需要团队合作，更需要管理人员有效整合好学生组织、社团、校园广播、社区、电台等可利用资源，

---

① 范并思. 阅读推广的理论自觉［J］. 国家图书馆学刊，2014（6）：3-8.

也需要阅读推广主要负责人调动宣传、策划等各环节人员的主动创造力和参与度，特别需要馆长全面统筹，全方位参与协调图书馆内部及学校其他各部门的任务分工。图书馆组织结构中有独立阅读推广部门的，有利于阅读推广工作的可持续发展。图书馆无独立阅读推广部门的，只能以抽调方式组织，适合非常规性任务或项目管理模式，其自适应性表现在能全方位地配合完成阅读推广活动任务，但是需要临时负责人或主管馆长组织和协调前期策划、过程管理、后续统计评价以及处理好与日常工作的关系等管理保障。

三、技术保障

传统的图书馆管理模式与服务体制由于信息技术的应用，已然发生了改变，自动化、网络化、数字化成为现代图书馆的特征。现代图书馆是以信息新技术为根基，利用虚拟化存储技术提供快捷的数据服务，通过大众传播媒介、网络等信息技术为读者提供传统服务和电子文献服务。无论是传统阅读方式的信息推送和目录资源整合，还是碎片化内容的电子阅读，越来越离不开信息技术的支持。熟悉开发和综合利用社会化媒体已是图书馆拉近与读者距离的必不可少的手段，掌握应用信息技术是现代图书馆发展的必然要求。例如，借阅系统嵌入微信平台、RFID图书定位信息推送至桌面、屏面等，都需要专人建设、维护和跟踪；再如，APP版图书馆网站开发与应用，其推广、宣传、过程管理、跟踪、统计管理，都离不开信息技术的本体化。

阅读推广人员要时刻关注和学习图书馆信息服务支撑技术的发展和变化，顺应时代发展，不断探索信息新技术。同时，建立和改善智慧图书馆服务机制，营造良好的阅读氛围，在馆内大力培育以人为本、以读者为本的主动服务思想，形成智慧图书馆新的共识与发展动力。另外，在政策上加以引导，重视提升智慧图书馆服务内涵，加大教育服务功能，加快学习掌握新技术、新阅读载体，以求能够适应新技术、新媒介下的数字图书馆的快速发展，不断提高图书馆服务质量。

四、物质保障

高校图书馆在性质上属于国家公共事业单位，主要经费来自国家财政支持和地方财政拨款，因此不同地区的高校图书馆阅读推广服务水平差异较大，东部沿海地区高校图书馆的阅读推广服务意识和建设水平明显高于中西部高校图书馆。同时，由于高校图书馆主要服务群体是高校师生，相比较公共图书馆而言，处在一个相对独立和封闭的体系内，因此社会力量对高校图书馆的影响力较小。反观发达国家的高校图书馆，社会捐款和公益基金是其广泛开展阅读推广活动的重要支撑，因此，如何拓宽高校图书馆的经费来源渠道，是影响我国高校图书馆阅读推广工作开展的重要因素。

不同的阅读推广项目，所需求的物质支持也有所不同。一方面，高校图书馆从优化环境、资源建设到提供电子阅读器、笔记本电脑等移动设备免费服务，应最大化消除读者的物质障碍，以促进阅读，引导数字阅读；另一方面，高校图书馆可根据自身情况量体裁衣，在研究的基础上，做好方案，尽力争取学校的经费支持，或者优化组织方案。

在倡导全民阅读的大背景下，阅读推广已成为图书馆的根本性任务之一，"阅读推广是图书馆的生命力"这一论断，是对阅读推广及阅读推广人的高度肯定，同时也是一种鞭策，对高校图书馆阅读推广人提出了更高的要求，激励阅读推广人要以爱岗敬业的责任心，发挥阅读推广人的能力，将阅读推广可持续发展地进行下去。读者服务是贯穿图书馆工作的主线，是图书馆永恒的主题。随着科技的迅速发展，读者对信息的需求呈现多层次、多样化和个性化趋势。图书馆阅读推广工作如何为读者提供更好的、更完善的推广服务，这需要阅读推广人不断提高服务能力，研究读者服务的发展趋势和要求，需要研究读者服务的方法和技巧，才能在高校阅读推广工作中奉献自己的力量。图书馆只有提供阅读推广工作开展的必要条件，根据自身的优势，在研究读者需求的基础上，明确阅读推广的思路和途径，不断探索实现有效阅读推广的方法和保障，才能为书香校园、书香社会做出应有的贡献。

第三讲
大学图书馆阅读推广活动的策划

近年来，高校图书馆提倡"以读者为中心，以服务为主导"的服务理念，举办各种阅读推广活动，加大对资源和服务的推广力度，激发读者利用图书馆的兴趣。优秀的阅读推广活动有利于发挥图书馆的功能，塑造图书馆正面的形象，同时发挥着"润物细无声"的形象识别作用。[①]

新信息环境下，读者对阅读推广服务呈现出多方位、全面性、独特性的需求特征。高校图书馆要努力适应新环境的变化，发掘自身所具备的服务潜力，不断融入新的理念，延伸和拓展阅读推广服务的内容和形式，从而提高阅读推广服务的质量，吸引既有的和潜在的读者群，充分发挥阅读推广服务的效用。

第一节 大学图书馆阅读推广活动的受众及目标

阅读需要普及与推广。但如何推广，则无一定之规。高校图书馆是大学校园中读书活动的策源地和大舞台，阅读推广活动一般由高校图书馆推动。高校图书馆的服务对象主要是青年学生及老师，阅读推广活动很大程度上就是针对大学生展开的。大学生除了阅读专业文献，还需要阅读那些与他们心理成长和人格完善有关的书籍。

阅读推广可以提升图书馆的服务能力，符合图书馆核心价值的阅读推广目标

---

① 林梦笑.图书馆推广活动CI作用调查［J］.图书情报工作，2009（13）：86-89+15.

是：让不喜欢阅读的人喜欢上阅读；让不会阅读的人学会阅读；让阅读有困难的人跨越阅读的障碍[①]。与之对应，我们可以确定，针对大学生进行阅读推广的目标主要有以下几点：提升资源使用率；提升大学生阅读意愿，提高大学生阅读能力；提供阅读交流的平台。阅读推广的内容则主要是图书馆的资源及服务，而推广的方式则是在线上、线下开展各种喜闻乐见的活动。

第二节 大学图书馆阅读推广活动的主要形式

狭义的阅读推广一般指书目推荐或读书会等活动，以及针对节假日开展的专题阅读活动。但在实际操作中，大学图书馆的阅读推广活动范围则很广，包括线上和线下推出的各种推广活动。

高校图书馆开展的阅读推广活动形式种类多样，既有名家讲坛、读书沙龙，也有知识竞赛、设计大赛等活动，活动目的在于激发学生的读书兴趣和创作热情，使图书馆服务理念深入人心。从统计得来的数据来看，高校图书馆的阅读推广活动主要集中于以下形式：

表3-1 大学图书馆开展阅读推广活动的主要形式

名师讲座	推荐书目	读书征文	阅读辅导	微书评
书展	资源及服务讲座	读书沙龙	阅读推荐网站	图书互换
图书馆知识竞赛	诵读比赛	设计大赛	摄影比赛	图书捐赠
管理之星评选	优秀读者评选	读者座谈会	爱书护书	图书漂流
书画展	摄影展	影视欣赏	问卷调查	社区阅读

第三节 大学图书馆阅读推广活动的策划原则

大学图书馆开展阅读推广活动的目的是要吸引大学生的注意及参与，活动需

[①] 范并思. 华东师范大学教授范并思在"出版界图书馆界全民阅读年会（2014）主旨报告[DB/OL]. [2016-08-19]. http://www.chinalibs.net/ArticleInfo.aspx?id=364060.

精心创意与策划。详尽细致的策划方案是阅读推广活动顺利开展的保证。

一、针对性与整体性的协调

每一项阅读推广活动都是针对一定的目标群体的。大学图书馆开展阅读推广活动，需要设定明确的目标群。大学生的阅读倾向和规律因其所处年级以及知识积累程度的不同存在明显差异，应针对不同群体开展不同内容形式的阅读指导活动。客户细分是客户关系理论的重要组成部分，特别强调需求的差异性。推广对象分层越细，所做的工作越有针对性，就越能满足特定群体的需求。粗略地看，图书馆大学生读者可分为本科生、硕士生、博士生，这个分类还可进一步细化，本科生还可分为新生、老生及毕业生。阅读推广的对象主要是本科生，而针对新生的活动与针对老生的活动却大有不同。新生到校后，一个重要任务是要了解图书馆，提高信息素养，而老生则在这方面已有基础，他们更希望找到自己想看的图书[1]，大三、大四的本科生则更希望获得写论文、考研、找工作等方面的指导，即使是同一年级的学生，人文学科和理工学科的学生，需求也是很不一样的。

阅读推广还要考虑整体性。包括：与图书馆服务宗旨协调一致，兼顾图书馆各个读者群体，阅读推广工作中的各个环节均具有整体性。大学生层次不同，在策划活动时，要统筹考虑，不能只考虑某一个群体的需要，如不能只考虑新生的需求，也不能只考虑老生或毕业生的需求。在布局阅读推广活动时，要做通盘考虑，再做适当倾斜。例如秋季，考虑到新生入学，可以多布局一些面向新生的活动，适当地布局一些针对高年级学生的活动。到了春季，活动内容可以适当向高年级学生倾斜，适当地布局针对低年级学生的活动。

二、科学性与前瞻性的结合

阅读推广活动策划首先要确保导向正确、宗旨明晰，意在引导阅读和促进阅读。其次，阅读推广活动的策划内容和形式是具有可操作性的，图书馆在人财物上能保障活动顺利实施。

阅读推广活动的策划也要有前瞻性。除针对纸质图书等开展活动外，要时时

---

[1] 王新才.高校图书馆阅读推广的多样化与品牌建设［J］.图书情报研究，2015（4）：3-7.

关注网络化环境下新技术的发展及读者阅读习惯的变化，要跟踪数字阅读、掌上阅读、新媒体等的发展，创新活动形式，不断策划新的主题活动。

三、兼顾计划性与可持续性

阅读推广每一项活动都要进行很长时间的筹备。为保证活动质量与效果，一般情况下，要未雨绸缪，策划之初，就要考虑人员、经费、资源、甚至时间和空间等条件，提前为未来拟筹划的活动创造相关条件。

通过推广阅读来促进读者阅读习惯的养成、阅读文化的建设，是一个长期的过程，非一两次读书活动就能做到，所以阅读推广不应是应景、应时的节日型、运动型活动，必须建立起长效机制，在人员、经费、资源等方面做出整体规划和安排[①]。在策划时，可以考虑将有些可反复开展的活动做成品牌，形成口碑。读者经阅读推广活动的反复刺激，可提高参与的欲望。例如，"一城一书"这样的活动就可持续性开展，可以以年、季、月、周等不同周期开展，周期不同，书籍不同，这样可以大大提高书籍的阅读率。在高校图书馆，也可以持续打造"一校一书"的立体阅读模式，让阅读成为习惯。

四、创意性与常规性的平衡

阅读推广活动的开展是希望引导更多的人参与，宣传推广活动具有创意，能极大地提升宣传效果。衡量宣传推广活动是否具有创意，要看它是否引起了大学生广泛的共鸣，是否给大学生留下了深刻的印象及取得广泛的关注。

图书馆可定期策划一些创意性活动，阅读推广的策划，要打破常规，寻找创意上的突破，要能够抓住大学生的眼球。在策划活动时，要求方案新颖、个性化、趣味化、富有挑战性，达到"惊异效果"。

但创意性活动要耗费更多的人、财、物，对技术也有更高的要求。图书馆也不可能所有活动都是创意性活动。阅读推广活动本就有常规与非常规之分。常规性活动，在图书馆内经常性地开展，较利于营造品牌和口碑。

图书馆阅读推广活动的策划，特别要注意在创意性和常规性间寻找一个平

---

① 王波.图书馆阅读推广亟待研究的若干问题[J].图书与情报，2011（5）：32-35+45.

衡，将常规活动打造成品牌，在人、财、物条件合宜的情况下，开展创意性活动，达到锦上添花的效果。

第四节　大学图书馆阅读推广活动的策划模式

策划的模式不一而足，可以由某个人或一个团队策划，再经讨论定稿。策划需要创新，也切忌闭门造车。要开展多样化、精准化的阅读推广工作，则需内外合力，使图书馆资源与服务最大程度地被知晓、被利用。

一、头脑风暴法

成功的推广方式首先需要创新性思维，在目前阅读推广活动需要经常有新点子注入的情况下，它更需要我们有创新和开拓的精神，具有独到之处，在形式或内容上形成突破。为激发创造力，图书馆在确定阅读推广议题后，由不同专业或岗位的人员组成小组讨论，在轻松融洽的气氛下，就活动方案自由发表意见和讨论。在较少限制的情况下，集体讨论问题能激发人的热情，人人自由发言、相互影响、相互感染，能形成热潮，突破固有观念的束缚，最大限度地发挥创造性的思维能力，碰撞出思想的火花。

案例 3.1　头脑风暴法应用案例

以武汉大学图书馆 2015 年开展的"首届学术搜索之星"挑战赛策划为例。首先，明确该活动的主旨，主要是推广图书馆订购的电子文献数据库，让更多的读者熟悉并利用图书馆订购的数据库，提高电子类图书及期刊的阅读量。根据活动开展牵涉的部门，由咨询与宣传推广部统筹，下设策划组、出题组、宣传组、培训组、系统组和"双微"发布组，组员要么是在各自岗位有较多的经验积累，要么有较新锐的思维。讨论提倡自由奔放、任意畅想、跨界发挥，主意越新越好。鼓励与会者畅所欲言，互相启发。策划组提出活动策划的阶段方案及整体宣传方案设想，出题组提出出题思路，培训组提出针对活动的培训组织方案设想，系统组提出竞赛网站开发方案设想，"双微"发布组则提出整个周期的活动宣传方案，如何通过各种渠道进行宣传，汇聚人气，形成竞争的氛围。这些设想，再由组内其他人员提出补充或建议。围绕搞好活动这个核心，整个活动经过十多轮头脑风暴式的讨论，策划方案在讨论中不断完善，易稿十多次。最终将赛程设置为"号角吹响"全民暖身赛、"虚拟之战"网络选拔赛、"精英计划"学霸集训营及"巅峰对决"现场总决赛四个版块。为配合每一个版块活动，无论在赛制还是题目设置上，都充分了解读者需求，采取读者喜闻乐见的方式。经集思广义、群策群力，活动圆满举行，5000多人参与，全校38个院系中有36个院系的同学参加了网上选拔赛，院系覆盖率达94.7%。活动举办期间，数据库用量处于增长势头，微信涨粉较快，关注人数较多。参与者普遍认为该比赛很有意义，对学生信息检索能力和学术素质能力的提高有极大益处，希望以后能多多开展类似活动和专题讲座。

二、引入众包模式

众包模式产生于2006年，指的是机构或公司把以前由工作人员完成的任务，以自愿的方式外包给大众网络的做法[①]；通俗地说，就是让更多的人参与一个机构的活动，达到集思广益的目的。有研究认为，图书馆在四个领域可应用众包模式提高图书馆服务水平，有效协助教学科研，其中就包括图书馆阅读推广服务。通过众包来吸纳不同文化背景的人员参与阅读推广创意的工作，有助于建立多元化阅读推广服务体系，提高阅读推广活动的创新性和包容性。特别是，从图书馆外部吸引人才参与，广泛挖潜，使他们参与合作过程，策划出适合同龄人心理的活动，吸引更多同龄人参加，可以帮助图书馆打开局面。

高校图书馆引入众包模式进行阅读推广策划具有一定的可行性。高校有庞大的学生队伍以及粉丝群，图书馆与各级机构间有着长久的合作传统，这些因素是图书馆开展众包服务的良好基础，学生组织及社会网络中的粉丝可以成为图书馆众包项目的志愿者，为图书馆完成合作化任务提供保障。

在阅读推广的策划方面，引入众包，就是要集众人的智慧，让人人参与，贡

---

① Jeff H.Crowdsourcing: Why the Power of the Crowd Is Driving the Future of Business [M].New York: Crown Business, 2008: 232-233.

献新创意。图书馆利用众包模式，广征活动创意，包括活动方案、活动名称、活动文案等，已有些成功的范例。清华大学图书馆曾举办"我让小图更聪明"创意征集活动[①]，44位师生的创意获奖，优秀创意可进入小图语料库，成为"小图"的知识点[②]。复旦大学图书馆、山西大学图书馆均曾在图书馆网站征集馆徽[③]。

将读者和粉丝作为宝贵的资源，巧借外力，能使策划的内容更贴近学生的感受，更受学生喜爱。对部分技术或设计要求较高的项目，可以项目制的形式交给学生团队策划。

案例3.2　图书馆基于众包模式组织的三个推广案例

（1）广征活动方案

2012年武汉大学图书馆有意创办读书会，向全校读者和网友征集读书会的点子。经图书馆考核，两个团队和几个音乐爱好者提出的，尝试创办的一种新的读书会——集合文字、影像、音乐三种不同形态的读书会形式得到采纳，并最终成为珞珈阅读广场的雏形。这三种阅读形式既可以独立举行活动，也可以合作开展立体阅读，活动主持人也从校内外机构及个人、众多网友中征集，涵盖各个层次，主持人的多样性使读书会充满活力。除学生社团成员、征文获奖作者、读书爱好者外，图书馆和社团还积极与校外机构或团体合作，挖掘主持人，扩大活动影响力。例如"真趣书社"与湖北人民出版社合作，举办"重回民国上学堂"大型读书会，并邀请武汉高校数十家文学社团参加；影像阅读与FIRST青年电影展合作，播映最新获奖影片；"音乐空间"邀请浙江大学的古典音乐爱好者联盟合作讲授古典音乐鉴赏等。读书会活动目前已连续举办了120多期。

（2）广征活动名称

为让学习疲惫的同学有一个休闲放松的途径，武汉大学图书馆计划每周三次定期推出一款音乐节目，包括古今中外多种类别的音乐。因为考虑到节目名称要贴合休闲的心境且朗朗上口，还要受学生们的喜爱，图书馆于是在微博上推出"请你来命名"活动，向校内外粉丝征集名称。学生踊跃参加，投出自己心目中

---

① "我让小图更聪明"有奖征集［EB/OL］.［2016-8-19］.http://lib.tsinghua.edu.cn/dra/webform/5785.
② "我让小图更聪明"有奖征集活动颁奖通知［EB/OL］.［2016-8-19］.http://lib.tsinghua.edu.cn/dra/news/annoucement/5926.
③ 盛芳，耿艾莉.网络环境下高校图书馆的四项工作的众包策略［J］.图书馆论坛，2012（1）：15-19.

的名称，征集到包括"天空之城""音乐百老汇""音乐随心听""音乐下午茶""惬听风吟"等几十个名称。经综合考量，最终选取"音乐随心听"，并将其打造成一个颇受欢迎的品牌活动，目前已不间断举办200多场。

（3）广征活动文案

2014年，武汉大学图书馆推出座位管理系统。通常关于座位管理系统规则的说明比较烦琐。根据以前的经验，这样繁杂的文字内容，读者很难耐心细致地阅读或认真领会，结果又会引发新的违规，馆员需出面反复解释规则，浪费人力物力。为此，图书馆在大众群体中广征创意，经综合评估，一位大学生的文案脱颖而出，其对座位系统的规则阐释清晰且文字诙谐活泼。如"我是你的唯一。若你要离开我，请把我的自由还给我。……以下行为，将记一次违规：你冒名顶替、脚踏多条船。你决定走了，却对我不放手……"[①] 风趣的语言吸引了无数同学在现场阅读，在微博上更是吸引了12.2万人阅读，被学生赞"最萌的图书馆规则版本"。

第五节 大学图书馆阅读推广活动的策划思路

一、与图书馆馆藏资源推介相结合

图书馆丰富多样的资源是吸引大学生来馆或使用的因素之一。高校学生的流动性，注定了图书馆读者的流动性。图书馆的资源数不胜数，但需要图书馆不断推介。在这个多元化选择的时代，图书馆应加强对资源主动推送的力度，吸引更多的人走进图书馆，了解图书馆，利用图书馆。

二、与图书馆服务相结合

图书馆的优质服务与阅读推广之间是一种相辅相成的关系。目前高校图书馆服务项目众多，借阅服务、视听服务、数据库服务、教学培训、文献传递、学科

---

① 图书馆座位管理系统［EB/OL］.［2016-08-20］.http：//weibo.com/3273782037/AywhWeQ75?type=comment#_rnd1428234038383.

服务、论文收录引用等，林林总总。阅读推广活动的进行，必定对图书馆的形象有正面宣传的作用，促使更多的读者了解和使用这些服务。图书馆要结合这些服务，将宝贵的资源推介出去。

三、与读者需求相结合

阅读推广的目的是为了吸引读者的广泛参与，营造浓厚的校园书香氛围，养成良好的阅读习惯，让全民阅读成为亮丽的风景线。同时要充分考虑用户信息素养的提升，用户信息素养提升了，就可遨游学海，享受"悦读"的情趣，读更多好书[①]。

第六节　大学图书馆阅读推广活动的策划流程

一、"知己知彼"，做好前期调研

（一）"知己"——对图书馆的资源与服务特色进行梳理整理

策划人员，要对本馆的资源与服务有充分的了解，才能进行有针对性的推介。一种是依托大众性的资源和服务进行阅读推广策划，如结合好书榜、获奖图书等开展书展和读书会。一种是挖掘图书馆特色资源和服务进行阅读推广策划，推出专题活动。如2013年，清华大学图书馆在第102周年校庆日来临之际，推出首期专题书架——"清华人与清华大学"，活动从校图书馆（逸夫馆、老馆）馆藏中精选138本图书，这些图书有的是官方校史，有的是校友忆作，有的是校史研究著作，还有的是清华子弟的回忆文章[②]。武汉大学图书馆针对自己的馆藏资源特色，推出"馆藏特色文献推介展"，内容包括民国文献、港台文献、抗战专题文献、

---

① 周国忠.阅读推广方案策划的思路及原则——以2013年福建师范大学第七届读书节策划方案为例［J］.图书馆论坛，2014（9）：76-79.
② 图书馆推出"清华人与清华大学"专题书架［EB/OL］.［2016-8-19］.http://lib.tsinghua.edu.cn/dra/node/5897.

诺奖文学专题、边界研究专题等五大专题。

（二）"知彼"——了解读者才能进行针对性推介

新信息环境下，互联网上的新创意层出不穷，很容易转移读者的吸引力。很多高校图书馆在策划活动时，往往依据惯性思维，没有事先认真调查学生的阅读兴趣和实际需求，与读者沟通不足，用户体验偏少，欠缺双向深层次交流，导致策划活动的参与者较少。

图书馆要紧跟时代发展，了解"90后"的心理，融入快乐推广的理念，在图书馆与读者间建立一个亲和的"媒介"，搭建良性互动的平台，将活动的推广方式打造得活泼、有趣，迎合读者的喜好，从而与读者形成共鸣。

1. 通过前期调研了解读者的需求

阅读推广活动的前期调研很重要，强调以读者为中心，重视读者的体验，充分了解高校读者的阅读兴趣和阅读爱好，针对高校用户读者的兴趣爱好进行选题策划，让读者真正成为阅读推广活动选题策划的参与者。

通过观察或读者调查、访谈、座谈，设置建议箱，图书馆流通数据分析等方法，多方面了解读者需求。调研的方式可以采用问卷调查、有奖问答、现场采访调查等方法，可以通过社交网站、微信、短信、图书馆主页发放调查问卷、电子邮件进行调研，获取调查数据，也可以充分利用图书馆的官方微博和图书馆馆员的个人微博与读者互动，听取读者的意见。在进行调查时，调研者要对大学生读者群进行细分，例如本科新生的座谈会，高年级本科生的调查表，硕士生、博士生的需求访谈。此外，特别要注意了解人文社会科学学生与理工科学生的需求差异。

2. 根据大学生阅读类型进行推介

大学生阅读的类型可分为目的阅读型、从众阅读型、随意阅读型[1]。目的阅读型读者有较明确的目的，根据需求选择图书，如阅读考试类书籍、英语学习书籍、论文写作书籍、小说等，这类读者往往有明确书单，图书馆可根据这类读者需求补充馆藏，引导其阅读更多相关书籍。从众阅读型读者，大部分是别人读什么，他就读什么。对这类读者可重点进行荐读服务。随意阅读型读者数量较多，这类

---

[1] 赵俊玲，郭腊梅，杨绍志. 阅读推广：理念·方法·案例 [M]. 北京：国家图书馆出版社，2013.

读者到图书馆往往没有明确的目标，在书架中看到适意的书就随意看，一般也不会深入下去读某本书，这类读者可以开具书单进行引导。

3. 阅读推广时机的选择

阅读推广的时机选择很重要。例如对刚进大学的学生推荐论文写作方面的书籍，效果不会好，适时适宜地开展荐读活动才会有比较好的效果。每年9月份，大学新生到校，图书馆阅读推广的重点可以围绕大一新生进行，帮助大一新生更好地适应大学的学习和生活；每年11月份可以针对研究生进行开题或专业写作方面的书目推荐；5—6月份可以针对毕业生开展创业方面的书目推荐或讲座。

二、确定活动意向

图书馆阅读推广的总体目标是推广资源与服务，但一项具体活动的开展，需要有一个清晰的意向，这样策划才有方向。

从近几年阅读推广活动的开展来看，可初步将活动意向归纳为如下几种：

（一）引导阅读

引导阅读主要是开展专题书目推广或书展。这些活动策划主要立足大学生读者阅读推广，倡导健康的阅读风气，兼具知识性、思想性和趣味性。

（二）引导学术、思想、文化的交流和分享

（1）大型讲座。各类型文化讲座，促进文化传承和创新。

（2）小型读书沙龙。欣赏艺文作品、分享阅读感悟、培养人文素养的阅读交流平台，强调交流分享。

（3）真人阅读。以面对面的形式沟通，分享多样人生经历和感悟，励志成才。人即是书，书即是人，人书合一。

（三）阅读感悟和分享

（1）读书征文。强调以阅读感想和阅读思考为中心，写出自己不同的见解和真情实感，可读性强，对同龄人有启发。

（2）书评大赛。可以是不同主题的书评大赛，或网上微书评活动，字数不限，强调感悟。

（四）提升资源的推广利用

（1）针对电子资源推广可举行"学术搜索之星"挑战赛，或数据库有奖竞答等活动。

（2）针对纸本资源可举行"找书达人——图书搜寻大赛"，或书山寻宝类活动，让新生通过游戏比赛的方式学习索书号知识，以更快速、更准确地找到所需图书。

（五）加强阅读资源的循环传递

图书互换会、图书漂流活动可让读者各取所需，让书籍流动到最有需求的人手上。

（六）加强阅读的示范效应

"借阅之星评奖""读书之星比赛"等活动可以身边的实例激发学生的阅读兴趣。

三、确定选题

实践中，初步确定要开展某方面活动，如书展或读书征文，但面临"选题"时，往往又是一个难点，常常会为想不出一个好的主题而犯难。如果不想落入俗套，使活动接地气，且具有学术性、时事性、知识性、趣味性，可参考以下方法：

（一）关注社会热点

目前大学生获取信息的途径很多，微博、微信以及各大主流媒体每天推送的新闻很多，图书馆如果能将活动与热点有机结合起来，能瞬间抓住大学生的兴趣点。例如，在莫言获得诺贝尔文学奖后，图书馆推出诺贝尔文学奖获奖作品的推荐书目，能抓住大学生眼球。2015年，借中国药学家屠呦呦获诺贝尔奖的契机，武汉大学图书馆一方面推出中医药书籍的专题书展，另一方面在信息搜索大赛中推出"屠呦呦发表的一篇文章'中药青蒿化学成分的研究Ⅰ'引用率很高，通过中国知网查找，这篇文章被引用了多少次？"这样类似的微博抢答，使图书馆瞬间吸粉无数，产生了相当不错的反响。

（二）关注文化机构的热点

一些文化机构，如新闻社、出版社、学校、书店等的活动和网站是策划人员需要经常关注的。年度好书榜、文学奖获评图书等都可以作为活动选题，由此策划一系列活动。例如，上海交通大学图书馆的"好书中的好书"主题书展①，华中科技大学图书馆的新浪读书和凤凰读书网等媒体2013年好书榜推荐书单②等，即为不错的选题。

（三）结合节日或纪念日进行选题

节日或纪念日通常蕴含着历史文化内涵或跟某个重大历史事件相关。借助节日或纪念日，可开展活动，可亲近传统文化，夯实文化底蕴，提高人文素养。例如，在端午节举办屈原古诗朗诵赛。上海交通大学图书馆曾推出"元宵节和图书馆在一起，猜灯谜，留感想，品美味活动"③；清华大学图书馆2015年3月8日推出"了解女性专题书架"④；2015年结合"纪念中国人民抗日战争暨世界反法西斯战争胜利70周年"，武汉大学图书馆举办了相关的抗日系列书籍推荐阅读书目和书展；2016年是汤显祖和莎士比亚逝世400周年的日子，北京师范大学图书馆举办了"致敬大师：汤显祖与莎士比亚"立体阅读，融专家讲座、主题书展和影像展播于一体⑤。这些活动都能引起学生共鸣，提高参与度。

（四）结合本校特色、重大活动和校友等选题

阅读推广活动还可以与本校特色、重大活动（如校庆、馆庆、纪念日）、校友等紧密结合，吸引更多学生关注。如清华大学与校庆日结合的"清华人与清华大学"专题书展，清华大学图书馆结合百年馆庆开展岁月留痕、清华藏珍、馆庆书系、系列展览等活动⑥；北京大学图书馆结合秋季迎新推荐书目展，围绕"认识

---

① "放眼世界·阅读经典·追梦未来"暨4·23世界读书日活动［EB/OL］.［2016-07-29］.http：//www.lib.sjtu.edu.cn/index.php?m=content&c=index&a=show&catid=212&id=797.
② 人间四月读书天——2014年世界读书日好书推荐［EB/OL］.［2016-07-29］.http：//ftp.lib.hust.edu.cn/screens/2014readingday2.html.
③ 上海交通大学"元宵节和图书馆在一起"［EB/OL］.［2016-08-20］.http：//www.lib.sjtu.edu.cn/index.php?m=content&c=index&a=show&catid=212&id=996.
④ 清华大学文科图书馆推出"了解女性"专题书架［EB/OL］.［2015-08-07］.http：//lib.tsinghua.edu.cn/dra/news/annoucement/5993.
⑤ 致敬大师：汤显祖与莎士比亚［EB/OL］.［2015-08-07］.http：//www.lib.bnu.edu.cn/2016dsr/huodong/huod-ong3.htm.
⑥ 清华大学百年馆庆［EB/OL］.［2016-07-20］.http：//100.lib.tsinghua.edu.cn/ArticleChannel.aspx?ChannelID=43.

北大、热爱北大""适应北大、享受北大""走近大师、提升素养"等主题,精选了一批适合新生阅读的书,收到了不错的反响①。武汉大学图书馆在毕业季线上线下推出知名校友雷军的书单,以经过雷军精心挑选并大力推荐的十本书,作为送给毕业生的温馨"礼物"②。

四、实施策划

（一）整体规划

图书馆的活动,根据高校本身的学期特点及学生利用图书馆的规律,基本可分为常规阅读推广活动、专题阅读活动,以及吸引人眼球的创意推广活动。图书馆根据自身特点,可开展不同层次的活动。

整体规划需明确的主要问题有：活动主旨、活动主题、活动时间跨度、活动组织方和合作方、活动主要内容、活动的进度、活动子项目的任务分工的落实、活动经费预算、活动预期效果、效果评估方法等等。整体规划主要从全局统筹阅读推广活动的内容和人力、财力、物力、技术、时间与空间等资源的分配。以上各项内容都要考虑周全,从必要性和可行性两方面进行决策。特别要注意在策划与实施间寻找平衡点,有些非常好的创意,囿于现实条件,往往难以实施,会导致半途而废。

（二）设计活动方案

在整体规划的统筹下,对于各个阅读推广子项目,还要设计具体的实施方案,实施方案一般由子项目负责人根据统一要求起草制定。实施方案解决的问题更加具体,包括要做什么,怎么做,以及事后的评估怎么做,都要说明。

要做什么,即确定活动主题、确定活动对象、活动内容、活动形式。

怎么做,即确定活动管理方式、活动人力安排、时间安排、活动奖励方式、合作方式以及活动宣传方式（纸媒宣传及微博、微信、图书馆网站、合作网站等

---

① 刘雅琼,张海舰,刘彦丽.创意为先,实效为王——北京大学图书馆阅读推广活动的案例研究[J].大学图书馆学报,2015（3）：77-81.

② 史上最全的雷军书单[EB/OL].[2016-07-20].http://weibo.com/p/1002062528248734/home?pids=Pl_Official_MyProfileFeed__28&from=page_100206&mod=TAB&is_all=1&is_search=1&key_word=%C0%D7%BE%FC#_0.

新媒体的宣传）。

活动的主题要鲜明有力，活动名称要贴合学生们的心境且朗朗上口，活动文案的文风要活泼幽默。

第七节　大学图书馆阅读推广成功案例

一、常规阅读推广活动及案例

图书馆常规阅读推广活动，一般包括书目推荐或书展、读书会、真人阅读等，也有把这几者结合起来的立体阅读活动。

（一）书目推荐或书展

图书馆举办形式多样的导读和推荐书目工作，举办特定主题的图书展览，集中推介系列优秀图书，可引导学生多读经典书籍，起到塑造健康人格、陶冶情操、感悟教化的作用。推荐的范围不限于纸质图书，还可以是电子图书，甚至期刊、视频。

书目推荐包括新书推荐、主题书目推荐、借阅排行榜、知名人士荐书、馆员推荐等等。在进行书目推荐或书展策划时，可体现以下特色：

（1）经典名著类阅读。如中英文名著著作、人物传记经典、分学科经典著作（如经济学、法学等）。

（2）体现时代特色。如知名大学校长荐书书展、影响中国的十大法治图书、新生推荐阅读书展。

（3）体现地域或学校特色。如"汉派作家"书展、清华人与清华大学书展、特色馆藏与藏书印展。

（4）体现专业特色。如医学主题书展、水利电力专业书展。

（二）读书会

阅读从本质上是个人行为，但很多人阅读之后有强烈的交流欲望，希望分享阅读感悟。图书馆应该提供阅读交流的场所，营造阅读氛围，开展相应的读书会。

高校读书会的策划要点包括：

（1）确定读书会的类型。根据大学的特点，可分为面向新生层次的读书会、本科生读书会、研究生读书会。以主题类型分类，可分为文学阅读、社科人文艺术、心理励志、专业阅读等。

（2）给读书会命名。命名要朗朗上口，体现学校或图书馆特色。

（3）读书会的主要活动设计。由读书会成员共同选定书单，会下完成阅读，会上进行交流讨论。

案例3.3　读书会策划

活动名称："民国学堂记"大型读书交流会

活动主题：通过开展集中性、专门性推广以民国为主题的读书会活动，以民国为线索，分享一系列与民国有关的书籍，感受民国风韵，增进同学们的学识。

活动内容：

（1）简单介绍《重回民国上学堂》的主要内容，包含朗朗学堂、莘莘学子、悠悠校园、巍巍名师四大栏目。

（2）嘉宾和读者共同讨论书中内容，有民国大师风采、留学生活、民国学府、民国教授、教育家等主题。

举办方：图书馆

合作方：真趣书社、湖北人民出版社

（三）真人图书馆

真人图书馆（Living Library）是读者"借"一个活生生的人交谈，获得更多的见识的活动，源于丹麦的哥本哈根。真人阅读有别于图书的优势在于它提供的真人书有丰富的生活经验，这种服务通常是读者在其他地方无法获得的。资料显示，国外的真人书有球迷、女权主义者、治疗康复师、流浪汉、警察、素食者、新闻记者、外来移民、残疾人等各阶层的人选，他们都是志愿者。这些人要自愿且有能力将自己的人生经验、隐性活态资源与他人分享。另外，真人书和读者之间还要建立一种良好的沟通和理解关系，经常会面对面地探讨不同的生活方式、生活环境或者信仰，这些话题都是读者之前从没有接触过的。从某种程度上说，真人图书馆的使命不仅是让读者获取一些自己好奇的知识，还为了消除不同群体

之间的歧视，增强人们的安全感，这也是我们阅读纸质图书所不太可能获得的最直接的感受[①]。

案例3.4 真人图书馆活动策划

活动名称：悦读你我——真人图书面对面

活动主题：邀请不同经历、不同技能的"真人书"，以面对面交流的形式沟通，让读者分享多样人生经历和感悟。

活动内容：

（1）征集有特殊才艺、技能、经历等的师生作为"真人书"，人即是书，书即是人，人书合一。

（2）举办"用镜头记录西藏支教的朱超隆"。朱超隆，西藏支教者，兼具背包客、摄影爱好者、吉他手等多重身份。作为"伙伴云西藏游历行动"参加者，朱超隆前往拉萨多个支教点进行纪录片拍摄，站在第三者的角度，分享用镜头记录下的真实的点点滴滴。

（3）举办"走进非洲的刘文佳"。刘文佳的梦想是加入无国界医生（MSF），为人道救援组织工作。她暑假通过志愿者项目到肯尼亚做志愿者，通过调研为艾滋病患者筹建农场。

（4）举办"考古那些事儿"。考古博物馆学专业大三学生讲述考古中碰到的困惑与喜悦。

（四）立体阅读

所谓立体阅读，是图书馆利用自身的设施条件和人才等综合性优势，融合实物陈列、图片展览、讲座、演出、组织读者进行相关文献阅读、与读者互动等多种形式为一体，全方位、多层次地宣传推广主题的一系列活动的总称。同济大学图书馆自2008年开始策划"立体阅读"活动，先后开展了诸如"粉墨中国""经典上海""中华记忆"等向该校学生推广中外文化、城市文明等内容的阅读活动[②]。辽宁大学图书馆"中华传统经典立体阅读之旅"活动，通过"宣—展—旅—

---

① 真人图书馆．[EB/OL]．[2016-07-20]．http://baike.baidu.com/link?url=0Jxpf5NlyJTdUXdoBqjs6FERY9HWjJJ2TimindGtmt0ScRzdTAWRqpp3w_MvX7HIsO_YWEzVa_iTmMedJwdog_.

② 郭骥，章回波．立体阅读——图书馆服务的新形式［J］．图书馆杂志，2010（4）：38-39+67.

诵—阅—舞—荐—体—写—拍—演—讲—赛—问—论"15个环节开展活动，为读者提供"声音""颜色""光影""形象""触感"等多元体验[①]。

案例3.5　立体阅读策划

活动名称："汉派作家"立体阅读活动

活动时间： 4月15日—5月15日

活动地点： 实体及网上

活动地点： 武汉大学图书馆

活动主题： 图书馆结合本地特色推出的"汉派作家"作品展，以"汉派作家"为主题，融合"汉派作家"书展、"汉派作家"海报展、"汉派作家"改编电影播映、"汉派作家"作品微书评比赛活动于一体，全方位、多层次地展现主题，凸显本土特色，促进武大学子对地域文化的了解。

活动内容：

（1）书香荆楚——"汉派作家"作品展。推介一系列"汉派作家"作品书目及作品，包括方方、池莉、刘醒龙、董宏猷、邓一光、熊召政、陈应松、彭建新。同时进行海报展和现场书展。

（2）"文华讲坛"开坛首讲——与生活辩论。文华讲坛是武汉大学图书馆2014年创办的讲座品牌，邀请专家学者、名人大家举办关于文史哲艺等多方面的讲座，希望通过讲坛促进文化传承和创新，使武汉大学图书馆成为武汉大学的文化象征和武大学子的精神殿堂。湖北省作家协会副主席刘醒龙于4月23日世界读书日来馆开展讲座"与生活辩论"，与现场读者互动交流赠送签名图书。

（3）荆楚风流——"汉派作家"文学作品微书评大赛。结合"文华讲坛"和"汉派作家"作品展在微博开展"汉派作家"文学作品微书评活动。

（4）"汉派作家"作品改编电影播映。推介一系列"汉派作家"代表著作及其改编电影，如刘醒龙的《凤凰琴》《背靠背，脸对脸》，方方的《桃花灿烂》《万箭穿心》，池莉的《生活秀》；喻杉的《女大学生宿舍》等。

---

① 尹博. 基于传统经典阅读推广工作的实践与思考——以"中华传统经典立体阅读之旅"为例[J]. 兰台世界，2016（10）：36-37.

二、专题阅读活动及案例

专题阅读活动可以根据不同的时机拟定主题，然后在该主题下开展若干子活动，这些活动可以囊括前面所讲的常规活动。专题活动体量更大，内容更丰富，具有较强的冲击力，易于每年固定时间开展，容易形成品牌。

（一）结合世界读书日开展的专题阅读活动

结合世界读书日开展阅读推广活动，是高校图书馆最传统、最广泛的推广方式，其活动的开展一般在"4·23"世界读书日前后，通常在读书日当天，或持续一周、一个月、两个月。读书节或读书日的阅读活动形式种类多样，从高校图书馆来看，近几年举办的活动基本集中在以下形式：一是讲座类或座谈会类（含小型读书会），如名师讲座、资源及服务讲座、读书沙龙、真人图书馆、读者座谈会、问卷调查等。二是书目推荐或展览辅导类，如推荐书目、现场书展、阅读推荐网站、爱书护书展览、阅读辅导等。三是比赛或评比类，如图书馆知识竞赛、设计大赛、摄影比赛、视频比赛、诵读比赛、微书评比赛、书画展、摄影展、管理之星评选、优秀读者评选。此外还有影视欣赏、图书互换、图书漂流、社区阅读等。

很多高校图书馆读书节活动结合了以上多种活动形式，子活动项目达十多项，如南京大学图书馆、华东师范大学图书馆、湖南师范大学图书馆等均于2006—2014年连续主办读书节活动。

武汉大学图书馆每年结合世界读书日举办"馨香悦读　激扬梦想"武汉大学读书节，通过丰富多彩的文化活动推广特色服务，引导广大师生走进图书馆、利用图书馆、学会阅读、爱上阅读，搭建图书馆与读者沟通的平台，培养大学生阅读习惯，让"书香武大"馨香浓郁，让"追梦成才"充盈珞珈。图书馆已于2013—2016连续四年举行了"馨香悦读　激扬梦想"武汉大学读书节。

案例3.6　读书节策划总体方案及效果分析

阅读使人充实，史鉴使人明智，诗歌使人巧慧，博物使人深沉。经典阅读是对传统的继承，可以增长人的情趣，提高阅读品位，从而营造浓郁的书香氛围。读书节力推经典阅读，既是对优秀传统文化的继承和发扬，也可以促进书香校园建设。

（一）活动主题

"馨香悦读 激扬梦想"2015武汉大学读书节

（二）活动时间

2015年4月至5月

（三）活动主办单位

武汉大学图书馆

（四）活动内容

读书节按观、悟、行三个层次，层层推进来开展活动，具体版块安排如下：

1.【先声夺人】

开幕式

2.【观·饱览书香】

（1）经典阅读推荐书目展和现场书展

（2）书写经典 传承文明——现场书画笔会

（3）经典＆精品图书互换会

3.【悟·品味书香】

（1）文华讲坛——阅读与经典同行

（2）享受读书乐趣——经典图书阅读分享会

（3）读出你的理想国——经典诗词品读会

（4）品味真人书——经典阅读 成就梦想

（5）阅读经典推理作品 解开法医的神秘面纱

（6）放飞七彩梦想 点亮书香童年——温暖童心经典绘本阅读

4.【行·传递书香】

（1）"拯救小布之消失的经典"游戏比赛

（2）武汉大学十大"借阅之星"评选

（3）浸润经典 品味书香——读书征文比赛

（4）寻找经典中的"大白"——医学人文经典作品图文推荐大赛＆获奖作

品宣讲会

5.【精彩再现】

（1）武汉大学读书节闭幕及颁奖仪式

（2）莎翁经典话剧《李尔王》精彩片段表演

（五）读书节活动效果

2015读书节按观、悟、行三个层次，分为"先声夺人""观·饱览书香""悟·品味书香""行·传递书香""精彩再现"五个版块，推出经典推荐书目展和书展、图书互换会、读书征文大赛、读书会、品诗会、书画笔会、真人图书馆等近20项文化活动。特别是读书节的亮点——"拯救小布之消失的经典"经典名著大闯关在线游戏正式上线、武汉大学图书馆官方微信公众平台正式发布，将读书节推上了一个新的层次。

此次读书节倡导经典阅读，举办高端讲座，将经典阅读与游戏化学习结合起来；大力推广社会阅读，共建"读书之城"；广泛开展合作，共建共享共赢；广泛宣传报道，树立了图书馆的良好形象。图书馆以读书节为契机，打造更贴近读者的活动，点燃师生的阅读热情，在培养阅读习惯、激发阅读热情等方面起到有力的引领和推动作用。读书节得到了学校领导的高度重视和支持，初步统计有2万余人参与了读书节活动，通过网络等新媒体参与的同学更多。

读书节闭幕式还邀请到武汉大学莎士比亚英文戏剧社的同学们表演了莎翁经典话剧《李尔王》的精彩片段。该活动将闭幕式推向了高潮，在校园掀起经典阅读的热潮，为读书节画上圆满的句号。

读书节活动内容丰富，形式多样，向社会展示了武汉大学图书馆的形象，使武大师生读者全年都能感受丰富充盈的书香文化。

案例3.7　读书节分项活动策划方案

（一）

活动名称：经典阅读推荐书目展和现场书展

活动时间：4月至5月

活动地点：推荐书目展（武汉大学图书馆总馆一楼大厅）、现场书展（武汉

大学图书馆流通部和阅览部同步推出）

活动主题：经典文学作品推荐导读，拟定选择可读性强的经典文学作品进行推广。

活动内容：推荐书目包含中外文经典文学著作100本，书目选取注重可读性与多元化，综合出版年代、思想主题、启示意义等多重因素，从经典文学作品入手，引导大学生阅读经典著作，促进人文素养教育。

活动方式：本次经典文学推荐书目展分为两部分内容，一是推荐书目海报展，一是实体图书展，由流通部和阅览部展出相关推荐书籍。

主办方：武汉大学图书馆

（二）

活动名称：书写经典　传承文明——现场书画笔会

活动时间：4月23日12：00—14：00

活动地点：武汉大学图书馆总馆一楼大厅

活动主题：书写经典励志名人名言，提高师生文化修养和艺术品位，激发学习的热情，丰富校园文化艺术活动，营造浓厚的文化氛围。

活动内容：校书画协会的学生现场创作书画作品。

主办方：武汉大学图书馆

合作方：武汉大学校书画协会

（三）

活动名称：经典&精品图书互换会&有奖竞答

活动时间：4月21日至23日9：30—18：00

活动地点：武汉大学图书馆总馆

活动主题：以"赠送经典·滋养心灵　交换经典·共享感悟"为主题，开展经典图书赠送、现场以书换书、经典图书有奖问答等活动，分享阅读资源与阅读乐趣。

活动内容：

（1）读书节期间在武汉大学总馆进行图书互换活动。

（2）挑选部分经典图书，列出推荐清单，分时段推出网上和现场抢书活动。

（3）活动现场推出针对经典图书的有奖问答，提升同学们的文学素养。

（4）每日即时公布换书排行榜。

主办方：图书馆

合作方：校青年志愿者协会爱心仓储部、图书馆管理协会。

（四）

活动名称：浸润经典　品味书香——读书征文比赛

活动时间：3月20日至4月30日

活动主题：通过征文大赛，引导学生阅读经典书籍，陶冶情操，升华智慧，传承文明，共建文化校园、魅力校园。

活动内容：

（1）面向全校师生的读书征文大赛，以"浸润经典　品味书香"为主题，参评文章必须围绕阅读经典书的感悟展开。

（2）阅读可围绕本次武汉大学读书节展览的文学经典书目，但不限于这些书目。

（3）优秀征文刊载在《文华书潮》。

（五）

活动名称：寻找经典中的"大白"——医学人文经典作品图文推荐大赛 & 获奖作品宣讲会

活动时间：4月至5月

活动主题：为专业读者或者非专业读者推荐优秀的医学人文书籍和影视作品，以图文结合的方式表述阅读后的心情与感受，探讨医学人文精神。

活动内容：线上线下作品征集。进入复赛后进行作品展示，并接受投票以及评选。获奖作品在杏灵读书会上呈现，结合声像资料，以立体阅读的方式，进行宣讲和讨论。

主办方：武汉大学图书馆

合作方：武汉大学基础医学院读书爱好者协会

（二）新生季立体导读活动

新生经历高考进入大学，有强烈的读书愿望，也有更大自由选择自己喜欢的书。但同时，面对图书馆海量的文献资源，他们会茫然不知所措。推荐馆藏并指导阅读，是针对大学新生的阅读推广的重要内容。图书馆要把握住新生刚入校，并对一切怀有好奇心的时机，引导他们步入知识的殿堂，厘清阅读脉络，形成明晰的阅读理念，为今后的专业学习、兴趣发展、素养培育打下良好基础。

高校图书馆一般在每年9月至10月的迎新季，开展针对新生的立体式导读服务。这些活动旨在让新生尽快了解图书馆空间、布局与功能，尽快熟悉图书馆资源与服务。迎新季通常包括以下活动：一是新生参观图书馆活动，包括个人及班级体验式参观、现场定时参观、学科馆员带领参观、网上虚拟参观等形式，这种参观让新生对图书馆有感性认识，这是目前大多数高校图书馆均会开展的工作。二是开展新生入馆教育，包括建设迎新网页，发放新生指南，开展新生培训等。三是开展迎新书展。四是开展"书山寻宝"有奖问答活动，题目类型主要是关于图书馆馆藏及各种入门级利用方法和技巧。五是开展找书大赛。图书馆制作出内有索书号、书名、条码号的清单，学生组队查找图书，以查找图书的准确率和所用时长作为评比依据，其目标是让读者尽快学会通过联机公共目录查询系统（Open Public Access Catalogue，简称 OPAC）找书，并熟悉图书馆的书籍排架体系。

案例 3.8　迎新季立体导读活动策划

武汉大学图书馆迎新季立体导读活动以推广图书馆资源与服务为主，拟通过一系列活动，加强图书馆与读者的互动，提高图书馆在读者中的认知度和影响力，帮助读者更快更好地熟悉馆藏和服务。

主要活动内容如下：

（一）图书馆初印象

1. "We are family"同游图书馆

2. 和图书馆的第一次约会

3. "馆影寻踪"——寻找光影中的图书馆

4. 新生通关游戏——拯救小布

5. 移动阅读——资源就在你手中

（二）图书馆缤纷展

1. 新生主题推荐书目与书展

2. "考试类、英语类和多媒体"数据库专题海报展

（三）图书馆达人秀

1. 书山寻宝——有奖趣味游戏

2. 奔跑吧，WHUER!——图书馆定向越野竞技赛

3. 三维数字化创新设计大赛（3D 设计大赛）

4. 每月一库·有奖竞答

案例 3.9　迎新季立体导读活动子项目方案

（一）

活动名称："We are family"同游图书馆

活动时间：本科新生报到日，达 20 人即由馆员和学生组织人员带领参观体验

活动地点：武汉大学图书馆总馆及各分馆

活动对象：新生及家长

活动内容：

（1）在新生报到周邀请新生及其家人一起参观图书馆，感受图书馆丰富的资源、服务及人文氛围，让新生播下梦想的种子。

（2）新生写下自己的愿望和祝福，在许愿墙上展示。

（3）新生添加图书馆微信、微博后，可领取"梦想从这里起飞"明信片、手机支架等小宣传品。

（4）由图书馆工作人员或优秀志愿者分时段带领新生及其家人参观，展示图书馆的创意空间和特色服务，并手把手教新生自助设备的使用方法和馆藏资源查找方法。

（二）

活动名称：和图书馆的第一次约会

活动时间：9月6日至10月20日

活动地点：武汉大学图书馆总馆及各分馆

活动对象：新生及家长

活动内容：

（1）针对2016级新生，开展自助式参观图书馆活动。在馆内多个区域设置参观标识牌，扫描二维码即可获知该区域的详细介绍，并在图书馆入口处设置总参观路线图和自助参观说明，标明所有可参观点。新生可根据自己的喜好掌握时间及路线，对图书馆自由探索。

（2）新生微博、微信晒出在图书馆与家人或朋友的合影，或晒出在图书馆借的第一本书，或用明信片晒出心愿和祝福，有机会通过抽奖获得精美图书一本。

（三）

活动名称：书山寻宝——有奖趣味游戏

活动主题：通过轻松活泼的游戏方式，激发学生对图书馆的兴趣和喜爱，并且在游戏中获取各种关于图书馆资源与服务的信息。"书山寻宝"游戏一方面使新生学习如何在图书馆查找到一本书，在"寻宝"过程中逐渐熟悉图书馆，学会使用图书馆；另一方面通过题卡的巧妙设计，寓教于乐，引导新生在游戏过程中发现好书、阅读好书，自觉接受优秀文化的熏陶。

活动内容：制作一批答题卡藏在彩球内，读者凭一卡通从咨询台的抽奖箱内摸取彩球，获得题目；根据题目中提供的信息寻找答案，在答题卡上答题；将题目和答案拍照后公布在自己微博中然后@"武汉大学图书馆"；答对的读者，可领取一份小礼品。

题卡范例："《红楼梦诗词》（蔡义江编著，吉林文史出版社，2005年1月版）一书的第65页的诗名是：_____"，抽取该题的读者，须先通过馆藏检索系统查询该书的索书号，获知馆藏地址，然后至该区域书架上找到此书，并翻阅到第65页，得到正确答案："旷性怡情"。

活动方式：现场寻宝、微博晒答案@"武汉大学图书馆"。活动创设"抽题—找书—寻句—拍照—发微博—抽奖"模式，寻宝题目均来自书库，并且出题时多挑选经典好书，答案大部分是励志或知识性内容。

（四）

活动名称：奔跑吧，WHUER!——图书馆定向越野竞技赛

活动时间：9月至10月

活动地点：武汉大学图书馆总馆及各分馆

活动对象：本科及研究生新生

活动目的：该活动将理论与实践相结合，参与者通过游戏比赛的方式学习索书号知识，了解电子资源查找方法，熟悉图书馆地点，更好地使用图书馆。

活动内容：每个读者通过抽签领到多项任务，包括查找1本纸本书、1本电子图书（或1篇期刊文章）、1个图书馆场所。任务全部完成且正确的参与者可获取精美宣传品一份，同时还能参与抽奖。

（五）

活动名称：新生通关游戏——拯救小布

活动时间：9月至10月

活动地点：武汉大学图书馆总馆及各分馆

活动对象：本科新生

活动主题：新生通过玩在线游戏，了解图书馆的资源、服务，寓教于乐，使新生在玩游戏的过程中，潜移默化地接受图书馆的培训。

活动内容：开发专门针对新生的FLASH游戏，在9、10月份时面向本科新生开放。以游戏化、网络化的形式将图书馆历史概况、资源、服务和宣传活动等信息融入到游戏中，新生以在线玩游戏通关的方式开通图书馆功能。

（六）

活动名称：新生主题推荐书目与书展

活动时间：9月至10月

活动主题：侧重引导新生重视经典阅读和深度阅读，引导他们建立科学的阅读观，感受阅读魅力，培养阅读兴趣，享受阅读趣味。

活动内容：新生主题推荐书目，主要包括四种类型：第一类是校情校史书目，第二类是知名人士或校友荐书，第三类是综合素质教育书目，第四类是心理健康教育书目。图书馆拟轮流推出"新生推荐阅读书目""知名大学校长荐书""知名

校友荐书""借阅之星荐书""启发你独立思考的 30 本启蒙进阶类好书"等多个主题推荐书目。

（三）毕业季主题阅读活动

毕业季的大学校园充满了离别和伤感的情绪，毕业季主题活动正在成为高校阅读推广的一种重要形式，为校园文化建设增添了一抹书香雅韵。毕业季主题活动融合了寄语、征文、网络阅读、图书漂流等内容，是阅读推广活动的创新形式。

图书馆毕业季主题阅读活动为毕业生提供了心理疏导与情感抒发的平台，使图书馆变成与学生交流互动的活的文化载体，迎合了毕业生的心理和情感需求。

国内目前有较多的大学举办毕业季主题活动，活动规模不尽相同，有的只开展一项具体活动，有的则开展系列活动，这些活动旨在体现人文关怀或进行毕业生职业指导。毕业季活动包括:（1）推出毕业感言或毕业墙。如南京大学图书馆推出图书馆"毕业季照片墙活动"。（2）为毕业生赠送图书馆爱心卡。如北京大学的"带走一份属于你自己的'书·时光'毕业纪念卡"活动；上海交通大学图书馆推出"图海足迹书香留存"活动。（3）推出面向毕业生的专题书架。如清华大学图书馆推出"专题书架——年轻人，创业吧！"活动。（4）图书捐赠活动。号召毕业生将阅读过的好书、使用过的教材和参考书捐赠给图书馆，让书籍焕发出新的生命。

高校图书馆开展的毕业季活动各具特色，以北京师范大学图书馆和厦门大学图书馆为代表[①]。

北京师范大学图书馆的特色寄语活动。北京师范大学图书馆在 2013 毕业季主题活动中，精心设计了以"致那些书香为伴的 BNU 年华"为主题的书名串烧版寄语。寄语用 39 本经典图书书名串联，记载毕业生的大学历程，回忆毕业生的青春时光，激励毕业生努力拼搏，为毕业生送上一份温情而有爱的祝福。

---

① 于静，孙媛媛，赵敏.高校图书馆毕业季主题活动的调研、实践与思考［J］.大学图书馆学报，2013（6）：88-91.

厦门大学图书馆的"圕·时光"。"圕·时光"将每位毕业生的阅读清单和入馆次数,以贺卡的形式发放给毕业生。"圕·时光"共分五个部分:缘起、初恋、故事、书单、告别。五幅有纯色之美的插画,配上优美的文字,将毕业生四年来与图书馆的点滴记录下来。

案例 3.10 毕业季主题活动策划案例

活动名称: "我的图书馆故事"征集大赛

活动背景: 初夏的珞珈山又迎来了一年一度的毕业时节。即将作别校园、踏上远方的学子们,图书馆是否也曾是承载你梦想与追求的精神家园呢?你是否曾在这里伏案思考抑或书声朗朗?你是否在这里结识文学巨匠抑或对话先贤大师?你是否曾在这里邂逅动人篇章,抑或留下青春最宝贵的记忆?在即将离开校园的时候,让我们一起说说自己和图书馆的故事,用光影或者文字和图书馆说声"珍重,再见"吧。

活动时间: 5月至6月

活动对象: 毕业生

活动内容: 用文字、图片、微视频等多种形式分享你的图书馆故事。可以是对你影响最大的一本书,可以是你参加过的感触最深的图书馆活动,可以是你最喜欢和怀念的图书馆阅览区域,可以是图书馆给你大学生活带来的影响和改变,也可以是你在图书馆邂逅的人和美好的故事……

三、创意阅读推广活动

新型的阅读推广活动形式和内容,是吸引读者广泛参与的根本。因而,需不断丰富活动主题,挖掘出有创意的内容,促进图书馆与读者互动交流。有的高校图书馆在这方面进行了很好的尝试,可供借鉴[1]。

郑州大学图书馆的"读书达人秀",河南大学图书馆开展的晨读经典、经典诗词表演汇等活动,均是对活动形式的创新。郑州大学图书馆"读书达人秀"活动融入时尚、竞赛、娱乐等诸多元素,把同学们的"读""记""悟""行"有机结合,

---

[1] 吴高,韦楠华.我国高校图书馆阅读推广所存在的问题与对策研究[J].图书情报工作,2013(3):47-51.

以创新的方式诠释读书的快乐[①]。湖南省高校"一校一书——经典、精读、经世"活动，通过方案设计，评选"一校一书"精读图书，组织主题读书活动，撰写读书心得，举办校内初评，组织全省高校网评，进行总结评奖等，使活动深入化、品牌化[②]。

在传统的活动形式上，挖掘新型活动内容，也可以起到很好的宣传效果。如北京大学图书馆"书读花间人博雅"好书推荐暨阅读摄影展，开展针对精选好书的"对比＋模仿"形式的摄影展，以 12 位北大女生模仿西洋名画拍摄 30 幅读书图，充分展示知性优雅之美[③]。

以游戏或闯关方式可增加阅读推广活动的趣味性。图书馆推广服务游戏化就是在用户的图书馆服务体验中增加游戏因素，其目的在于利用游戏中的积分和等级奖励体系来鼓励用户使用图书馆。图书馆服务的游戏化不仅可以提高用户利用图书馆资源和服务的几率，还能使用户在游戏的过程中更为有效地解决现实中遇到的问题，且这个过程和以往相比更为有趣。在体验游戏化服务的过程中，原本看似简单枯燥的操作变得有趣，简单新鲜的使用过程促进了用户的参与和分享，提高了用户的关注度，用户在每一次使用的过程中都可以感受到自己的进步，从而在整个过程中保持愉悦的状态。2012 年 2 月，美国高校教育信息化协会教育学习创新组织（ELI）和美国新媒体联盟（NMC）联合发布了《2012 地平线报告》，报告提出未来 1—5 年将给高等教育带来重大影响的六项技术，其中基于游戏的学习，位于在未来 2—3 年将被应用的技术之列。目前证明，基于游戏的学习，能够提高学习效率。游戏可促进主动化学习，提高用户的成就感。

事实上，国外图书馆早就开始使用游戏化推广方式，如英国哈德斯菲尔德大学的 Lemontree 项目。该项目是英国 RITH 公司（Running in the Halls）开发的 Librarygame 的一个子项目，是专为高校图书馆设计的一款游戏，希望借助 Librarygame，把非图书馆用户变为图书馆用户，使用一种新的奖励方式让老用户通过强制机制和游戏中的社交构建以及具有吸引力的交互界面来实现新资源的

---

① 曹炳霞. 图书馆阅读推广的新形式——读书达人秀［J］. 大学图书馆学报，2013（6）：97-102.
② 经典、精读、经世——2014 年湖南大学"一校一书"精读推广活动［EB/OL］.［2016-08-19］. http：//lib.hnu.cn/index.php?m=content&c=index&a=show&catid=1085&id=1908&siteid=10.
③ 北京大学"书读花间人博雅"好书榜精选书目/阅读摄影展［EB/OL］.［2016-08-19］.http：//lib.pku.edu.cn/portal/news/0000000951.

发现和互动。通过一种基于社交及游戏的学习平台来提高图书馆资源的利用率，其本质是直接嵌入到用户的图书馆体验中，并增加一些让游戏更为吸引人的元素，它不仅给图书馆用户提供一种新鲜且有用的社交发现界面，也给图书馆馆员提供了一种获取"用户如何利用图书馆"的相关数据的新方式。该游戏具有反馈机制、自动升级机制、奖励机制、同伴动力等功能[1]。美国卡耐基梅隆大学图书馆的 Within Range 则是为培训用户在书库中寻找和定位印本图书而设计的图书排架游戏，美国印第安纳波利斯大学图书馆开发的 Info Hound 游戏涵盖全部和大部分信息素养教育内容。

国内高校图书馆近年来开始将游戏化引入到阅读推广服务中。清华大学图书馆推出"爱上图书馆之排架也疯狂"游戏[2]，培训用户在书库中寻找和定位纸本图书。武汉大学图书馆推出"拯救小布新生游戏"[3]，游戏通关则开通校园一卡通的使用。北京大学图书馆"网虫大闯关，玩转图书馆"活动，设立六道关卡，最短时间内完成全部任务的队伍可获得最终大奖[4]。重庆大学图书馆2014年发布"我的书斋"任务系统，向读者提供集知识性与趣味性为一体的任务服务[5]。这些活动都提高了读者的参与度，得到了读者的肯定或赞赏。

案例 3.11　创意阅读推广活动策划案例及效果

活动名称：《拯救小布之消失的经典》经典名著大闯关

活动时间：4月至5月

活动方式：线上

活动主题：配合"经典阅读"的主题，用游戏的方式改编经典名著，对经典名著起到阅读推广的作用。

活动内容：以 FLASH 动画的形式推出游戏《拯救小布之消失的经典》，将

---

[1] Librarygame［EB/OL］.［2016-08-19］.http：//librarygame.co.uk.
[2] 清华大学图书馆"爱上图书馆之排架也疯狂"［EB/OL］.［2017-04-18］.http：//lib.tsinghua.edu.cn/ about/ip/libgame1-0.swf.
[3] 新生游戏《拯救小布》［EB/OL］.［2017-04-18］.http：//apps.lib.whu.edu.cn/game.
[4] 北京大学图书馆"网虫大闯关，玩转图书馆"活动［EB/OL］.［2016-08-08］.http：//www.lib.pku.edu.cn/portal/news/0000000964.
[5] 重庆大学图书馆"我的书斋"任务系统［EB/OL］.［2016-08-07］.http：//lib.cqu.edu.cn/newversion/contentInfo.htm?order=newsList&topOncoId=3.

游戏分为四道关卡（中国古典名著、中国近现代经典名著、外国古典名著、外国近现代经典名著）。全校师生凭校园一卡通登录游戏，回答各种和经典名著相关的问题。玩家每答对一道题，就能拯救一本经典名著。游戏结束时，游戏前十名拯救经典图书最多、用时最少的玩家即获得胜利，将获得一定的奖励。

游戏阶段设计：

（1）预热阶段：题库征集。面向全校读者开放多种在线征集途径（QQ、E-mail、微博），并充分利用官方微博的影响力，推出每日一题抢答。

（2）正式运行阶段：发布时间节点选在世界读书日当天、2015武汉大学读书节开幕式上，游戏网站同步上线，实时公开游戏相关数据。

（3）后期加温阶段：及时调整游戏设置、解答玩家疑惑、实时报道游戏进度与花絮。

游戏创新点设计：

（1）原创性。游戏从人物到情节到舞台风格设计，均为原创。

人物角色是武汉大学图书馆的卡通形象"小布"，故事情节围绕具有武汉大学文化元素特色的樱花节和读书节开展，游戏中精灵和关卡的命名、艺术形象都含有丰富寓意。

故事情节原创，以樱花节—精灵参加读书节—精灵偷走经典名著—小布求助WHUERS拯救消失的经典形成整个故事情节。

游戏口号明晰："每答对一道题，就能拯救一本书！"

POV视点角色原创：图书馆形象代言人、独一无二的"小布当家"、几何形线条化、形象卡通化。

（2）趣味性。游戏要有趣，大家才会玩，整个游戏走萌宠风、侦探风、竞技风路线。全程视觉动画体验、幸运玩家、新新网络游戏化语言风格、游戏背景故事情节化、游戏趣味花絮报道。采用排行榜作为激励机制。

（3）普适性。适合全校所有学科、所有年级。题库涉猎广泛，具有知识拓展性。

（4）品牌效应。游戏延续武汉大学图书馆在2014年推出的新生通关游戏的"拯救"主题，形成品牌系列。主题和情节继续走"拯救"路线，与新生游戏形成系列文化产品，围绕该游戏进行文创设计。

（5）易操作性。一台联网的电脑或手机或一个校园一卡通账号就可参与。答题规则和排行榜规则简单易懂。题库管理方便，Web端管理方便快捷，即时生效。

（6）用户体验。游戏规则简单、参与方便，注重与读者实时互动，并在各个细节处使读者感受到温馨和荣誉。游戏的题目设计注重接地气，主要选取经典著作中的流行语、时尚内容等，让读者认识到经典书籍并不都是晦涩难懂的，而是有趣好读的；有些题目还巧妙结合了图书馆的资源与服务。尊重出题人的署名权。在游戏答题界面，提示出题者的姓名、学院信息，给予参与者一定荣誉感。在游戏结束界面，感谢以各种方式参与游戏的读者，借此提升读者对游戏的忠诚度与热诚度。注重细节体验，给予良好的游戏体验。游戏还设置温馨提醒：剩余次数、打破个人纪录或最高纪录、成绩排名情况，注重用户调查，搜集反馈意见。游戏结束后，读者可以选择在线调查问卷，反映游戏中的体验感受。

活动效果：

游戏于4月22日—5月22日上线，共开放31天，总参与人次超过四千。全校43个单位参与，院系覆盖率超过80%。根据调查问卷的数据统计：近90%的读者认为这种方式对经典阅读起到了很好的推广作用，对游戏表达了喜爱之情；不少读者强烈要求活动结束之后，将此游戏不限次数长期开放。

以游戏的形式推广阅读，是武大图书馆开展阅读推广工作的新尝试。这种形式使读者在参与活动过程中，自觉自发，主动地关注、搜集整理、接收有关经典名著方面的知识，潜移默化地接受经典阅读教育，为传统的阅读推广注入了新的活力。

经典阅读是素质教育的一个重要组成部分，是完善大学生的人格和知识体系不可或缺的途径。大学生阅读经典，领会经典中的人生智慧和思维方式，可培养大学生的人文精神，提高其文化素养和综合能力；经典阅读的推广是高校图书馆阅读推广的一项重要内容，全媒体时代可以利用更喜闻乐见的方法推广经典阅读，使经典阅读学习主体化；本游戏与"馨香悦读　激扬梦想"2015武汉大学力推经典阅读的目标相契合，使读者在参与活动过程中，自觉自发、主动地关注、搜集整理、接收有关经典名著方面的知识，从而很好地起到了推广经典阅读的作用。

第八节　阅读推广活动策划的关键点

高校图书馆阅读推广活动是为了培养读者的人文素养，推介图书馆的资源服务，提高读者的综合素质。推广活动是保证读者阅读权利、提高读者信息素养的需要，也是发挥图书馆社会功能乃至构建学习型图书馆和学习型社会的需要。只有充分发挥阅读推广的作用，才能更好地改善读者的阅读现状，提高读者获取信息的能力。高校图书馆在阅读推广中要重视以下几点：

一、做好顶层设计和规划

读者阅读习惯的养成、阅读文化的培育以及对资源服务的了解和充分利用，并不是搞几次突击式的活动就可以实现的。为了营造良好的读书氛围，树立图书馆文化建设的品牌，高校图书馆需制定或完善推广政策，保障阅读推广活动的开展。

高校图书馆要根据需求，规划推广活动的类型和规模。推广服务的本质，是要适应读者群的兴趣和接受方式，为读者提供更好的资源，让读者体验更好的服务，同时提供快速表达诉求的渠道。从高校图书馆目前开展的推广活动来看，存在很多同质化活动。要想吸引读者且有创新性和特色性，需要组织者多方调研，既要了解读者的需求和喜好，也要符合本馆现实条件。新活动的实施需要较长时间的规划与设计才会成熟。根据学生入学时间和学习规律，春季学期推广阅读，秋季学期推广资源和服务较为适宜。

二、策划时要考虑活动的持续性和品牌建设

从高校图书馆文化活动来看，各种活动各有侧重。如书展、阅读征文、读书沙龙、微书评、诵读比赛有利于深化阅读；名师讲座、推荐书目、信息培训、知识竞赛彰显了教育使命，保障了信息的获取；优秀读者评选、读者座谈会、爱书护书宣传、图书互换、图书漂流、问卷调查、读者沙龙等可以营造和谐的图书馆

关系；艺文展览（包括书画展、摄影展）、设计比赛、视频比赛、影视欣赏则可以提高人文素养和艺术鉴赏力[①]。

在策划活动时，要充分考虑活动的可持续性和品牌建设。品牌塑造，可提高活动的"吸睛度"。图书馆利用自身资源、服务或人力优势，建设独具特色的文化活动，形成图书馆常规活动，达到让读者耳熟能详的目的，就可形成品牌。品牌文化活动会激发读者的参与度，增加互动性，对培养良好的读者群体具有积极意义。各图书馆都着力打造自己的推广品牌。清华大学图书馆的"爱上图书馆"系列、厦门大学图书馆的"TEDxXMU 夏季分享会：认真做文艺"、武汉大学图书馆的"拯救小布"系列游戏、同济大学图书馆的立体阅读、重庆大学图书馆的"不见不散毕业生歌会"以及"文化衫设计大赛"、郑州大学图书馆的"读书达人秀"、湖南大学图书馆的"一校一书"精读推广活动等，均成为各馆着力打造的品牌。设计、推广、传播，进行持久的传播推广，都是在持续地提升品牌形象，增加品牌价值。

三、不可忽视阅读推广活动的人文关怀

图书馆是人类的精神家园，图书馆的人文关怀就是要在图书馆中营造良好的人文氛围，策划要多站在大学生的角度思考问题，倾注人文情愫，体现人文关怀[②]。

名师讲座作为接受继续教育、吸纳知识、交流信息、品味高雅文化的社会课堂，体现图书馆的人文关怀，以精神养料丰富其休闲生活。

形式多样的导读和推荐书目工作引导学生多读人文经典书籍，起到塑造人格、陶冶情操、感悟教化的作用。诸多图书馆开展人文书展，都丰富了校园文化内涵。

图书馆要对新生及时介入，让新生参观图书馆，做好入馆宣传教育，及时制作供新生快速入门的引导性网页，开发适应新生特点的轻松活泼的答题寻宝方式，引导新生主动了解图书馆的资源和服务，熟悉图书馆的环境，激发对图书馆的兴趣和喜爱。图书馆对新生读者的这种人文关怀，可使他们尽快了解图书馆，主动

[①] 郭文玲.高校图书馆阅读推广策略分析与研究[J].图书馆论坛，2012（6）：53-56.
[②] 胡永生，周燕妮.虚实结合的阅读推广实践[J].图书馆杂志，2016（4）：31-36.

来图书馆阅读，创造相互信任和理解的关系，为图书馆更好地开展服务打下良好的基础。毕业时节，图书馆开展一系列毕业季人文关怀活动，让莘莘学子带着图书馆的知识和祝福走向新的人生征程，满溢着浓厚的人文关怀。

四、善用新技术和新媒体

在阅读推广过程中，技术的应用随处可见。技术不仅为推广活动注入了新的活力，也使推广活动更前瞻高效。社交网络服务和大数据服务是其典型代表。

社交网络服务（Social Networking Service，SNS）通过用户之间的分享、参与及互动，正在改变着用户获取信息的方式。众多图书馆加入到社交网络中，为图书馆拓展服务提供了更多的途径，也为读者获取信息提供了更多便利。

微博、微信等社交网络服务都是新媒体环境下图书馆服务的延伸。不少图书馆在各大门户网站认证的微博，成为图书馆与图书馆、图书馆与用户之间的良好平台。微信公众平台在消息推送、即时阅读、自助服务方面具有很强的优势，作为推广阅读和提升品牌影响力的重要工具，越来越受到图书馆界的重视。通过微博和微信，图书馆发布的与阅读推广相关的信息有：图书馆推广活动公告和前期宣传；讲座、培训等信息通告；新书通报、好书推荐；艺文展览；宣传活动互动及速递；宣传活动总结。目前，很多图书馆均将微博和微信联动使用，将活动以图文及音视频形式进行报道，这对于互动量和关注量都起到了极强的拉动作用。

大数据时代的到来，使图书馆对读者的阅读需求、阅读行为、阅读情绪和阅读满意度的细节化测量成为可能。图书馆若对所采集的读者阅读行为数据和社会关系数据进行有效分析，并能在复杂、零乱的数据背后准确发现、预测出读者的阅读行为习惯、喜好和需求[1]，则会为规划和设计更好的阅读推广策略打下基础。大数据在图书馆中的应用，还体现在为读者定制读者使用分析报告，制作毕业生利用图书馆报告以及为每位毕业生制作属于自己的图书馆生活纪念册。

从目前的图书馆推广工作来看，图书馆对技术与设计人才的要求越来越高。要打造"酷炫"的效果，越来越需要先进的技术和精致的设计支持。无论是开发游戏或移动客户端，还是机器人的智能功能，对技术和设计的需求越来越高。技

---

[1] 陈臣.基于大数据的图书馆个性化智慧服务体系构建［J］.情报资料工作，2013（06）：75-79.

术和设计二者需要密切配合，才能相得益彰。

五、利用广泛的合作推动阅读推广活动实现跨越性提升

阅读推广活动要办好，光靠图书馆一家甚至图书馆内某一部门、某一人之力是不够的，只有利用广泛的合作，对资源进行优化整合，才能推动阅读推广活动实现跨越性发展和提升。

推广活动主要由图书馆组织和发起，首先需要建设一只专业素质过硬、精神面貌良好的阅读推广人员队伍，如活动设计、宣传品设计、网页建设等人员，使推广活动能以海报、电子屏、网页等各种精美形式及时呈现，达到立体宣传目标，保障推广活动的互动参与性。

由于高校图书馆推广活动面向的读者类型多样，个性化需求明显，所以除需要进行充分的馆内合作外，还需要其他部门的通力合作，如宣传部、团委、教务部门及各院系等，并邀请学校有影响力的专家教授，定期为读者提供专业领域图书的阅读指导，交流阅读体会及经验，形成强大的校园影响力，广泛促进高校学生阅读。

学生会、学生社团是最能够贴近学生读者的组织，在开展活动中有较好的亲和力和感召力，并且学生社团中有各种专长的学生，对于阅读推广活动起到人力支持作用，可推动校内阅读组织的成长和壮大，把读书会、读书沙龙等纳入到整个图书馆阅读推广体系中来，壮大阅读推广队伍。

第四讲

大学校园读书会的培育

当书被拿起,眼睛与文字接触,阅读行为就发生了,人与文字的静默交流是现代阅读的最经典形式。一群人共读一本书或一些书,这也是我们熟悉的场景——课堂上老师带领我们学习同一本书,这就是现代教育中最经典的教学模式。在课堂之外,也有一群人共读一本书或一些书的情况发生,这就是本讲所要讨论的读书会。读书会增加了阅读行为中的互动与交流,而互动与交流则促使读书会成为一种非典型却非常有效的教育形式,兼具阅读示范、阅读促进、阅读推广等多方面的意义。

伴随着阅读交流行为的产生,读书会在古今中外由来已久,我国古人一直有以文会友的传统;在西方,伴随着启蒙运动的发展,受教育民众规模扩大,出版物数量快速增加,读书会也快速发展起来。在德国,启蒙运动时期出现了一大批借阅图书馆和读书会。借阅图书馆出现在 1700 年前后,在 18 世纪后期得到迅速发展。它的读者包括社会的各个阶层,由于收费低廉,所以给社会下层的读者提供了读书的机会;与之相比,读书会出现时间较晚,大约是 1750 年前后,起初是为了解决书价较贵的问题,后来成为集体读书的组织。该组织可以根据有无自己的阅读场所分为传看型和聚会型两类。除了以阅读书籍报刊为目的的团体之外,这个时期出现的团体还有由志同道合者组建的私人团体。比如柏林的以尼科莱为核心的"星期一俱乐部",参加者主要是知识分子,门德尔松、苏尔策和莱辛等人都是这个俱乐部的成员,还有同样有尼科莱参加的"启蒙之友学会",即著名的"星期三学会"。[1]

---

[1] 王建. 德国近代戏剧的兴起:从巴洛克到启蒙运动. 北京:北京大学出版社,2015.

普遍认为，我们今天所讲的、现代意义的读书会起源于瑞典。20世纪初，瑞典的发展程度很低，贫困人口日益增多，加上社会和经济的不平等、高比例的文盲，造成社会的动荡不安。在救亡图存思想的驱使下，民众运动兴起。1902年，瑞典戒酒运动的领导人奥尔森（Oscar Olsson），受美国"湖区文化运动"（Chautauqua Movement）的启发，在瑞典的隆德（Lund）创立了第一个读书会。"一开始，人们从参与者中选出一位领导者。就一些文献资料，通过成员彼此的交谈而获得知识。聚会通常由参与者选择自己的学习材料，并计划自己的学习活动，费用仅限于购买教材。1905年，国会议员雷克斯达基主张由政府拨款购买教科书，读书会开始获得政府的支持。1947年，议会决定对读书会提供更多的经费补助，读书会的发展更为迅速。"[1]20世纪，读书会在美国也获得了大发展，这主要得益于出版业的商业推动。美国两个最大的读书俱乐部是"每月读书俱乐部"与"文学协会"，被这两个机构所选的书籍，往往成为每年的最佳畅销书。1939年，林语堂先生在纽约完成了《京华烟云》的写作，由纽约约翰·黛公司出版后，立即被"每月读书俱乐部"选中，成为当年12月特别推荐的书。1951年新作家塞林格尚未能登上每年畅销书榜作家的宝座，可是他的小说《麦田里的守望者》被选为"每月读书俱乐部"的每月选书后，至今畅销不衰。

那么，什么是读书会？目前，国内外对读书会并没有统一的界定。根据瑞典官方成人教育公告的解释，读书会是指一群朋友根据事先确定的题目或议题，共同进行的有方法、有组织的学习。简而言之，读书会是一群人聚在一起讨论图书、表达意见。读书会也被称为读书俱乐部、书友会、读书小组等，对应的英文是book club、book discussion club、reading group等。来自中国台湾地区的邱天助先生认为，"读书会是一种自主、自助、自由、自愿的非正规学习团体，通过成员对共同材料的阅读、心得的分享与观点的讨论以吸收新的知识，激发新的思考。"

关于读书会的运营与培育，特别是国内外公共图书馆对读书会的运营与培育，赵俊玲教授在"阅读推广人系列教材"（第一辑）中的《图书馆阅读推广基础工作》中已经进行了专文讲述，讨论了图书馆与读书会的关系、图书馆运作读书会的策略、图书馆培育读书会的策略等问题。本讲将集中论述大学中的读书会，讨

---

[1] 阿甲. 帮助孩子爱上阅读：儿童阅读推广手册. 北京：少年儿童出版社，2007.

论我国高校读书会的现状、国内外典型读书会举要以及读书会在高等教育中的积极意义等。

第一节 我国高校读书会的现状

作为信息交流、教学实践、阅读推广的重要形式，大学校园读书会近年来在我国获得了迅猛发展。随着互联网，特别是移动互联网的发展，寻找有共同爱好的人变得更为便捷。读书会灵活、易操作，调查读书会的数量与运营情况并不是一件容易的事。但出版业界、图书馆界、大学校园中进行了相关的案例评选，可以帮助我们了解读书会开展的部分现状。

2014年4月，由中国新闻出版研究院国民阅读研究与促进中心、中国书刊发行业协会社科发行委员会和北京市书刊发行业协会联合主办，中央编译出版社和接力出版社协办的"2014北京共同阅读促进大会——暨首届民间读书会发展交流大会"在北京召开，交流会发起了优秀民间读书会评选活动，共收到数十家民间读书会的报名参评，评委会经过严格打分和充分讨论，选出八家优秀的民间读书会：阅读邻居读书会、同道读书会、雨枫书馆、爱读书会、彩虹花公益小书房、浩途读书会、新知沙龙、爱思想读书会。民间读书会发展交流大会在2015年更名为"读书会发展论坛"，并举行了第二届活动，由42家民间读书会发起；2016年12月，以"发现阅读新空间"为主题的第三届读书会发展论坛在北京圆满举行。

2014年8月，中国图书馆学会首次评选出"图书馆书友会优秀案例"。活动由中国图书馆学会阅读推广委员会主办、中国图书馆学会图书馆与社会阅读委员会和东莞图书馆承办，共收到来自全国52个图书馆、社会机构和行业组织提交的"书友会"案例78份。最终，活动评选出"图书馆书友会优秀案例"一等奖5名，二等奖16名，三等奖22名，以及入围奖35名。[1] 具体名单如表4-1所示。

---

[1] 关于图书馆"书友会"优秀案例获奖名单的通知［EB/OL］.［2017-04-18］. http://www.lib-read.org/newsshow.jsp?id=902.

表 4-1 "图书馆书友会优秀案例"获奖名单

一等奖

序号	名称	选送单位
1	绿茵读书会	南阳师范学院图书馆
2	阳光读友会　家长沙龙　阳光课堂	成都图书馆
3	滨海读心书友会	天津泰达图书馆
4	东南大学善渊读书会	东南大学图书馆
5	文澜书友会	浙江图书馆
二等奖		
1	桂林市图书读者协会	桂林图书馆
2	沧州市图书馆夕阳红读书会	沧州市图书馆
3	湖南读书会	长沙图书馆
4	华中科技大学图书馆读书会	华中科技大学图书馆
5	"爱绘本　爱阅读"亲子读书会	广州图书馆
6	湘潭大学文馨书友会	湘潭大学图书馆
7	风雅读书会	华中师范大学图书馆
8	小书虫书友会	昆山市图书馆
9	东华书友会	东华医院
10	朱槿花女子读书沙龙	南宁市图书馆
11	张图书友会	张家港市图书馆
12	苏州独墅湖图书馆"思客"读书会	苏州独墅湖图书馆
13	市民书友会	台州市图书馆
14	静心读书会	深圳罗湖区图书馆
15	晨光读书会	新乡学院图书馆

续表

序号	名称	选送单位
16	天香读书会	苏州图书馆
三等奖		
1	浦东图书馆盲人读书会	浦东图书馆
2	厦门大学读者协会	厦门大学图书馆
3	张槎图书馆读书沙龙活动——文学兴趣小组	佛山禅城区图书馆
4	童心故事会	中山市中山图书馆
5	读书吧	苏州职业大学图书馆
6	宁波市图书馆读书会	宁波市图书馆
7	彩虹姐姐故事会	张家港市图书馆
8	阅读沙龙书友会	宁波大学园图书馆
9	张槎少儿图书馆——七彩读书会	佛山禅城区图书馆
10	太仓市少儿读者俱乐部	太仓市图书馆
11	籀园品书会	温州市图书馆
12	文澜干部读书会	浙江图书馆
13	在路上读书交流会	广东药学院图书馆
14	朗读会	东莞图书馆大朗分馆
15	罗图品书	深圳罗湖区图书馆
16	悦读书友会	东莞图书馆
17	沁源县图书馆读书学会	沁源县图书馆
18	七彩泉谈书吧	济南市图书馆
19	"书香略阳"读书学会	略阳县图书馆

续表

序号	名称	选送单位
20	《经典阅读》（法学）读书会	中南财经政法大学图书馆
21	张家港市诗词学会（今虞诗社）	张家港市图书馆
22	"英文童书悦读会"	安徽省图书馆

除了行业性评比之外，有一些大学也对校内的读书会进行了摸底普查。2015年，深圳大学对校内读书会进行了评比，并于2015年12月4日举办了深圳大学读书会读书案例交流和颁奖仪式，会上评出了一等奖1名（荔鸣读书会）、二等奖2名（流风诗社、辅仁书会）、三等奖6名（深青读书会、青芒读书会、国诗社、由心读书会、论语读诵读书会、闰九书斋）[①]。

在我国，港台地区高校的读书会发展较早，读书会是颇为常见的大学生阅读社团。读书会活动也是港台地区高校图书馆的常规读者活动之一，通常有两种模式：一种是图书馆直接组织、运营读书会，策划确定每次讨论的主题，如香港大学图书馆的"城西书话"读书会和台湾实践大学图书馆读书会；另一种则是图书馆以制度为先导，制订推动读书会发展的计划或要点，运用补助和奖励等多种手段鼓励学生自主成立各种主题的读书会小组。读书会小组由学生自主管理，自行决定阅读讨论的书目，图书馆则承担读书会的审核、培训、监督、评优等管理职能，对读书会的运营提供一定的支持。

第二节　大学校园中开展读书会的意义

与社会中成人因特定兴趣而自由组合在一起的读书会，或为少年儿童而组织的亲子读书会不同，大学校园中的读书会无论对于大学的人才培养，还是对大学图书馆的创新服务，都具有更为深远的意义。

---

① 2015深圳大学读书会读书案例交流展评活动圆满落幕 - 深圳大学图书馆[EB/OL].[2016-12-13]. http://v2013.lib.szu.edu.cn/?action-viewnews-itemid-8091.

一、读书会对大学人才培养的意义

一般来说，大学主要有三大功能，即人才培养、科学研究、服务社会。人才培养是大学的核心工作；科学研究是大学的重要职能，也是人才培养的重要载体；服务社会是人才培养和科学研究功能的延伸。大学的这三大功能相互联系、不可分割。作为培养人才的地方，大学将那些有潜力、有志向的年轻人培养成对未来社会有贡献的人；同时，大学也是一个研究的中心，引领世界科技的发展，并且对一个国家、一个地区产生积极正面的影响；大学还是新思想、新文化的发源地，能推动社会的进步；大学是年轻人的家，是他们度过人生最好时光的地方。

（一）读书会可以培养学生的学术创新能力

阅读经典著作是提升学生学术素养和科研水平的重要途径，对经典著作、文献的阅读自古就是学术水平提升的基础。阅读经典著作一方面能开拓学生的视野、拓展知识面，另一方面也能帮助学生从阅读中体会思维的乐趣，从而激发他们思考学术问题的兴趣。邱昭继在《读书会与法科学生科研能力的培养》一文中提到，"读书会是一种培养学生科研能力、营造大学学术氛围、促进师生思想交流的重要形式"[①]。世界上许多著名大学通过开展读书会活动促进学生原典阅读与思辨，从而培养学生的学术创新能力。这一点在法学学生的培养中尤为突出，如牛津大学的"牛津法学研讨小组"、英国爱丁堡大学法学院的"爱丁堡法律理论研究小组"、剑桥大学的"剑桥法律与政治哲学论坛"以及纽约大学法学院的"法律、政治与社会哲学交谈会"；在国内这样的法学读书会影响较大的有：西北政法大学刑事法学院"终南山法学小组"，《华中法律评论》编辑团队读书会，湘潭大学民事诉讼法学专业专题读书会，华东理工大学法学读书会，中国政法大学法理学专业读书会，浙江大学清源读书会、法学交叉经典系列读书会，烟台大学法学院"闻道"读书会，中南财经政法大学知识产权学院文澜读书小组，北京大学知识产权沙龙读书会，等等。

这里我们重点介绍一下"终南山法学小组"通过读书会进行法学人才培养的实践与效果。西北政法大学法学理论学科于1998年成立"2103读书小组"，并

---

① 邱昭继.读书会与法科学生科研能力的培养[J].法学教育研究，2011（1）：256-268.

于 2009 年更名为"终南山法学小组"。"终南山法学小组"是一个以西北政法大学法科研究生和本科生为主体的读书会，经过读书会读书活动的熏陶，参与者研读中外法学名著，读书会成员的多篇书评类学术成果发表在《法律科学》《中国书评》《法律书评》《清华法学》等期刊上，从读书会也走出许多优秀的学术人才，他们考上北京大学、清华大学等学校深造。实践证明，读书会成为法学创新人才培养的一种重要形式。

除法学领域的实践之外，在广泛开展通识教育的背景下，很多大学选择将阅读经典纳入本科生的培养方案，而方案的落实则是以不同的读书会形式来开展的。比如在中国人民大学，"读史读经典"是中国人民大学本科人才培养路线图公布的 16 个项目之一，从 2013 年开始，中国人民大学将"读史读经典"等列入本科生培养方案。

（二）读书会是一种教学形式

大学校园中的读书会有一部分是由学生自发组织、运营的，通常由先读者进行阅读导引或分享，有的还会邀请教师参加。无论是否有老师参加，我们都可以把读书会看作一种小型学术研讨活动。从这个意义上说，读书会就是一种教学形式。读书会为教师与学生、研究生与本科生、校内学者与校外学者搭建了互动的平台。

这里我们有必要来关注一下一场典型的读书会的开展流程，这样可以帮助我们更好地理解作为一种教学形式的读书会。以阅读方式为例，读书会常见的方式有两种：一种是评论与报告式读书，另一种是朗读式阅读。一场"领读—讨论"式的读书会，在活动筹备期即安排一到两位主题报告人，主题报告人的职责是详细报告所读文献的核心观点、主要内容以及自己的读后感，报告的时间是每人 20—30 分钟。主题报告人是读书会的关键人物，点评人的点评或成员间的自由讨论都将围绕研讨文献和主题报告展开，整个读书会由主题报告展开，主题报告起到了抛砖引玉的作用。主题报告人的遴选成为一场读书会效果优劣的关键因素，通常那些对读书有着浓厚的兴趣、有一定知识储备的人会被选为主题报告人。通过主题报告和自由讨论两个环节，其余参与者即使从未阅读过所研讨的文献（这通常是不被鼓励的行为），也可以通过 2—3 小时就对文献的贡献或局限有了比较清晰的认知，甚至还可以吸收到正反不同的观点。这种读书会的形式与小班课堂教学有几分相似，课堂上的教师是主题报告人，而学生听课并参与讨论。其实，文本的选择的理由，本身就是一种教与学。

（三）读书会是一种对大学生阅读能力的引导

读书会解决了阅读文本的选择问题。不知道该读什么，是大学生中普遍存在的阅读困难之一。无论是图书的品种或者版本的选择，都可以通过参加读书会得到解决。另外，个人阅读有很大的随机性和灵活性，甚至有时候完全凭个人爱好。假如我们将通过阅读锻造一个人的知识、学术水平比作武功修炼的话，要想练就绝世武功，是需要一层层精进的，前一层武功还没领悟到，绝不能贸然进入下一层，而师傅就是这条练功路上的指路明灯，读书其实也需要这样的"师傅"，可是我们却很难找到他。读书会的主持者、主题报告人因其闻道在先和一定的知识储备可以被看作阅读路上带领你不断精进的"师傅"，读书会的主持者（老师）在很大意义上是文本的"导游"。在这种导与引的过程中，阅读可激发学生兴趣。阅读兴趣一方面来自经典文本自身，一方面也来自导读者对文本的调拨、引导。

此外，读书会带来了阅读方法的传播。读书会的本质是营建了读书社会化"群体部落"，读书会不仅提供了分享个人阅读心得、经验信息的社会平台，也提供了交流不同阅读方法的平台，我们在著名的阅读交流网站——豆瓣网上就可以查到以讨论《如何阅读一本书》中的不同阅读方法为主要交流话题的豆瓣小组。

二、读书会对大学图书馆的创新服务的促进意义

曾任清华大学副校长、后来创办了深圳大学的张维先生曾说："图书馆乃大学的心脏，信息时代此言尤甚。"我们在前面论述了读书会对于大学人才培养的意义，而作为大学中最有效的修炼之地——图书馆是否可以从读书会的蓬勃发展之势中借力或提供助力呢？答案是肯定的。

一方面，读书会活动可以帮助图书馆提高馆藏资源的利用率。图书馆馆藏资源流通数据的持续下滑已是不争的事实。如果图书馆与读书会合作，读书会所选择的阅读图书都是馆藏图书，并且在读书会网站上介绍该书的馆藏情况，并提供

馆藏图书基本信息的链接，这有助于读者进一步借阅图书，在一定程度上起到了推介馆藏资源、提高馆藏资源利用率的作用。

另一方面，无论是高校图书馆自行成立、运作的读书会，还是大学生自行组织读书会，图书馆应给予一定的关注和支持，图书馆通过读书会可与读者建立更为密切的联系。

三、读书会对年轻人成长的促进意义

大学是年轻人聚集的地方。除了师生之间的知识传授，年轻人在大学中不仅可以找到一生的朋友，还可以找到志同道合的同伴互相学习、共同成长，这对年轻人来也是至关重要的。约翰·亨利·纽曼（John Henry Newman）在《大学的理念》（*The Idea of A University*）中写道："如果让我必须在那种由老师管着、学够学分就能毕业的大学和那种没有教授和考试，让年轻人在一起共同生活、互相学习三四年的大学中选择一种，我将毫不犹豫地选择后者……为什么呢？我是这样想的：当许多聪明、求知欲强、具有同情心又目标敏锐的年轻人聚到一起时，即使没有人教，他们也能互相学习。他们互相交流，了解到新的思想和看法、看到新鲜事物并且学会独到的行为判断力。"读书会就是帮助年轻人聚到一起的一个渠道。读书会作为一种读书的仪式，是同一群体在同一时间、同一空间围绕同一文本阅读、对话、联欢的群体表演，成员以同一文本为共同话语基础而展开讨论、交流，形成强烈的身份认同和价值归依。

第三节 清华大学校园中的"团体读书"热

读书会在不同的校园中以不同的方式盛行着。在清华大学有多个线上、线下不同形式的"团体读书"组织，自2015年开始尤其繁盛。读书会传统在清华大学源远流长，民国时期，清华大学图书馆就成立了"集学读书会"，而2001年成立的清华西麓学社在高校中也是较有规模和影响的读书会。近些年全校读书氛围的浓厚与学校从上到下的重视与推动密不可分。清华大学邱勇校长从2015年开

始向新生赠书,赠书随录取通知书一并寄给新生,2015年赠送的是《平凡的世界》,2016年赠送的是《瓦尔登湖》。据了解,2015级本科新生每个班级在军训期间都组织了一场班级读书会,主题正是讨论《平凡的世界》。

校园中大量的"团体读书"组织中既有经典的"领读—讨论"式读书会,又有"朗读式阅读"读书会,还充满了时代特征——移动互联网与读书会的结合。下面我们重点介绍近几年新兴的"团体读书"组织。

一、"爱读夜"活动

"爱读夜"从2015年秋季学期开始筹建,由清华大学团委社团协会部主办,并联合校内多个学生社团协办。活动的创始人刘康宁彼时是清华大学电机系大四本科生。"爱读夜"阅读的话题宽泛,形式新颖,希冀通过活动给人带来轻松愉悦的读书交流体验。

爱读夜是"I-DO-IT"的谐音,而"From idiot to I-DO-IT, Let Your Inside Out!"是"爱读夜"的品牌口号。据了解,I-DO-IT的每个字母都与活动息息相关,蕴含着希望。"I代表的是Interaction(交互),强调的是以书会友;D代表Devotion(热爱),强调的是设计主题;接下来依次是Occupation(消遣)——放松娱乐;Inspiration(灵感)——即兴演讲和Transfer(交换)——交换书籍。这个口号中既包含了"爱读夜"的概念,也包括其活动组织形式。

"爱读夜"在活动组织和前期筹备上下了许多功夫。活动一经推出,就获得了众多学生的认可。自成立以来到2016年10月,"爱读夜"携手学生社团与校内嘉宾举办活动14场,每两周举办一次,每次约两个小时,以读书会友为主,凸显读书主题。活动内容包括:本次活动大专题+围绕专题的主题演讲+针对主题的自由讨论+现场同学介绍自己喜欢的书+同学相互换书(可自由拓展)。

二、清华大学"享读书"社群

清华大学"享读书"是清华大学研究生的读书会交流团体,由研究生会主办,推动建立读书社群。社群设立之初,研究生会还就"享读书"社群需求进行了网络问卷调研,主要调查了大学生平均一个月的非专业书阅读量、每周平均的非专业书阅读时间、平均每学期用于非专业书阅读的消费（购买或复印等）、通常阅读的课外书籍种类、如何得知一本新书的信息以及获得书籍的主要方式。

"享读书"活动由线上和线下两部分组成，线下部分包括名家面对面、导师指导、分享交流会，线上分享与交流包括微信社群互动、名家在线互动、读书小组和激励机制。毋庸置疑，微信的普及使得读书团体的建立越来越容易，据了解"享读书"的第一个微信群500人早已加满，第二个微信群如今也快加满了。

"享读书"社区中的"享"有两层含义：一是享受，二是分享。正如其口号所言，"让读书成为一种享受，让分享成为一种习惯"。在分享方面，为了引领清华学子享受阅读、习惯分享的氛围，清华大学"享读书"社群推出了读书笔记、随感分享活动。优秀的读书笔记通过微信公众号"清华大学小研在线"（微信号：xiaoyanthu）发布，而作者还将获得读书基金奖励。

三、"爷爷奶奶读书会"

"爷爷奶奶读书会"也是一个类似的线上读书群。读书群的创始人是清华大学心理系硕士朱心雨与经管学院博士尹西明，群名取自这样一句话，"在路上，岁月如歌，爱或不爱，你我都将成为公交车上被小朋友让座的'爷爷'或'奶奶'"。不过，其成员的来源比起"享读书"要广泛很多：除了清华的学生，还有《人民日报》的编辑、高中教师、企业总经理以及华中师范大学的在校生。

"爷爷奶奶读书会"还有一个同名的微信公众平台（微信号：Grand Reader）。在这里，他们接受团体成员与公众的投稿。在创办人尹西明看来，个人读书"能提升自己向内求索的能力"，但团体读书能"潜移默化影响他人，更注重与他人的互动"。

四、"微沙龙"上的读书交流活动

重视学术交流与学术资源共享是国内外研究型大学人才培养的传统；传统的学术交流模式包括学术会议、讲座、学术沙龙、学术研讨会（Seminar）等。为了促进研究生自主、自发开展学术交流，助力培养研究生的创新能力，清华大学党委研究生工作部、研究生会依托社交媒体，积极探索在"互联网+"背景下开展学术交流的新模式，建立了基于移动互联网的"O2O"学术交流平台——微沙龙。"微沙龙"推动了师生互动，促进了跨学科交流和学术创新，是传统学术交流模式的有益补充。

"微沙龙"平台搭建在微信公众号"清华大学小研在线"上，清华大学师生通过实名认证后，便可以自由发起或参加"微沙龙"。平台上的所有活动都由清华大学师生自主发起，发起时只需提供活动时间、地点、主题，活动简介和发起人联系方式等基本信息。当报名人数（包括发起人）超过3人时，活动发起成功，活动参与者按照自定义时间到相应地点参与学术讨论。为了促进学生使用"微沙龙"，养成常态化交流习惯，"微沙龙"平台管理者与校内8家咖啡厅签约，建立"微沙龙"合作咖啡厅。学生只需要将讨论地点定在这8家咖啡厅中的任意一家，即可获得20元的咖啡厅消费券。

微沙龙2.0自2015年3月上线至2016年10月以来，共发起学术交流1718场。在交流主题方面，除专业性强的学术类主题外，还有大量围绕兴趣爱好、时事政治、读书心得等方面的泛学术类主题。

五、营创读书会

除了与微信等社交工具结合之外，读书会也搭上在线直播的潮流。2017年1月7日上午，清华大学发起的在线教育平台"学堂在线"（http://www.xuetangx.com）正式在京推出了"营创读书会"。

"营创读书会"由营创学堂院长、清华大学经济管理学院营销学博士生导师郑毓煌教授担任导师，设计了聚焦商业实战的十二大主题，涵盖经济与社会、金融与投资、心理与行为、战略、营销、管理、组织与领导力、创新、创业、互联网、科技、股权等领域。与其他读书会有所不同，"营创读书会"博采全国各家出版社最优秀的作品，并坚持邀请每一本推荐书目的原创作者亲自分享，每场读书会将通过"学堂在线"网站和手机APP以直播形式推出，每周一场，全年50次直播，会员可以选择看直播、听音频，也可申请免费参与线下读书活动，与作者面对面交流。

第四节　大学校园中读书会持续发展的策略

众多实践证明，读书会是一种有效的人才培养、学术交流、阅读推广方式。有一些大学生在读书时通过组织读书会增长了学识的同时还锻炼了组织能力，甚至在离开校园后，借着大众创业、万众创新的浪潮，进行了有关读书社群方面的创业和商业运营。

历史上曾经存在过的各种线上与线下读书会，持续运营、长期坚持的读书会少之又少，相当多的读书会昙花一现、名存实亡。基于此，我们来讨论一下大学校园中读书会的持续发展策略。

一、大学各部门应通力合作、做好管理和保障工作

大学中与读书会的设立、运营有关系的职能部门包括：学生处、校团委、教务处、研究生院、图书馆等。通常，由图书馆或学校相关机构牵头组建的读书会，其生命力和持续性相对较强，而由教师发起或学生自发组建的读书会，过于依赖核心人物，其持续性相当脆弱。为了持续、有效地开展读书会活动，高校中各部门应当加强联系与合作，做好读书会的管理工作，也争取各种资源支持，为读书会创造更好的发展空间。

二、大学图书馆应积极推动读书会的长效发展

与读书会关系最为密切的机构是图书馆。图书馆可以通过搭建读书会交流平台、安排馆员专门负责联络读书会、制定激励机制等举措促进读书会的长效发展。

一些长期开展读书会的高校的经验是：图书馆作为读书会规则的制定者，负责指导成立与管理读书会，制订读书会发展计划，促成读书会成立；培训读书会带领人；奖励优秀读书会等。此外，图书馆还为读书会提供各种支持和服务，包括：读书会书目推荐；提供读书会阅读讨论所需文献、活动场地、发布信息与发表成果的网络空间等。

三、有效使用互联网工具，多渠道发布读书会信息，扩大大学读书会的影响力

在读书会与互联网结合之前，读书会普遍被认为是小圈子里的人的活动。虽然在大部分高校我们都能找到一个或几个读书会的踪影，但从参与人数比例来看，读书会仍然是小圈子里的人的活动。移动互联网的发展大大改变了这一局面。一方面，组织者可以通过社交网站广泛发布读书会的活动信息；另一方面，组织者可以利用微博、微信等新型社交媒体拓展读书会的组织形式，线上交流与线下活动有机融合，增强用户黏性。对于新兴的互联网工具，读书会的组织者也应该加以关注，比如前面提到的清华大学营创读书会通过著名的MOOC平台"学堂在线"推出了"在线直播"的活动方式，创新了读书会的组织形式，给了互联网读者更多选择。

第五讲
高校阅读推广活动评价

自中国图书馆学会阅读推广委员会于2009年成立以来（其前身是中国图书馆学会科普与阅读指导委员会），阅读推广活动在全国各地更加系统和全面地开展。[1]高校阅读推广前期积累了不少经验，图书资源丰富，学生阅读需求较广，阅读状态活跃，在阅读推广实践上有着更加蓬勃的发展。

第一节 高校阅读推广活动评价的目的

高校阅读推广活动仍普遍存在两类问题：第一，活动效果参差不齐。一些活动的收效较花费的人才、物力来说，不尽如人意。有的活动影响面较小，有的活动强拉学生参与，甚至引起学生的反感。第二，活动缺乏系统性和常规性。活动的形式虽然多种多样，但图书馆在举办活动时比较随意，系统性不够，常规性不够。因此有必要对现有的高校阅读推广活动进行梳理，探讨这些阅读推广活动的特点和关系，对图书馆整体的阅读推广活动进行总体评价，以便高校图书馆能够响应大学生的阅读需求，结合自身的特点，一方面打造阅读推广活动的品牌，一方面系统地提升阅读推广活动的效果。

中国图书馆学会网站发布了《大学生阅读暨高校图书馆阅读推广问卷调查报告（2010）》，该报告由中国图书馆学会阅读推广委员会大学生阅读委员会、阅读

---

[1] 中国图书馆学会阅读推广委员会成立大会隆重召开.2009-09-27.［2012-2-3］http：//www.lsc.org.cn/CN/News/2009-09/EnableSite_ReadNews1014238741253980800.html

与心理健康委员会联合完成。报告认为：高校图书馆阅读推广活动，采取的组织方式主要有14种：读书征文比赛、图书推介、名家讲座、图书捐赠、读书有奖知识竞赛、图书漂流、精品图书展览、经典视频展播、读书箴言征集、名著影视欣赏、馆徽设计征集、名著名篇朗诵、品茗书香思辩赛、评选优秀读者。[①]经典视频展播和名著影视欣赏可以看作一种活动；馆徽设计征集基本上是一次性的行为，不能算作常规活动，故排除在外。所以该报告指出的活动应该是12种，加上对一些高校图书馆的阅读推广活动的总结，此次要评价的阅读推广活动又加上5种：污损图书展览、书法作品选（展览）、书签设计、校园阅读（风景）摄影比赛（展览）、读书节启动仪式和闭幕仪式，共17种。应该说高校阅读推广活动不限于此17种，名称也不尽相同，本文的评价方法对其他阅读推广活动形式同样适用。

第二节 高校阅读推广活动评价指标

对阅读推广活动的评价，王波认为应该"转换研究视角，从读者的角度，用实证方法来评估和重新设计阅读推广活动的研究几乎没有"。[②]他指出，应该从两方面来设计阅读推广活动的指标体系，一是基于图书馆的阅读推广活动评价指标，二是基于读者的阅读推广活动评价指标。杨婵觉得对阅读推广活动的评价，"还没有深入到对活动客体——读者的心理和读者的收获进行研究，没有对活动自身的运动规律进行研究"。[③]评价阅读推广活动的效果，最终归结于读者，即读者的阅读收益和满意度。但这两个指标不易量化，仍需要扩展。阅读推广活动的主要参与者为图书馆和读者。因此阅读推广活动的效果，与读者认可度、图书馆重视程度、馆藏以及其他因素，如图书馆内外合作程度、整体服务水平、阅读环境的净化与美化等有着重要关系。对四种主要因素细分和调整，如表5-1所示。

[①] 大学生阅读委员会，阅读与心理健康委员会.大学生阅读暨高校图书馆阅读推广问卷调查报告.（2011-12-19）.[2012-2-6].http://www.lsc.org.cn/Attachment/Doc/1325145488.pdf.

[②] 王波.图书馆阅读推广亟待研究的若干问题.图书与情报，2011（5）：32-35+45.

[③] 杨婵.图书馆阅读推广活动的反思与重构.四川图书馆学报，2011（2）：58-61.

表 5-1 影响阅读推广活动的主要因素

读者认可度	图书馆重视程度	馆藏	其他
读者参与广度：读者参与数量、读者读书兴趣是否增加、读者到馆时间是否增加	单一活动的重视程度：投入的时间、投入的人力、投入的财力、投入的物力	文献流通率	合作程度：图书馆与本单位其他部门合作的数量、图书馆与外单位合作的数量
读者参与深度：是否需要（或培养了）专项知识或能力、读书的数量是否增长、读书的时间是否增加、是否增加了新的知识	总体重视程度：举办活动的数量	文献数量	服务水平：图书馆的整体服务能力、图书馆的整体服务态度
读者满意度		文献质量	

为了降低问卷调查的复杂程度，提高问卷调查的可执行性。在问卷设计时，对于单一的阅读推广活动，分别针对大学生和阅读推广活动负责人，对阅读活动评价指标简化。在大学生方面，评价指标分为三方面：读者参与广度（读者参与数量、读者读书兴趣是否增加、读者到馆时间是否增加）；读者参与深度〔是否需要（或培养了）专项知识或能力、读书的数量是否增长、读书的时间是否增加、是否增加了新的知识〕；读者满意度，共八个指标。图书馆方面，评价指标为图书馆针对单一活动的重视程度，即投入的时间、投入的人力、投入的财力、投入的物力、图书馆与本单位其他部门合作的数量、图书馆与外单位合作的数量，共六个指标。

第三节 调查问卷的内容设计

一、读者问卷的设计内容

问卷问题分为三部分。第一部分为引入问题，即大学生阅读状况的认识和阅读存在的问题；第二部分为认可态度，即初步了解读者对影响阅读推广活动效果主要因素的认可程度，以及对阅读推广活动的评价；第三部分为探讨内容，即了解读者对阅读推广活动有关形式和方式提出的意见和建议。问题设计内容，如表 5-2 所示。

表 5-2 阅读推广活动评价的读者问卷内容

问题性质	序号	问题	形式
引入问题	1	您对大学生阅读现状的评价	单选
	2	您认为大学生阅读存在的最大问题（或难题）是什么？	多选
认可态度	3	评价图书馆阅读推广整体活动的效果，有很多因素，您认为哪些重要？	多选
	4	以下阅读推广活动具有这样的特点吗？或能起到这样的效果吗？	矩阵多选（分别对17种活动的8个评价指标的认可）
探讨内容	5	您认为还有哪些更好的阅读推广活动？或您对阅读推广活动还有什么建议？	问题

二、图书馆问卷的设计内容

主要问题为四个。第一是图书馆对于大学生阅读存在问题的一般看法，即您认为大学生阅读存在的最大问题（或难题）是什么（同表5-2中的问题2）。第二图书馆对于评价阅读推广活动影响因素的看法（同表5-2中的问题3）。第三是分别对17种阅读推广活动在上述7个指标的评价，第四是图书馆对阅读推广活动的其他建议。

第四节 基于读者问卷调查的高校阅读推广活动的评价

一、问卷调查过程

此次问卷调查，依托中国图书馆学会阅读推广委员会大学生阅读委员、阅读与心理健康委员会委员等，对委员所在高校的大学生进行问卷调查。采取网络问卷形式，问卷地址为：http://www.sojump.com/jq/1068913.aspx，开始时间为2011年11月7日，结束时间为2011年12月2日，共有24所高校的2038位学生填写了问卷。

二、问卷调查结果

第1题 您对大学生阅读现状的评价,结果如表5-3所示。

表5-3 大学生阅读现状自评结果

选项	小计	比例
一般	1130	55.45%
好	615	30.18%
不好	293	14.38%

第2题 您认为大学生阅读存在的最大问题(或难题)是什么?结果如表5-4所示。

表5-4 大学生阅读存在的问题结果

选项	平均综合得分
不会选择图书	4.31
业余活动占用了时间	4.00
不想阅读图书	3.11
不会阅读图书	2.95
去图书馆借还书不方便	2.31
手机看看新闻和电子书就够了	2.24
图书馆没有我想读的图书	2.11
其他	0.79

第3题 评价图书馆阅读推广整体活动的效果,有很多因素,您认为哪些重要?结果如表5-5所示。

表5-5 大学生对于阅读推广效果影响因素的调查结果

选项	小计	比例
读者参与的深度(是否需要,或培养了专项知识或技能,比如写作能力、朗诵能力)	972	47.69%
读者满意程度	968	47.50%
读者参与的广度(参与人数)	893	43.82%
图书馆对某一阅读活动的重视程度:投入的人、财、物力以及时间	798	39.16%

续表

选项	小计	比例
图书馆所有文献的流通率	789	38.71%
图书馆的整体服务水平	715	35.08%
图书馆所有文献的数量	675	33.12%
图书馆举办阅读活动的数量	575	28.21%
参与阅读推广活动的图书馆以外单位的数量	270	13.25%
其他	50	2.45%

第4题 以下阅读推广活动具有这样的特点吗？或能起到这样的效果吗？结果如表5-6所示。

表5-6 大学生对于17种阅读推广活动的评价结果

题目/选项	参与人数多	读书兴趣增加	到图书馆时间增加	需要专项知识或技能	读书数量增多	读书时间增多	增加了新的知识	满意
读书节启动仪式和闭幕仪式	1034（50.74%）	494（24.24%）	322（15.80%）	129（6.33%）	145（7.11%）	116（5.69%）	180（8.83%）	480（23.55%）
读书征文比赛	595（29.20%）	609（29.88%）	342（16.78%）	340（16.68%）	311（15.26%）	217（10.65%）	243（11.92%）	440（21.59%）
名家讲座	719（35.28%）	713（34.99%）	349（17.12%）	293（14.38%）	192（9.42%）	143（7.02%）	514（25.22%）	546（26.79%）
读书有奖知识竞赛	732（35.92%）	682（33.46%）	364（17.86%）	360（17.66%）	366（17.96%）	244（11.97%）	331（16.24%）	490（24.04%）
图书漂流	680（33.37%）	589（28.9%）	336（16.49%）	163（8.00%）	439（21.54%）	205（10.06%）	216（10.60%）	486（23.85%）
精品图书展览	594（29.15%）	745（36.56%）	436（21.39%）	266（13.05%）	365（17.91%）	187（9.18%）	296（14.52%）	541（26.55%）
经典视频展播、名著影视欣赏	756（37.10%）	748（36.70%）	445（21.84%）	228（11.19%）	259（12.71%）	215（10.55%）	388（19.04%）	584（28.66%）
读书箴言征集	631（30.96%）	599（29.39%）	324（15.90%）	290（14.23%）	359（17.62%）	221（10.84%）	261（12.81%）	496（24.34%）
名著名篇朗诵	586（28.75%）	552（27.09%）	322（15.80%）	304（14.92%）	310（15.21%）	254（12.46%）	279（13.69%）	507（24.88%）
读书辩论赛	744（36.51%）	643（31.55%）	363（17.81%）	431（21.15%）	319（15.65%）	220（10.79%）	294（14.43%）	478（23.45%）

续表

题目/选项	参与人数多	读书兴趣增加	到图书馆时间增加	需要专项知识或技能	读书数量增多	读书时间增多	增加了新的知识	满意
评选优秀读者	717（35.18%）	637（31.26%）	397（19.48%）	246（12.07%）	325（15.95%）	254（12.46%）	156（7.65%）	465（22.82%）
污损图书展览	679（33.32%）	297（14.57%）	338（16.58%）	226（11.09%）	152（7.46%）	103（5.05%）	166（8.15%）	542（26.59%）
书法作品选（展览）	621（30.47%）	587（28.80%）	335（16.44%）	385（18.89%）	197（9.67%）	122（5.99%）	222（10.89%）	511（25.07%）
书签设计	670（32.88%）	657（32.24%）	316（15.51%）	354（17.37%）	195（9.57%）	129（6.33%）	194（9.52%）	513（25.17%）
校园阅读（风景）、摄影比赛（展览）	714（35.03%）	613（30.08%）	361（17.71%）	439（21.54%）	184（9.03%）	154（7.56%）	212（10.40%）	540（26.5%）
图书推介	656（32.19%）	663（32.53%）	394（19.33%）	253（12.41%）	432（21.20%）	260（12.76%）	304（14.92%）	560（27.48%）
图书捐赠	795（39.01%）	388（19.04%）	312（15.31%）	183（8.98%）	326（16.00%）	146（7.16%）	136（6.67%）	644（31.60%）

经过对17种活动8个指标的分析和汇总，初步得出结果如下。

（1）参与人数多的活动排序：读书节启动仪式和闭幕仪式，图书捐赠，经典视频展播、名著影视欣赏。

（2）读书兴趣增加的活动排序：经典视频展播、名著影视欣赏，精品图书展览，名家讲座。

（3）到图书馆时间增加的活动排序：经典视频展播、名著影视欣赏，精品图书展览，评选优秀读者。

（4）需要专项知识或技能的活动排序：校园阅读（风景）、摄影比赛（展览），读书辩论赛，书法作品选（展览）。

（5）读书数量增多的活动排序：图书漂流，图书推介，读书有奖知识竞赛。

（6）读书时间增加的活动排序：图书推介，评选优秀读者，名著名篇朗诵。

（7）增加了新的知识的活动排序：名家讲座，经典视频展播、名著影视欣赏，读书有奖知识竞赛。

以上活动选取前三名。

根据最满意活动的投票排序，以及根据上述对因素的合并，我们认为读者参加活动的广度＝参与人数多＋读书兴趣增加＋到图书馆时间增加，得出参与广度的活动排序（前八种）。同样，读者参加活动的深度＝需要专项知识或技能＋读书数量增多＋读书时间增多＋增加了新的知识，得出参与深度的活动排序（前八种）。最后，活动举办的有效度＝读者参加活动的广度＋读者参加活动的深度＋读者满意度，得出最有效的活动排序（前八种）。如表5-7所示。

表 5-7 读者评价的阅读推广活动的四类排序（前八种）

序号	参与广度的活动	参与深度的活动	最满意的活动	最有效的活动
1	经典视频展播、名著影视欣赏	读书有奖知识竞赛	图书捐赠	读书有奖知识竞赛
2	读书节启动仪式和闭幕仪式	读书辩论赛	经典视频展播、名著影视欣赏	经典视频展播、名著影视欣赏
3	名家讲座	图书推介	图书推介	读书辩论赛
4	读书有奖知识竞赛	名著名篇朗诵	名家讲座	图书推介
5	精品图书展览	名家讲座	污损图书展览	名家讲座
6	评选优秀读者	读书箴言征集	精品图书展览	
7	读书辩论赛	精品图书展览	校园阅读（风景）、摄影比赛（展览）	精品图书展览
8	图书推介	读书征文比赛	书签设计	评选优秀读者

第五节 基于图书馆问卷调查的高校阅读推广活动的评价

一、问卷调查过程

此次问卷调查，依托中国图书馆学会阅读推广委员会大学生阅读委员会、阅读与心理健康委员会、河南省图书馆学会阅读推广委员会，对委员或其所在图书馆阅读推广活动组织者进行问卷调查。采取网络问卷形式，问卷地址为：http：//www.sojump.com/jq/1067139.aspx，开始时间为2011年11月4日，结束时间为2011年12月8日，共有21所高校的69位阅读推广活动负责人填写了问卷。

二、问卷调查结果

第 1 题　您认为大学生阅读存在的最大问题(或难题)是什么？结果如表 5-8 所示。

表 5-8　图书馆对于大学生阅读问题的认识

选项	平均综合得分
不会选择图书	5.09
不善于利用电子资源	4.43
不想阅读图书	3.94
不会阅读图书	3.41
手机看看新闻和电子书就够了	3.36
业余活动占用了时间	3.06
去图书馆借还书不方便	1.7
图书馆没有我想读的图书	1.62

第 2 题　评价图书馆阅读推广整体活动的效果，有很多因素，您认为哪些重要？结果如表 5-9 所示。

表 5-9　图书馆对于阅读推动活动影响效果因素的认识

选项	小计	比例
读者参与的深度（是否需要，或培养了专项知识或技能，比如写作能力、朗诵能力）	57	82.61%
读者参与的广度（参与人数）	54	78.26%
图书馆的整体服务水平	41	59.42%
读者满意程度	36	52.17%
图书馆对某一阅读活动的重视程度：投入的人、财、物力以及时间	34	49.28%
图书馆举办阅读活动的数量	20	28.99%
图书馆所有文献的数量	19	27.54%
图书馆所有文献的流通率	18	26.09%
参与阅读推广活动的图书馆以外单位的数量	16	23.19%
其他	4	5.8%

第3题　您认为以下各种阅读推广活动具有的特点（选择即认可）结果如表5-10所示。

表5-10　图书馆对阅读推广活动的认识

题目/选项	需要投入时间多	需要投入人力多	需要投入财力多	需要投入物力多	图书馆需要与本单位其他部门合作	图书馆需要与外单位合作
读书节启动仪式和闭幕仪式	36（52.17%）	33（47.83%）	21（30.43%）	14（20.29%）	46（66.67%）	25（36.23%）
读书征文比赛	36（52.17%）	25（36.23%）	15（21.74%）	6（8.70%）	29（42.03%）	14（20.29%）
名家讲座	13（18.84%）	15（21.74%）	32（46.38%）	7（10.14%）	18（26.09%）	40（57.97%）
读书有奖知识竞赛	36（52.17%）	37（53.62%）	25（36.23%）	14（20.29%）	30（43.48%）	7（10.14%）
图书漂流	35（50.72%）	26（37.68%）	13（18.84%）	18（26.09%）	21（30.43%）	13（18.84%）
精品图书展览	21（30.43%）	32（46.38%）	19（27.54%）	23（33.33%）	20（28.99%）	21（30.43%）
经典视频展播、名著影视欣赏	33（47.83%）	25（36.23%）	16（23.19%）	16（23.19%）	13（18.84%）	7（10.14%）
读书箴言征集	45（65.22%）	39（56.52%）	6（8.70%）	7（10.14%）	23（33.33%）	9（13.04%）
名著名篇朗诵	41（59.42%）	41（59.42%）	18（26.09%）	14（20.29%）	26（37.68%）	13（18.84%）
读书辩论赛	54（78.26%）	47（68.12%）	23（33.33%）	18（26.09%）	33（47.83%）	24（34.78%）
评选优秀读者	40（57.97%）	36（52.17%）	18（26.09%）	8（11.59%）	29（42.03%）	3（4.35%）
污损图书展览	37（53.62%）	38（55.07%）	6（8.70%）	20（28.99%）	23（33.33%）	2（2.90%）
书法作品选（展览）	34（49.28%）	41（59.42%）	17（24.64%）	19（27.54%）	31（44.93%）	28（40.58%）
书签设计	32（46.38%）	29（42.03%）	25（36.23%）	12（17.39%）	24（34.78%）	21（30.43%）

续表

题目/选项	需要投入时间多	需要投入人力多	需要投入财力多	需要投入物力多	图书馆需要与本单位其他部门合作	图书馆需要与外单位合作
校园阅读（风景）、摄影比赛（展览）	32（46.38%）	36（52.17%）	28（40.58%）	19（27.54%）	30（43.48%）	14（20.29%）
图书推介	38（55.07%）	36（52.17%）	8（11.59%）	12（17.39%）	18（26.09%）	12（17.39%）
图书捐赠	24（34.78%）	31（44.93%）	9（13.04%）	14（20.29%）	24（34.78%）	32（46.38%）

经过对17种活动6个指标的分析和汇总，初步得出结果如下（以下活动排序选取前三位）。

（1）投入时间多的活动排序：读书辩论赛，读书箴言征集，名著名篇朗诵。

（2）投入人力多的活动排序：读书辩论赛，名著名篇朗诵，书法作品选（展览）。

（3）投入财力多的活动排序：名家讲座，校园阅读（风景）、摄影比赛（展览），读书有奖知识竞赛。

（4）投入物力多的活动排序：精品图书展览，污损图书展览，书法作品选（展览）。

（5）馆内部合作的活动排序：读书节启动仪式和闭幕仪式，读书辩论赛，书法作品选（展览）。

（6）与外部合作的活动排序：名家讲座，图书捐赠，书法作品选（展览）。

另外，在设计问卷的时候，考虑到对这六种影响因素相加，即可推出"图书馆最'费功夫'的阅读推广活动"和"图书馆最'省功夫'的阅读推广活动"。因此把上述六种因素的票数相加，即可得出图书馆最'费功夫'的活动和最'省功夫'的活动排序。具体情况如表5-11所示。

表 5-11　图书馆评价的阅读推广活动的两类排序（前八种）

序号	最"费功夫"的活动	最"省功夫"的活动
1	读书辩论赛	经典视频展播、名著影视欣赏
2	读书节启动仪式和闭幕仪式	图书推介
3	书法作品选（展览）	读书征文比赛
4	校园阅读（风景）、摄影比赛（展览）	名家讲座
5	名著名篇朗诵	污损图书展览
6	读书有奖知识竞赛	图书漂流
7	书签设计	读书箴言征集
8	精品图书展览	评选优秀读者

备注：由于大学生、图书馆等的情况不一，以及此种结果不具有可重复检验性，表 5-7 和表 5-11 的结果仅供参考。

第六节　对两次问卷调查的综合分析

一、对于大学生阅读存在问题的看法比较

关于"大学生阅读存在的最大问题（或难题）"，大学生的看法是："不会选择图书""业余活动占用了时间""不想阅读图书""不会阅读图书"占据了前四位。可见在丰富而快捷的信息时代，选择图书反而成为大学生棘手的问题，尽管还有不少"书目导读"。大学生除了专业学习外，还有专业之外的各种考证，参加各种社团或社会实践活动，阅读几乎成了专门社团（如书友会、读书会）的事情，由此导致，不想读书的大学生比较多。另外对于阅读，不少学生认为阅读经典才是阅读，而经典中的字、词、义、史则成为阅读中的拦路虎。即使面对现代的或是西方的经典，不少读者也是因其晦涩艰深而"妄自菲薄"。总之，丰富的信息时代和多元化发展的社会，使得一些大学生无所适从、不知所以。

图书馆对于大学生阅读问题的看法，"不会选择图书""不善于利用电子资源""不想阅读图书"占据前三位。而"业余活动占用了时间""去图书馆借还书

不方便""图书馆没有我想读的图书"占据了后三位。看来,图书馆把大学生的自身原因归结为主要阅读问题,认为图书馆问题是大学生阅读问题中的次要问题,或对于图书馆的问题还没有给予充分的认识。两者的不同如表 5-12 所示。

表 5-12　大学生与图书馆对于大学生阅读问题的看法比较

大学生的看法	图书馆的看法
不会选择图书	不会选择图书
业余活动占用了时间	不善于利用电子资源
不想阅读图书	不想阅读图书
不会阅读图书	不会阅读图书
去图书馆借还书不方便	手机看看新闻和电子书就够了
手机看看新闻和电子书就够了	业余活动占用了时间
图书馆没有我想读的图书	去图书馆借还书不方便
不善于利用电子资源	图书馆没有我想读的图书

二、对于阅读推广活动效果影响因素的不同意见

大学生评价在图书馆阅读推广整体活动的效果的因素方面,排在前四位的分别是:"读者参与的深度""读者满意程度""读者参与的广度""图书馆对某一阅读活动的重视程度:投入的人、财、物力以及时间"。可见大学生对于各种阅读推广活动的认识,首先是能为自己带来多少收益,不管是直接的效果,如参加读书征文、读书演讲比赛,或是间接的效果,如听取专家讲座。满意度则是读者对某一阅读推广活动的感受,可能曾经参加过,可能仅是从活动名称上就已决定参加与否,其实每种活动只要举办得宜,都会吸引大学生参与,这与图书馆举办阅读推广活动的方式或宣传方法有很大关系,因此参加人数的多少自然成为大学生评价某一阅读推广活动的主要因素,也是图书馆评价阅读推广活动的重要因素,但前提是学生是自愿来参加该活动的。最后,大学生还是希望图书馆能为阅读推广活动投入更多,举办更多的活动,以给他们更多的机会参与读书活动。

图书馆对于阅读推广活动评价因素的看法。对于阅读推广活动的评价因素,"读者参与的深度""读者参与的广度""图书馆的整体服务水平"占据前三位。

看来，图书馆把读者的参与深度和广度放在了重要位置。这种态度是中肯的，表明图书馆阅读推广活动，其目的的确是为了激发读者的阅读兴趣和提高读者的阅读能力。但客观来说，图书馆的整体服务水平确实严重影响着阅读推广活动的效果，无论是阅读推广活动的水平，还是图书馆的其他服务水平，对大学生阅读活动都有不小的影响。至于图书馆内的各类文献的数量和流通率虽然也最终影响到大学生的阅读效果，但不是阅读推广活动的直接影响因素，因为有时候替代文献也会起到一定作用。由于图书馆良好的阅读环境，图书馆已成为读者阅读的重要场所。参与阅读推广活动的图书馆以外单位的数量对阅读推广活动的举办有着不小的影响，但对于阅读推广活动的整体效果影响有限。结果如表 5-13 所示。

表 5-13 对于阅读推广活动评价因素的看法比较

序号	大学生对于阅读推广活动评价因素的排序	大学生选择人数	图书馆对于阅读推广活动评价因素的排序	图书馆选择人数
1	读者参与的深度（是否需要，或培养了专项知识或技能，比如写作能力、朗诵能力）	972	读者参与的深度（是否需要，或培养了专项知识或技能，比如写作能力、朗诵能力）	57
2	读者满意程度	968	读者参与的广度（参与人数）	54
3	读者参与的广度（参与人数）	893	图书馆的整体服务水平	41
4	图书馆对某一阅读活动的重视程度：投入的人、财、物力以及时间	798	读者满意程度	36
5	图书馆所有文献的流通率	789	图书馆对某一阅读活动的重视程度：投入的人、财、物力以及时间	34
6	图书馆的整体服务水平	715	图书馆举办阅读活动的数量	20
7	图书馆所有文献的数量	675	图书馆所有文献的数量	19
8	图书馆举办阅读活动的数量	575	图书馆所有文献的流通率	18
9	参与阅读推广活动的图书馆以外单位的数量	270	参与阅读推广活动的图书馆以外单位的数量	16
10	其他	50	其他	4
	填写人次	2038	填写人次	69

三、对于阅读推广活动的评价结果的比较

根据表 5-7 和表 5-11 的结果,可以看出:第一,图书馆阅读推广活动首先要考虑大学生的需求,尽量组织学生参与有足够广度、深度的活动。而满足这些条件的活动,未必都是费力的活动,如"经典视频展播、名著影视欣赏""图书推介""名家讲座"等活动,同时,尽管有些活动较为费力,如读书节启动仪式和闭幕仪式,但还是要坚持办下去,因为这些活动确实能够烘托读书节日的气氛,若同时举办评选优秀读者或优秀参与者活动,还能对阅读活动有着引领作用,对于校园文化建设有着潜移默化的影响。第二,图书馆认为较为费力的活动,如书法作品选(展览),未必是表 5-7 中的活动,类似这些活动是针对较为特殊的学生准备的,适合以小而精的规模开展。第三,图书馆认为省力的活动,不少是具有广度、深度,是学生较为满意和有效的活动,这些活动应该大力推广,但要注意,在运作流程上要更加完善,使这些活动成为品牌活动。阅读推广活动的评价结果的比较如表 5-14 所示。

表 5-14 阅读推广活动评价结果的比较

序号	参与广度的活动（图书馆:省力或费力）	参与深度的活动（图书馆:省力或费力）	最满意的活动（图书馆:省力或费力）	最有效的活动（图书馆:省力或费力）
1	经典视频展播、名著影视欣赏（省1）	读书有奖知识竞赛（费6）	图书捐赠	读书有奖知识竞赛（费6）
2	读书节启动仪式和闭幕仪式（费2）	读书辩论赛（费1）	经典视频展播、名著影视欣赏（省1）	经典视频展播、名著影视欣赏（省1）
3	名家讲座	图书推介（省2）	图书推介（省2）	读书辩论赛（费8）
4	读书有奖知识竞赛（费6）	名著名篇朗诵（费5）	名家讲座（省4）	图书推介（省2）
5	精品图书展览（费8）	名家讲座（省4）	污损图书展览（省5）	名家讲座（省4）
6	评选优秀读者（省8）	读书箴言征集（省7）	精品图书展览（费8）	
7	读书辩论赛	精品图书展览（费8）	校园阅读（风景）、摄影比赛（展览）（费4）	精品图书展览（费8）
8	图书推介（省2）	读书征文比赛（省3）	书签设计（费7）	评选优秀读者（省8）

第七节 基于问卷调查的阅读推广活动的建议与思考

一、对常见阅读推广活动的肯定及综合建议

对常见的阅读推广活动，如可以采取"读者沙龙"形式，建议不定期举办一些读者活动，可以就近期某个主题进行讨论，或定期组织学生进行时事评论交流活动，或建立阅读交流网站，使学生可以充分利用网络，提高效率，或成立阅读学习小组，让大家有一种在一起指点江山、激扬文字的感觉。对于"名家讲座"，利用榜样的力量，激发同学们的阅读兴趣，真正体会到读书的乐趣。不要太注重拘泥于形式。

对于阅读推广活动的综合建议，主要为：第一，不搞形式主义，因为培养读书习惯是一件潜移默化的事情，阅读推广活动不只是活动的狂欢。第二，要坚持举办，不能三天打鱼两天晒网。第三，举办次数多一点，持续时间长一点，能增加宣传力度，收到更好的效果。第四，把视野延伸到图书馆之外，开展与其他学校对接的活动。第五，阅读推广活动应聚焦于大学生"学习"方面，比如读书朗诵大赛，培养学生的读书兴趣，让更多的学生进入图书馆。第六，阅读活动的推广要有专门的时间以便大家都有时间去参与。第七，阅读推广活动可以配合专业老师来运作。第八，强制性阅读。有的读者提出要更多地引导和组织大学生阅读，有计划和有步骤地组织连续性讲座或者是读书会。在活动措施上，不妨带有强制性，建立起大学生的阅读兴趣。

二、对阅读推广活动形式创新的要求

（一）方法创新

举办"研究类阅读活动"：老师或学生自己定题目，而后就该题目进行集中阅读，这样可以培养诸如搜集资料和对比、分析解决问题的能力（笔者注：这可以和信息检索课相结合，或本身就是信息检索课的教学内容和方法）。

推广思维导图阅读法：用新的读书方法吸引、指导学生。

送书到宿舍：现在大学生大多在寝室里消耗时间，如果学校能建立一个定期

送一两本书到寝室去的机构，那么当学生在寝室无聊的时候，会不经意地翻看，慢慢地，看书的时间长了，就会看一些，应该会带动更多的同学看书。

举行名家作品交流会：因为有些学生喜爱某个作家的作品。通过这种活动，可以增加其他同学对作家的了解，进而喜爱读书。

建立阅读墙：读者留言推荐，推荐理由简短，增加读者兴趣，利于读者选择阅读。

另外，还有增加电子图书的推广，举行好书PPT制作大赛，等等。

（二）运作创新

对常见的阅读推广活动，还可以在运作上创新，使得活动常见常新。如图书推介活动，可以设置"你最想读的书"栏目，让读者评选出自己心目中最想读的书，建议活动时间可以"月"为单位。还可以设置"你最想看的经典视频"。可以师生互动推荐好书。根据不同年级、不同专业推荐书目以解决学生不知道读什么书的问题，比如图书馆可以每天推荐几本书以达到宣传的目的。对一本书，全部阅读往往没有很深的印象，而且一本书要读很多遍才能领会其中的深意，而大学生可能没有那么多精力和耐心去好好读完一本书。小说还可以，但是有文化内涵的书或难懂的书就不行了。所以可以挑出一部分好的内容让学生阅读。建议每类书刊、每个专业定期有好书推荐公布于读者，不一定是学生的推荐，专业类书籍可由专业老师或辅导员推荐，这样也避免了大学生选书的盲目性，节省了大量的时间。时间上建议天天推荐，而不仅是在做活动的时候。

对于名家讲座，可以针对"如何培养阅读习惯""如何提高阅读理解力""如何培养阅读兴趣""如何发展个人阅读爱好"等问题开设讲座，或开设健康、礼仪、演讲等方面的讲座；在场地选择上，要多进行露天演讲，以便吸引更多的学生参与。

三、对阅读推广活动策略的要求

（一）宣传策略

与相关组织合作：如通知各学院学生会的学习部，鼓励学生参与知识讲座，参与讨论。

应用互联网：利用网络进行阅读推广活动。

延长宣传时间：扩大宣传面，让尽可能多的人了解这项活动。

注重宣传技巧：把阅读活动的方法等介绍得言简意赅，使得有兴趣的大学生明白参与的方式、途径等。把每一年的阅读推广活动设计一种或多种海报，上面有固定的内容，如宣传口号，还可以手工增加内容，如活动内容、活动场所、活动时间等。

扩大宣传范围：不仅可以在图书馆门口贴出信息，还可进行网络公告，加大校园内部的宣传，如条幅、海报、广播，要在大学生容易聚集的地方，如食堂、宿舍、运动场所等张贴。

（二）运作策略

提出"专业延伸阅读"，由授课老师参与推荐一些与专业相关的延伸阅读。

对于阅读推广活动，建议将活动"化整为零"，增加针对性比较强的读书活动，既好组织又会让每个人投入，要不然大多数人都充当看客，并不是说没人想参加，也不是说不积极，而是在这种集体活动中，每个人并不能都参与进去。

一些效果好的活动可以常做或者配合来做。诸如图书推荐、图书漂流活动，一方面可以了解自己喜欢种类的图书，还能认识一些有同样爱好的同学。

（三）组织保障

建议成立校图书馆协会或类似的学生组织，力保每个班级都有成员参与其中，占用学生适量的课外时间，尽量不要太多，将读书活动开展到整个校园。

四、对阅读推广活动基础的要求

（一）对学校的要求

学校要大力宣传读书的重要性，在学生间提倡读书活动，给学生提供一个可以大声阅读的地方，让读书的潮流在学校间蔓延。在教学楼的合适过道处，摆设桌椅和图书架，那样上课早到的同学就可以坐下休息或阅读书籍。学校适量减少不必要的集体活动，让学生有更多时间读书。

（二）对图书馆的要求

加强资源建设：保证图书质量。增加图书馆硬件设施，如沙发、热水。结合大学生的意愿购买图书，及时更新图书，及时保养计算机，适时升级。

加强管理水平：延长开馆时间或合理安排开馆时间。加快办证时间。在图书馆设不同类型阅读专区。组织有兴趣者参加图书馆整理书籍、整理馆藏的工作，锻炼大学生的能力。

提升服务质量：开展图书馆资源利用讲座。提高借还书的便捷程度。加强阅览室的纪律。加强介绍图书馆图书分类知识。

（三）对大学生阅读自身的要求

大学生要静下心来阅读，扎实走好每一步，克服夜郎自大的心理，逐步养成良好的阅读习惯，进而提高自主学习能力。

第八节 基于图书馆调查的阅读推广活动的建议与思考

一、形式创新

可开展网络阅读、影视阅读等征文、演讲等活动；提倡经典阅读，加强学生经典阅读意识；晒书会（与书市同时举行的活动，目的是为大众提供一个荐书、评书、换书、以书会友的平台）；校际读书交流活动；行路读书活动（旅游读书）；评选高校图书馆形象大使、阅读推广大使，寓教于乐，使阅读推广活动形式更加多样，吸引更多的大学生参与。

二、方式创新

在原有阅读推广活动的基础上，采取新的方式。如，开辟读书论坛园地，新书推介，以短信或邮件的形式进行图书推送，重点是到馆图书，兼顾上市新书。大力推广电子阅读、数字阅读，通过新颖的阅读方式吸引读者阅读。

三、战略规划

从战略角度对阅读推广活动进行规划。如，加强对个性阅读与社会阅读的关注，激发学生阅读热情。阅读活动向深层次发展，开展专业阅读，提高专业写作水平，把阅读与写作结合起来。重视活动的吸引力、可操作性。建立长效阅读机制。让阅读推广活动成为读者读书交流的平台，让读者与读者有更多的交流。要有系统性。结合学生的专业需求及特点定期举办推广活动。利用图书馆内外各方力量，有一定的资金保障，组织有一定策划能力的同志挑头与学校其他部门合作进行推广。重视评估。定期举办，打造品牌。活动规模要大小结合，既要有大型、大规模的校园读书互动，也要有针对各院系、各专业的小型读书沙龙。课外阅读要与专业学习、职业生涯规划结合起来。

四、运作机制

馆藏资源应该结合本校专业实际配备，在宽度和深度上为学生阅读提供合适的图书资源。在采购图书时，对本校学生需要的图书进行问卷调查，购入学生们最想读的图书。让学生对图书馆藏书的认知有所提高，促使学生利用图书。改善每一个活动的流程。利用读书社团开展读书活动。鼓励和奖励学生读书，要有奖励计划。加强学生信息素质的后续教育，开展信息素质比赛等。培养学生的通常阅读方法及专业书籍阅读方法。

第九节　调查和座谈的结论

对于图书馆阅读推广活动的评价，一要树立合理的思路，即读者是否满意，二要有合理的评价指标，三要有一定数量且具有代表性的调查参与者。

图书馆应针对大学生不善于选择图书、不善于利用电子资源、不想阅读图书等困难进行阅读推广活动。在活动的内容上，首先要能够增长大学生的才能或知识，如培养专项技能，然后是扩大阅读推广活动影响，增加参与人数，并要借此提升图书馆的整体服务水平。通过评价17种阅读推广活动的七个方面，对阅读推广活动简单的分类，在一定时间内，要注意根据人、财、物力有机地选择一些阅读推广活动。此次问卷仅对图书馆进行调查，并未对阅读推广活动的服务对象——大学生进行问卷调查，而且大学生关心的阅读推广活动，并非是其消耗的人力、财力、物力，也不是有多少单位配合来实施的活动，而是最终效果，所以其评价指标也不相同。

在读者阅读以及阅读推广活动中，有位读者提出"图书馆的管理好坏决定读者读书的兴趣"，这句话不无道理，就让图书馆作为阅读推广方面的一句警言吧。

第十节　阅读推广活动评价总体框架的构建

一、阅读推广活动评价的扩展

首先是对于单个阅读推广活动的评价，其次是对于某单位在某一段时间内的阅读推广活动进行整体评价。这不仅是各项活动的叠加效果的评价，更是建立在各种活动的内在联系机制上的总体评价。最后是对某区域的各个单位的阅读推广活动跨时间段的总体评价。这不仅是各个单位阅读推广活动的叠加效果的评价，更是基于读者需求和社会环境的各单位或行业阅读推广活动有机联系的整体评价。

对阅读推广活动评价指标体系的研究，会弥补阅读推广实践的不足，加强阅读推广与公民阅读的联系。如目前对大学生参与的阅读推广活动的评价，要看其是否将自己拥有的藏书、家庭藏书，与他所接触到的阅读"世界"有机地联系起来？还要考虑大学生的阅读与中小学生的阅读，是否有所关联呢？因此，需要扩展开来，把读者的阅读及其成长过程放到一个更大的社会环境下去考虑阅读推广活动的方式，以及评价阅读推广活动。而且，基于我国阅读现状和阅读推广活动的特点和问题，如民众阅读的数量相对国外较少、政府和社会的导向、阅读媒介的多元化等情况，这里提出的阅读推广活动评价的扩展对于解决我国目前的阅读推广产生的上述问题，将有一定的指导作用和现实意义。

二、阅读推广活动评价的总体框架

阅读推广活动评价的总体框架如图 5-1 所示，主要分为三个层次。

第一，单个阅读推广活动的评价指标体系及其实证。可以从读者和活动组织者两个角度出发，分别评价并综合。读者可从参加活动的广度、深度、满意度进行评价，活动组织者可从举办方的人、财、物等投入产出比等进行评价，最后再综合评价。值得注意的是对于阅读推广活动评价的原则、理念、环节，以及指标权重、计量、基准值都要详细考虑。

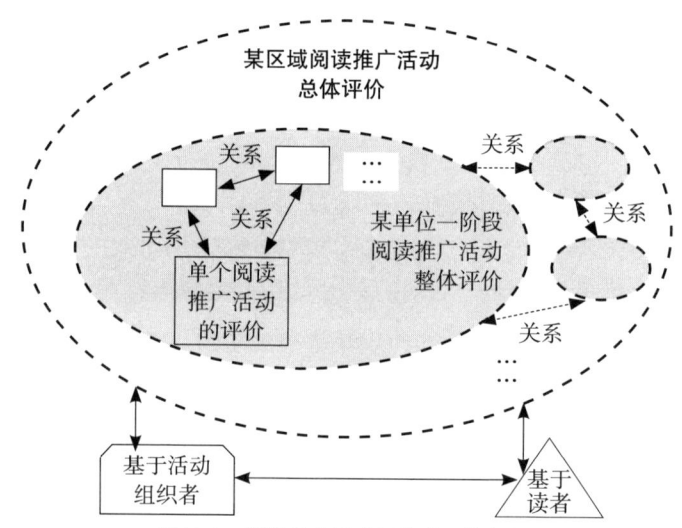

图 5-1 阅读推广活动评价的总体框架

因为阅读推广活动的方式正处在发展过程中，且随社会的发展而变化，归纳阅读推广活动的方式本身就有难处。而且对于单个阅读推广活动的评价指标的选取不仅限于各单位的组织能力，还在于各项活动本身的优缺点。应该总结出对于各种单独的阅读推广活动的统一的评价指标。

第二，单位阅读推广活动的整体评价指标体系及其实证。可分别从活动的质量评价指标、运行评价指标、效益评价指标来构建整体的评价指标体系。

不同的阅读推广活动方式不同，产生的机理不同，选取何种评价指标体系，采用哪些综合评价方法来定量研究各个阅读推广活动的评价，这是评价某单位某阶段的阅读推广活动的难点。和上述单个阅读推广活动的评价机制不同，需要采取系统化的方法提出评价指标体系。同时进一步研究各个阅读推广活动方式之间的相互关系，及其在整个阅读推广活动中的作用和重要性。对于单个阅读推广活动的评价是单位阅读推广活动整体评价的基础。

第三，区域阅读推广活动的总体评价指标体系及其实证。可采取阅读推广活动的模糊综合评价方法，通过"民意测验"等方式，进行综合性、定量性评价。

各行业的阅读推广活动的对象不一，但各对象间存在交叉关系。作为一位公民，不免会参与各行业的阅读推广活动。阅读推广活动的组织者之间，应该具有某种联系，或应该有较高层面的管理单位来进行顶层设计，开展该区域的总体的阅读推广活动。从技术上，需要大数据计算、数据挖掘方法、统计调查方法、访谈法等方法进行归纳分析。尽管如此，个体和单位的阅读推广活动评价是区域阅读推广活动总体评价的基础。

应用评价指标体系对于上述三种（具体、单位、区域）阅读推广活动进行广泛的、系统的、综合的实证，以及反馈与修正，并分别附在每一部分后面。

通过对阅读推广活动进行三种层次的评价，可以进一步提出阅读推广活动改善的策略和途径，以及基于个人阅读需求和适应性的阅读推广活动的整合方案。

三、阅读推广活动评价的内容和方法

在更大范围内广泛搜集有关阅读推广活动的评价的文献，搜集一项组织活动、一类管理活动、一个社会活动的系统性的评价指标的相关文献并进行汇总，借鉴信息系统的评价方法、管理活动的评价方法、社会活动的评价方法，结合复杂系统、多层次系统的综合评价方法，提出完整的阅读推广活动的评价指标体系。并根据不同类型的读者（或人群），进行问卷调查、实地访谈、观察活动场所，调查针对相应的阅读推广活动，进行实证研究，再次修改阅读推广活动的指标体系，使之更加具有可行性和科学性。

基于上述研究和实证，提出阅读推广活动的改善策略和途径，以及基于个人需求和面向社会的一套阅读推广活动的整合方案。三种层次的阅读推广活动评价的内容和方法如图 5-2 所示。

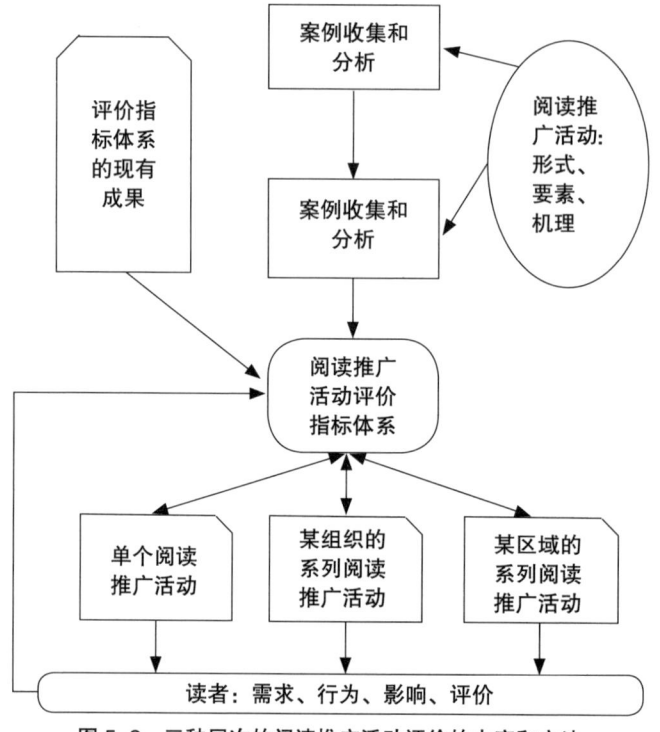

图 5-2　三种层次的阅读推广活动评价的内容和方法

从单个阅读推广活动的评价指标构建开始，进行实证研究，再层层推进，评价某单位某时间段的阅读推广整体活动效果，再上升到某区域的阅读推广活动的总体评价指标体系的构建和实证研究。一个阅读推广活动评价的总体框架就是要建立一个科学的、连续的、动态的、多层次的、系统的、综合的阅读推广活动评价指标体系和实证反馈体系。

目前的阅读推广活动的评价相关研究，还没有一个系统的定性和定量的描述，也没有一个对于某组织的跨越时间段的整体的阅读推广系列活动的评价，更没有一个覆盖某区域的阅读推广活动的综合评价。同时，真正基于读者需求和反映的，他所接收到的阅读推广活动对其心智影响的前后对比，也是阅读推广活动评价中不可或缺的部分。

基于此，我们提出一个阅读推广活动评价的总体框架：针对某个阅读推广活动的评价指标体系并实证研究；提出某个单位在一个阶段举办的阅读推广活动的总体评价指标体系并实证研究；提出某个区域的某阶段举办的阅读推广活动的整体评价指标体系并实证研究。在实践上，可以立足于某单位，对该单位的阅读推广活动进行单个活动以及整体的评价，继而扩展到某城市、某省份或国内某行业的总体阅读推广活动，进行总体评价。

对于阅读推广活动的评价并非要脱离阅读推广活动本身，或凌驾于阅读推广活动之上，而是要深入研究目前阅读推广活动存在的多种多样的表象后的形成机理，更加细致地研究构成阅读推广活动的要素，提出更多符合读者需求的阅读推广活动方式，进一步进行评价，从而把阅读推广活动推向更深、更广的层次。

第六讲
北大读书讲座：汇聚名家大师，分享阅读人生

阅读是大学生学习和认知的基本方式之一，也是完善自我修养的重要途径，阅读文化在大学校园文化的建设中起着不可或缺的作用。作为校园阅读推广的一支核心力量，很多高校图书馆在培育爱读书、读好书的校园文化方面进行了有益的探索，取得了不少成果。但同时我们也发现，在移动互联网全面发展、数字技术大行其道的今天，在各种学术活动和文体竞赛让人应接不暇的大学校园中，图书馆的阅读推广活动正受到一些挑战：一方面，随着互联网时代阅读内容、阅读工具的变化，网页阅读、电子阅读为校园"数字土著"群体所青睐，但这些方式容易带来碎片化、浅显化、随意化等阅读倾向，在很大程度上影响了阅读的实际效果；另一方面，大学校园生活非常丰富，社团活动、专家讲座、文艺演出、各种竞赛等每天都在争夺着学生们有限的注意力，阅读推广活动很容易被淹没其中。因此，如何帮助大学生养成良好的阅读习惯、吸引更多读者进行有效的阅读，成为高校图书馆必须思考的问题。

北京大学图书馆（以下简称"北大馆"）在多年的阅读推广实践中，逐渐形成了"创意活动＋常规服务"两翼并行、层次分明的长效机制，以"阅读"为主题的北大读书讲座就是其中一项特色鲜明的品牌活动。从 2012 年 4 月 23 日邀请学者蒙曼演讲"读出红妆——唐代宫廷女性的美丽与哀愁"，至 2010 年 4 月，北大读书讲座累计举办了 32 场，已成为北大一个颇具分量的系列讲座品牌，在校园阅读文化的构建中发挥了重要作用。

第一节 鲜明的讲座定位

如何在讲座"丛生"的大学校园里脱颖而出，是图书馆开展讲座服务的一个难题。经过调研，我们发现，北大几乎每天都有讲座，内容从严肃的学术探讨到轻松的艺术欣赏，包罗万象，但是，与读书、写作相关的讲座很少，也不成体系。另一方面，围绕与书有关的主题组织讲座，与图书馆文献丰富、崇尚阅读的文化形象十分契合。基于这两点考虑，我们将北大读书讲座定位为知名学者与青年学生分享阅读经历和人生智慧的校园人文素养活动，邀请各个领域颇具声望、有影响力的名师大家，围绕某种或某类图书，畅谈读书体会和创作心得，交流治学经验和人生感悟。如此鲜明的主题定位，使得北大读书讲座在开办之初就与学校里的其他讲座区分开来，拥有较高的品牌辨识度。

第二节 持续的品牌化运作

良好阅读氛围的营造非一两次讲座活动就能做到，所以应注重讲座的长效发展，通过品牌化运作持续吸引读者的注意力。

一、建立跨部门的工作团队

举办讲座是一项系统工程，涉及主题策划、确定主讲人、宣传推广、组织听众、拍摄记录、后期资料整理等工作，需要多个专业的人才通力合作。组建合理、高效的讲座团队，对于保障讲座工作的顺利运行和持续发展非常重要。因此，北大馆成立了跨部门的工作小组，由主管副馆长牵头，从综合管理与协作中心、学习支持中心、研究支持中心、信息化与数据中心等部门抽调有特长、有兴趣的馆员组成兼职团队，共同参与配合完成讲座活动，主要的分工如下：

（1）总负责人：对讲座工作进行整体上的计划、组织、指导。

（2）策划人员：根据讲座定位和现有资源条件，策划、设计讲座主题与形式等，并联系主讲人。

（3）宣传推广人员：运用各种媒介宣传讲座，包括通过图书馆主页、官方微博、微信等途径发布讲座预告，设计制作宣传海报，撰写新闻稿等。

（4）讲座主持人：介绍主讲人，主持互动环节，引导和控制讲座现场的氛围。

（5）资料管理人员：整理保存讲座的照片、录像、主讲人签名海报等。

二、选择合适的主讲人

主讲人是讲座质量的保障，优秀的主讲人能为讲座吸引人气、建立良好口碑。北大读书讲座依托北大深厚的文化底蕴和强大的文化号召力，邀请了众多名家登台主讲。

据统计，在2012年4月至2016年4月间，共有38位演讲者做客北大读书讲座。这些演讲者中，既有历史学、语言学、文学、哲学、自然科学等领域的知名学者，也有杰出的作家、社会活动家等，多样化的学科背景和研究旨趣为讲座带来了丰富的演讲主题，主讲人自身的成就和影响力也大大增强了讲座的吸引力。

三、围绕"书"确定主题

选题是讲座形成品牌的关键要素之一。如前所述，为了建立自己的品牌特色，塑造图书馆的文化形象，承担阅读推广的职责，北大读书讲座的主题均与"书"相关。在这个基本的前提下，我们再结合主讲人风格、社会热点、重大事件、听众需求等，策划一系列丰富多样的讲座主题。

（一）解读传统经典

推广经典阅读是高校图书馆开展人文素质教育的重要途径。北大图书馆一直很重视对于经典阅读的引导，邀请了诸多历史学、文学领域的名师大家，围绕某种或某类经典著作，畅谈读书体会。已举办的经典阅读类讲座有：

（1）隋唐史专家蒙曼的"读出红妆——唐代宫廷女性的美丽与哀愁"：以长孙皇后、武则天、上官婉儿、杨贵妃、宋若昭的相关史料为例，解史、读诗，解读唐代宫廷红妆的炼成与文化意义。

（2）北大中文系教授龙协涛的"文学欣赏：自由愉快的精神旅行"：选读、赏析诸子百家、唐宋文人的经典著作。

（3）美国独立高级研究员夏洛特·哈里斯·里斯（Charlotte Harris Rees）的"《山海经》与古代中国人的美洲探索——从落基山出发寻找答案"：以《山海经》的相关记载和美国的落基山脉为对照，追寻古代中国人最早发现美洲的证据。

（4）作家毕飞宇的"'走'与'不走'——小说内部的逻辑与反逻辑"：从叙事方式这一角度，详细阐述《水浒传》和《红楼梦》在写作手法上的差异。

（5）北大中文系教授卢永璘的"中国文论第一书——《文心雕龙》"：围绕《文心雕龙》的几个重要或疑难问题进行具体分析，包括《文心雕龙》书名的含义、书中"原道论""神思论""风骨论""知音论"等。

（二）分享阅读感悟

阅读对于一个人的知识积累、人格养成等来说意义重大。主讲人通过分享自己独特的阅读经历、阅读体验，传递阅读理念，倡导阅读生活。

（1）哲学家周国平的"阅读与精神生活"：总结自己读书的"三不"原则（"不务正业""不走弯路""不求甚解"），结合自己的读书经历阐述为什么要读书、读什么书、怎么读书等问题。

（2）北大图书馆副研究馆员王波的"读书读出好心情——阅读与心理健康"：分享如何让正确读书成为自我调节情绪的独一无二的良方，并导读权威专家学者推荐的两个经典书单。

（3）北京大学中文系教授陈平原的"读书是一件好玩的事"：阐释自己的阅读理念和立场，指出"有问题"和"讲趣味"这两者相辅相成，让读书变得好玩儿。

（4）作家李银河、杨廷玉的"分享心灵阅读的对话"：讲述"心灵阅读"怎样影响人生的成长、如何使人终身受益、如何塑造美好的人生观与世界观。

（5）作家梁晓声的"我与文学"：阐述了读书的意义，强调培养读书习惯的重要性，并以自身的阅读和写作经历为例，讲述读书对写作和人格塑造的影响。

（6）作家飞氘、夏笳、陈楸帆和林品的"科幻世界的过去与未来"：回顾科幻小说的发展历史，探讨如何从历史、社会、政治、经济等视角来思考科幻小说的意义。

（7）北大中文系教授温儒敏的"信息时代的读书生活"：分享信息时代的读书方法，包括：信息时代如何做到既适应和利用新的阅读方式，又减少可能带来的弊害；如何防止信息过量的焦虑症；在浮躁的大环境中如何养成读书的良性生活方式等。

（三）畅谈创作心得

也有不少主讲人是携作品而来，与听众分享书中内容或者创作心得等。

（1）北京大学西葡语系范晔博士的"从马孔多出发：《百年孤独》学译点滴"：讲解《百年孤独》的中文翻译策略，同时以译事为引子，谈《百年孤独》中的文化符码。

（2）旅日作家萨苏的"萨苏笔下形形色色的日本文化"：荟萃其多部著作的精髓，讲述多样的日本文化。

（3）北京大学中文系教授韩毓海的"天下兴亡事，江河万古流：谈《五百年来谁著史》"：通过"基层组织""财政金融""世界大势"三个支点，重新梳理公元1500年以来的世界历史进程，破解"李约瑟之谜"，从重重历史与现实交织的迷雾中探寻中华民族的何去何从。

（4）作家姚任祥的"《传家》——中国人的生活智慧"：勾勒中华传统文化和现代精致生活的画卷，分享亲切可感的"中国人的生活智慧"。

（5）作家叶永烈的"《十万个为什么》背后的故事"：以亲身经历讲述《十万个为什么》背后许多有趣的故事：《十万个为什么》是怎么来的？他自己是怎样被出版社选中作为主要编者的？胡耀邦是怎样提倡青年应当看《十万个为什么》的？在"文革"中《十万个为什么》是怎样成为"大毒草"的？……

（6）作家及评论人熊培云的"乌托邦与家国梦"：根据多年思考与研究、结合自身多部作品，梳理比较几百年来乌托邦浪潮下中美等国社会梦想实践，探讨乌托邦对人类社会进程与家国命运的影响。

（7）北京大学哲学系教授刘华杰的"从《天涯芳草》到《檀岛花事》——震撼心灵的植物之美与博物人生"：回顾几十年的植物搜集、分类、摄影和研究的经历，分享《檀岛花事》的写作过程。

（8）剧作家何冀平的"从《天下第一楼》到《龙门飞甲》——我怎样写起戏来？"：讲述在中国大陆、中国香港两个不同地域的创作实践，讲述创作与生活、剧本的生成与提炼——怎样为文字注入生命？怎么让剧本呈现于舞台或搬上银幕？

（9）华盛顿大学（西雅图）历史系教授董玥的"北京城的'民国范儿'——《民国北京城：历史与怀旧》"：讨论《民国北京城：历史与怀旧》一书的构思缘起、主要论点，以及作者因研究民国北京历史而引发的关于中国传统文化在近现代中国命运的一些反思。

（四）其他主题

除了以上三类主题，北大读书讲座还涉及关于书籍的学术探讨或是名人读书生活的介绍等。

（1）北京大学中国古代史研究中心教授辛德勇的"读书、抄书与印刷书籍的诞生"：讲述"书籍"的前世今生，强调"印刷书籍"对于扩展阅读空间、参与社会生活的重要意义。

（2）作家舒庆春（老舍）之子舒乙的"一生爱好是天然——作家老舍"：回顾老舍一生的创作和生活的关联，为人处事的细节，在苦难面前的坚守，以及丰富的爱好与交友。

（3）中央办公厅秘书局原副局长徐中远的"毛泽东晚年读书生活"：分享毛泽东晚年的读书方法、书单等。

不难发现，北大读书讲座虽以"书"为中心，但并未受任何禁锢，反而从"书"出发，阐发出很多有趣、深刻、涵盖各个学科的主题，体现了阅读的丰富性。

四、创新讲座形式

阅读是读者与作者之间超越时空的对话，因此，作为以"阅读"为主题的讲座，北大读书讲座在形式上十分注重对话性、交流性。除了常见的一位讲师主讲、讲完后互动的形式之外，北大读书讲座还引入了很多新颖的形式，如二人对讲、多人主讲、演讲+点评等，营造更具吸引力的互动氛围。

比如，讲座"分享心灵阅读的对话"采取李银河与杨廷玉两位作家对谈的方式，分享各自的阅读感悟。"当代艺术和感觉主义——艺术与哲学的跨界对话"邀请到哲学家周国平与旅美华裔艺术家周氏兄弟（周山作、周大荒），进行哲学与艺术的跨界对话。"科幻世界的过去与未来"更是打破常规，请到四位年轻的科幻作家，采取两人主讲、两人点评的方式讨论科幻小说。

五、开展多渠道、立体化的宣传

除了在讲座主题和主讲人方面精挑细选，适当的宣传造势对于讲座品牌的形成来说也是必不可少的。特别是在"注意力"已成为稀缺资源的今天，更需要线上线下相结合进行全方位的宣传。

一方面，是面向拟邀请的主讲人的宣传。在与主讲人联系沟通时，邀请函的作用不容小视。它既体现了主办方的诚意，也能通过图案和文字的搭配宣传讲座本身。图 6-1 是北大读书讲座的电子邀请函，设计典雅大气，文字简洁明了，很好地展现了讲座的文化底蕴。

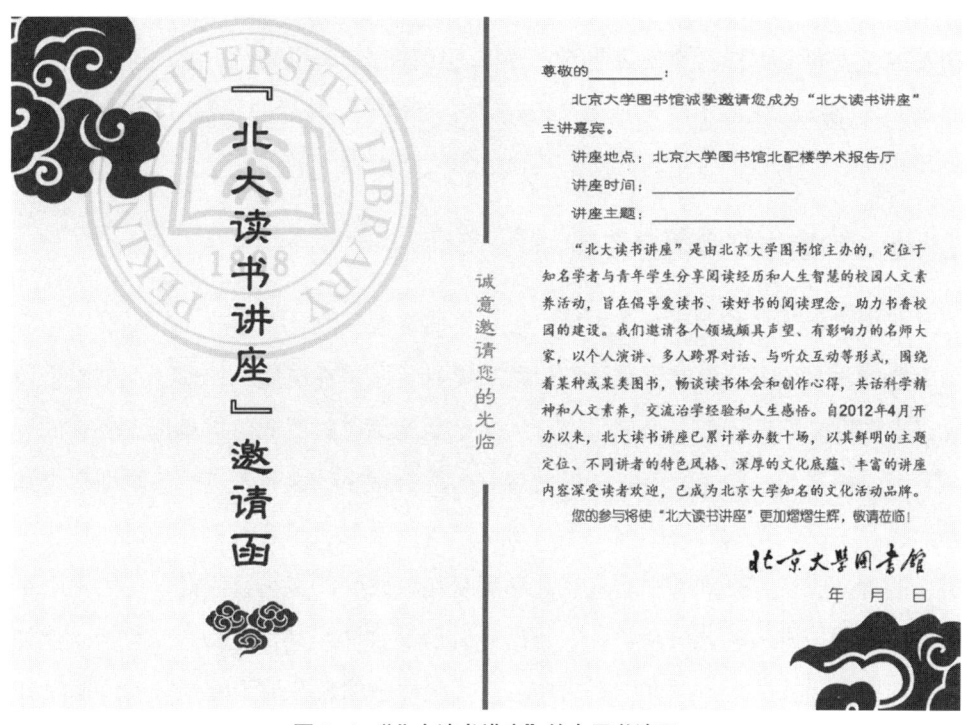

图 6-1 "北大读书讲座"的电子邀请函

另一方面，是针对每场讲座本身的宣传。为了提高讲座的曝光度，北大图书馆在每次举办讲座前后都会综合利用传统媒介和社交网络，开展立体化的宣传。讲座举办前，既通过张贴海报、放置展板、分发宣传折页等传统方式积攒人气，也积极扩展网络宣传渠道，比如在北大新闻网、北大未名 BBS、图书馆主页以及图书馆官方微博、微信等平台上发布活动预告等。讲座举办后，发表总结稿，图文并茂地报道讲座情况。

六、寻求多元化的合作支持

馆外力量的支持能为讲座的长期发展注入更多活力，因此，北大馆在策划讲座时，积极寻求其他机构或个人的合作支持。一是吸纳校内学生社团（如北大国学社、耕读社、图书馆之友等）的成员作为志愿者参与讲座的组织，或者是与社团合办讲座，比如叶永烈先生的讲座"《十万个为什么》背后的故事"，同时也是IEEE中国学生分会"触摸科技文化周"的闭幕式活动之一；二是与校内其他部门合作，比如部分讲座会请北大新闻网的记者到场记录、写新闻稿；三是与校外相关组织（如出版社、文创企业等）合作，比如曾与腾讯文化合办周国平、周氏兄弟的讲座"当代艺术和感觉主义——艺术与哲学的跨界对话"。这些合作扩大了北大读书讲座的参与面，提高了其知名度与影响力。

七、积累与开发讲座资源

对于讲座品牌的发展壮大来说，做好讲座资源的制作、整理、开发等工作十分重要，北大读书讲座在这方面的做法主要有：一是在讲座开始前，图书馆会请主讲人在讲座的宣传海报上签字、题词。这是充满仪式感同时极具纪念意义的一个环节，积累起来的签名海报能够展现北大读书讲座的成长足迹。二是在尊重知识产权和主讲人个人意愿的前提下，对讲座进行录像、录音与传播。讲座作为主讲人的智力成果，受到《中华人民共和国著作权法》的保护，因此，北大图书馆十分注重保护讲师的合法权益，在每次开讲前都会询问其讲座是否愿意被录像并在校内网点播，征得同意后图书馆才会进行全程录像，在加工处理后提供校内IP范围内的视频点播。获得主讲人的授权可避免以后诸多可能的纠纷，也为合法利用讲座资源，更广泛地发挥讲座资源的作用创造了条件。[1]

---

[1] 贾晓东.公益　亲民　开放——浙江图书馆文澜讲坛的创新实践[J].图书馆建设,2008（5）:7-9.

第三节　运行情况统计与经验总结

从 2012 年世界读书日举办第一场讲座算起，北大读书讲座已走过四年多的时间，逐渐从名不见经传发展到拥有大量"粉丝"，成为图书馆阅读推广的生力军。据粗略统计（见表 6-1）：截至 2016 年 4 月，北大读书讲座共举办 32 场，参与总人数为 7680 人，平均每场听众为 240 人。实际上，讲座的举办地——北大图书馆北配殿学术报告厅的座位数为 218 个，这就意味着不少场次的讲座会有一些听众没有座位，他们或站着或在台阶上、讲台边盘腿而坐，讲座的火爆程度可见一斑。从视频点播次数来看，除了三场讲座的主讲人未授权视频公开之外，剩余 29 场讲座的校内在线点播总次数为 3449 次，平均每场点播 119 次。讲座主题方面，主讲人以"书"为出发点，结合自己的专业兴趣或阅读经历，生发出历史、文学、哲学、艺术、科技、社会生活等方方面面的演讲内容。

表 6-1　2012.4—2016.4 北大读书讲座的基本情况统计

时间	场次	现场人数	视频点播次数	主讲嘉宾	讲座主题
2012 年	6	1500	697	蒙曼	读出红妆——唐代宫廷女性的美丽与哀愁
				王波	读书读出好心情——阅读与心理健康
				范晔	从马孔多出发：《百年孤独》学译点滴
				萨苏	萨苏笔下形形色色的日本文化
				吴黎耀华	从留学生到总统顾问
				韩毓海	天下兴亡事，江河万古流：谈《五百年来谁著史》
2013 年	8	2550	1068	周国平	阅读与精神生活
				陈平原	读书是一件好玩的事

续表

时间	场次	现场人数	视频点播次数	主讲嘉宾	讲座主题
2013年	8	2550	1068	龙协涛	文学欣赏：自由愉快的精神旅行
				姚任祥	《传家》——中国人的生活智慧
				周国平、周氏兄弟	当代艺术和感觉主义——艺术与哲学的跨界对话
				叶永烈	《十万个为什么》背后的故事
				熊培云	乌托邦与家国梦
				Charlotte Harris Rees	《山海经》与古代中国人的美洲探索——从落基山出发寻找答案
2014年	10	2120	856	招思虹	华侨与家国梦——从辛亥革命以来海外文物文献谈起
				李银河、杨廷玉	分享心灵阅读的对话
				韩毓海	一篇读罢头飞雪，重读马克思
				段宝林	非物质文化遗产与北京大学
				吴军	《文明之光》——科学视角下的历史思考
				刘华杰	从《天涯芳草》到《檀岛花事》——震撼心灵的植物之美与博物人生
				何冀平	从《天下第一楼》到《龙门飞甲》——我怎样写起戏来？
				朱成山	沉痛之后的反思——深度解读南京大屠杀
				梁晓声	我与文学
				飞氘、夏笳、陈楸帆、林品	科幻世界的过去与未来
2015年	6	1330	570	辛德勇	读书、抄书与印刷书籍的诞生
				毕飞宇	"走"与"不走"——小说内部的逻辑与反逻辑
				舒乙	一生爱好是天然——作家老舍
				卢永璘	中国文论第一书——《文心雕龙》

续表

时间	场次	现场人数	视频点播次数	主讲嘉宾	讲座主题
2015年	6	1330	570	董玥	北京城的"民国范儿"——《民国北京城：历史与怀旧》
				徐中远	毛泽东晚年读书生活
2016年	2	180	258	何建明	有滴眼泪无法不流——天津《爆炸现场》内幕揭秘
				温儒敏	信息时代的读书生活

经过数年运作，北大读书讲座受到读者的极大欢迎，取得了较好的阅读推广效果，也积累了不少经验：

一、讲座的品牌建设重在形成特色

北大读书讲座在规划之初就慎重思考定位问题，既要拥有鲜明的个性，又要发挥推广阅读的作用，因此将选"书"作为讲座的中心议题。正是这个独特性、标志性的主题，将北大读书讲座与北大校园内形形色色的讲座区分开来，由此建立起品牌的辨识度。

二、以讲座为载体，倡导深度阅读

互联网时代，网络阅读、电子阅读已成为和传统纸本阅读比肩而立的阅读方式。电子阅读在满足用户对于快节奏阅读、碎片化阅读需求的同时，也容易产生浅显化、无序化等倾向，无法完全替代严肃、深入的纸本阅读。因此，图书馆人在顺应潮流变化之外，更应坚守"深度阅读"这块阵地，倡导科学、健康的阅读理念。北大读书讲座就是这样一块不忘初心的阅读阵地。我们的讲座中，很多主讲人实际上担当了"领读导师"的角色，他们以阅读、写作的亲身经历为引子，带领听众精读某本书或者某类书，构建了一个深入阅读与即时交流相融合的读书平台。我们相信，这样"润物细无声"的阅读推广方式，会在潜移默化之中引导读者回归深度阅读。

三、注重讲座活动的持续性

阅读推广是一项需要长期坚持的工作，不是一两次嘉年华似的活动就能达到效果。因此，北大读书讲座非常注重讲座举办的节奏和周期：一是在每年的世界读书日系列活动中，讲座作为活动开幕式的一部分，承担重头戏的角色。二是在平时的日子里，除了学期末的复习考试周不安排讲座之外，保持一个半月至少办一场讲座的频率。如果各主讲人档期与我们的讲座计划能基本匹配的话，有的学期甚至可以一个月办两场讲座。"读书日活动的开幕式讲座"因为有系列活动造势，宣传效果明显，而"常规讲座"有利于保持讲座活动的持续性，这两种形式相互配合，才能持续吸引受众的注意力，真正营造良好的阅读文化。

四、重视宣传推广

要提高讲座的知晓度，适当的宣传推广必不可少。一方面是通过邮件、电话、发送邀请函等方式，向拟邀请的主讲人宣传讲座本身的定位、影响力等；另一方面，充分利用传统媒介和社交网络，重视前期发布和后期报道，全方位、立体化、有始有终地宣传每一场讲座。

五、加强讲座资源的积累与利用

讲座的价值并不仅仅存在于演讲的两个小时中，图书馆可通过各种途径使其发挥更大的作用。其一，将讲座的录制、保存、利用等纳入图书馆特藏资源建设的工作中。北大读书讲座的内容关注阅读，或聚焦学术研究，或有利知识普及，非常值得作为特色馆藏加以保存管理。另外，主讲人的签名书、签名活动海报等周边资源若能妥善保存，也能在一定程度上丰富图书馆的特色收藏。其二，将拍摄的讲座视频经加工后上传到图书馆网站，供校内师生随时在线观看，以突破讲座的时空限制，拓宽阅读推广的受众面及影响范围。

第四节　未来工作展望

北大读书讲座作为北大图书馆阅读推广体系的一个重要组成部分，以其鲜明的主题定位、深厚的文化底蕴、丰富的讲座内容深受读者欢迎，已成为北大知名的文化活动品牌。在未来，除了继续保持自身的主题特色、坚持高品质的讲座内容之外，讲座还可以在以下方面寻求更大的发展：一是拓宽合作渠道。目前的主题策划与主讲人邀约工作主要由图书馆馆员兼职完成，工作压力可想而知。因此，今后应更积极地寻求与学生社团、校内机构、社会组织的合作，充分利用外部力量为讲座出谋划策、建设与储备主讲人资源。二是在征得主讲人授权的前提下，将讲座的精彩内容结集出版，以进一步扩大讲座的受众面和影响力。

第七讲

基于卡通形象的高校图书馆阅读推广
——以武汉大学图书馆卡通形象"小布"为例

信息爆炸时代,越来越多的人乐于接受视觉图像,读图成为日常生活中不可或缺的一部分。卡通一直深受不同年龄、不同阶层人们的喜爱,卡通本身简洁的视觉形象,成为读图时代最理想的视觉传播符号之一。当代大学生群体大多是在卡通动画的陪伴下成长的,对卡通形象有着深厚的感情。我们所熟悉的卡通形象代言的成功案例有:迪士尼的"米老鼠"和"唐老鸭"、麦当劳的"麦当劳叔叔"、海尔集团的"海尔兄弟"等。这些经典的卡通形象代言人经久不衰,有些甚至沿用至今,广受大众喜爱,可见卡通形象代言的强大魅力和特殊地位。

第一节 卡通形象在宣传推广中的作用

卡通形象代言现在已成为大众喜闻乐见的一种广告形式,其生动、有趣、可爱的形象易为大众接受并喜爱,对于所传递的思想内涵、信息内容有着重要的辅助与推广作用。卡通形象代表的是品牌的形象和个性,目的是实现品牌与受众的有效沟通,现已广泛应用于商业企业与公益活动中。它不仅能够吸引受众的关注,而且能依据不同企业品牌的特殊性进行设计,充分突出企业的产品特点,有效地传达品牌的文化精神,建立品牌的美誉度与忠诚度,达到宣传效果的最大化。

卡通形象在宣传推广中的优势:

（1）成本较低，可控性高。卡通形象是一个虚拟的形象，从其形象到个性都是由设计师发挥创意产生的，所需要的成本投入主要是设计费用，不需要太多的物质投入。同时，企业自身可随时掌控它的发展变化，赋予它最佳的形态，永远是积极向上的角色形象，防止负面影响。

（2）表现力强，吸引眼球。卡通形象因其虚拟性，所以有着正常人难以达到的表现力，先进的制作技术和天马行空的创意相结合，增强了视觉冲击力。卡通形象通常鲜明生动、亲和可爱，可拉近与受众的距离，带给受众视觉上和心理上的好感，从而达到传达信息、加深印象的效果。

（3）使用周期长，可衍生大量副产品。卡通形象有较为固定的外形和性格特征，不受时空的影响，因此在生命力上有绝对的优势。卡通形象存在的时间越长，在受众群体心中的影响越大，价值越高。在其宣传过程中，可设计或制作多种类别的虚拟或实体的卡通副产品，带来更多的衍生价值，使得品牌形象跃然而出。

综合而言，卡通形象是一种投入成本较低，而收益较大的宣传推广方式。高校图书馆在阅读推广过程中，采用卡通形象宣传，更能投大学生读者所好，抓住他们的眼球，产生亲近与信赖的感觉，形成对图书馆的良好认知与对阅读的喜爱。

第二节 "小布"的设计理念

为了拉近图书馆与大学生读者之间的距离，根据大学生的喜好与兴趣，2012年，武汉大学图书馆馆员张珈利设计了卡通形象——小布，一经推出即成为读者的好朋友，被誉为武汉大学图书馆的虚拟馆员和形象代言人。

一、小布的形象设计

卡通形象有其特有的存在意义，一开始都需要有一个故事设定，而图书馆卡通形象的最初使命就是改变图书馆在读者心中的传统印象，让图书馆更亲切、更时尚，让读者最大化地了解、使用图书馆。小布之名源自书籍英文"book"的谐音，简短清晰，朗朗上口，方便记忆。小布的目标受众是大学生读者，年轻且富

第七讲　基于卡通形象的高校图书馆阅读推广——以武汉大学图书馆卡通形象"小布"为例

有活力,因此小布的外形设计为一个简约而现代的立体几何造型,头身比例为1:1,整体酷似电脑纸盒小人。每个经典的角色都有其标志性符号,而小布的标志性符号就是它几何脑袋上的那一撮卷毛和它萌萌的方块眼,充满童真,给人以呆萌的印象,第一时间提升读者的接受度和辨析度。

色彩是构成卡通造型的要素之一,也是卡通形象最直观的表现形式,可以帮助传递角色的性格。暖色系在人的心理上易产生舒展的感觉,会形成一种感召力,我们的设计馆员选择了橙色系,色彩饱满、热情向上、精力充沛,给人温暖、快乐的感觉,突出人物形象,进而引起观赏者的共鸣。同时,橙色与小布的简约几何造型相结合,整体活泼而不失稳重,象征着知识带给人光明和希望,符合现代大学图书馆的特点。

图 7-1　小布两大基本造型

2012年9月,小布第一次出现在武汉大学图书馆新生主页以及读者手册上。作为图书馆的卡通形象,小布有两大基本造型:一是小布置身于传统书刊纸本文献与现代电子资源之中,象征图书馆的印刷型文献和数字化文献相结合的文献保障服务体系;一是小布手持放大镜正在找寻,意喻读者对知识信息的无穷探索。

131

二、小布的性格定位

作为大学图书馆的卡通形象，小布的性格定位为憨厚亲切、偶尔卖萌的馆员，能增强大学生读者的认同感和接受度，同时还能起到心理减压、心情抚慰的疗愈效果。小布的性格主要通过它的"语言"来体现：

我的前身是图书馆的QQ咨询，然而挂着这个头衔，我却无名无姓，扛着光溜溜的小企鹅头像，就这么在网上裸奔了好几年，无装备、无道具、无背景，堪称标准的"三无人员"。直到今年暑假前，某个新调来的T姓馆员实在看不过眼，提出要替我整容，要给我进行形象设计，换个比较CUTE的头像，给我取名字、穿衣服，让我开微博，甚至还要给我印名片！……

我出生于8月6日，是狮子座滴。由于我长了一张方方正正的小帅哥的脸蛋，所以大部分童鞋、包括我自己都以为我是个BOY。直到我亲妈亲口告诉我，我其实是个帅气的GIRL！这简直是个晴天霹雳啊！早知道我是GIRL，文化活动月的开幕式上，我就应该穿一条漂亮的裙子亮相了！说到服装，哎，什么时候，才能把属于我的馆服发给我呢？你们到底是要我裸奔多少年啊？！

这一段小布的"自我介绍"生动有趣地展示了它的来源和性格特点，俏皮可爱，让人忍俊不禁，同时留下了深刻印象。小布独特的性格特征的展现，拉近了读者与图书馆的距离，觉得图书馆更亲切、更可爱、更有趣了。

第三节 "小布"的推广方式

小布形象诞生之后，武汉大学图书馆通过多种媒介方式，全方位地推广小布，并将小布融于图书馆的资源、服务、活动中，借助小布来开展基于读者接受的校园阅读推广，同时在宣传推广中进一步完善小布形象，以获得更好的效果。

一、印刷媒体推广

印刷媒体推广指主要利用纸质印刷品进行宣传推广的媒体。小布形象被广泛应用于图书馆的宣传海报、读者手册、读者留言板等印刷媒体中，发放给读者或摆放在图书馆内，很好地吸引了读者的眼球，促进了相应的资源与服务的推广。

图 7-2　小布新生宣传资料

图 7-3　小布新春人型立牌

二、网络媒体推广

随着新媒体的广泛应用，图书馆的宣传途径越来越多地趋于 QQ、微博、微信等网络媒体，小布也活跃在各类网络媒体上，进一步贴近读者。针对不同网络媒体的特点和作用，图书馆设计了多个主题的小布宣传图。

1. 小布 QQ 表情系列

小布形象诞生之后，图书馆将参考咨询的 QQ 头像设置为小布形象，并制作小布表情包，导入小布参考咨询 QQ 的表情中，在解答读者咨询的过程中作为表情发送给读者，给读者带来了惊喜，并引起广泛传播。小布 QQ 表情使咨询过程更加轻松活泼，也增强了读者对图书馆的好感度。

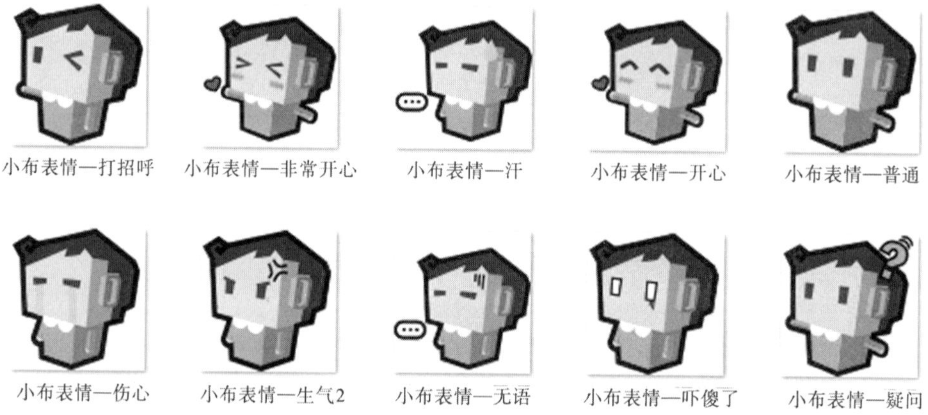

图 7-4　小布的 QQ 表情包

2. 小布晴雨表系列

微博是图书馆宣传推广的一个重要渠道，为增强微博的关注度和亲切度，图书馆设计了"小布晴雨表"系列图，用于对读者的温馨提示，深受读者的喜爱。

图 7-5　小布晴雨表

3. 小布节日主题系列

为营造图书馆的温馨氛围，图书馆根据不同节日设计了不同的小布主题形象，以更人性、更有趣的方式发布图书馆的动态信息。如端午节选择划龙舟、粽子等节日元素与小布结合，营造浓郁的节日气息，并展现图书馆的传统文化沉淀。

图 7-6　小布端午节宣传图

4. 小布新生专栏系列

在信息技术高速发展和互联网广泛应用的大环境下,图书馆网站成为新生认识图书馆最直接、最便捷的重要平台。针对新生这一特殊群体,武汉大学图书馆在网站上开辟"新生专栏"(网址:http://www.lib.whu.edu.cn/freshman/),"一站式"展示图书馆的资源、服务、活动等信息。

图 7-7　小布新生专栏

新生专栏以卡通形象小布贯穿始终,网站整体设计以用户为中心,集合文字、图片、音频、视频、游戏等。色彩鲜明欢快、模块简明清晰、语言活泼亲切,融知识性、文化性及趣味性于一体,带给读者耳目一新的全方位阅读体验。

135

表 7-1 武汉大学图书馆"新生专栏"栏目内容

栏目名称	具体内容	展现形式
馆长寄语	王新才馆长《让我们一同走进图书馆》	文字、图片
新生游戏	《拯救小布》新生在线通关游戏	Flash
关于图书馆	图书馆简介、秀秀美"图"、图书馆导航等	文字、图片、3D 宣传片
玩转图书馆	借还书、上网自习场所、自助服务指南、英语学习、多媒体资源、图书馆攻略、精彩活动等	文字、图片、PPT 教程、电子手册
咨询热线	图书馆的 QQ、微博、微信、电话、邮箱等联系方式	文字、图片

从小布视角建设新生专栏，内容与形式更丰富、更人性、更有趣，吸引新生主动接受新生入馆教育。这不仅可以使新生更好地认识图书馆、使用图书馆、喜欢图书馆，也是图书馆展示与宣传自我、彰显图书馆价值与提升图书馆地位的有效途径，有利于图书馆良好形象的塑造，提升新生对图书馆的热爱度和忠诚度。

图 7-8 新生专栏小布主页

新生专栏中特别制作小布主页，向新生读者们介绍小布，并告诉读者们，可以通过 QQ、微博、电话、邮箱等多种方式与小布联系，小布会帮忙同学们解决在使用图书馆的过程中碰到的任何难题。新生读者一入学就认识小布，与小布做朋友，使小布形象传播更广，更深入人心。

三、视听媒体推广

视听媒体是集视觉媒体和听觉媒体的功能于一身，通过有声、活动的视觉图像，形象逼真地传递信息的媒体。相较于印刷媒体和网络媒体，视听媒体具有更好的观感效果。小布被广泛应用于新生入馆培训教学、图书馆宣传片等视听媒体宣传中。

2015年6月，武汉大学图书馆推出图书馆3D宣传视频（3D漫游图书馆网址：http://apps.lib.whu.edu.cn/3d/3D.html），视频主要取材于图书馆实地场景。在场景介绍中特别加入卡通形象"小布"，通过小布的文字、声音、形态等向读者们解说图书馆的布局、资源与服务，增加3D宣传视频的趣味性和亲切感。

如在浏览到图书馆大厅的终端检索机时，点击终端检索机，即跳出小布信息框，介绍终端检索机的使用方法，同时还有小布式的"温馨提示"，在介绍设备的同时推广了图书馆的温馨服务：

悲剧啊！我查到要借的书了，可是……我没有带纸笔，这可如何是好？

别担心！看到检索机旁边的小纸盒了吗？这是图书馆老师亲手制作的小礼物，里面装有便签本和铅笔，赶紧把索书号抄下来吧！希望这一小小贴心的服务，能给大家带来好心情，让大家更加喜欢图书馆、喜欢阅读。同学们要爱惜使用哦！

图 7-9　3D 漫游图书馆：小布"温馨提示"

将卡通形象小布嵌入图书馆 3D 宣传视频，不仅有助于推广资源与服务，同时可巧妙而生动地展示图书馆魅力，传播图书馆文化。武汉大学图书馆有一处"热门景点"——理想树，几乎每位读者和游客都会在此拍照留念。3D 宣传视频中，除了对这幅大型壁画的来源、寓意进行了详细介绍，还请小布身着学位服，头戴博士帽，配上"咔嚓、咔嚓"的快门音效，展示学生在此拍摄毕业照的场景，吸引同学们与小布一起来理想树前拍照留影。这也象征着图书馆服务广大读者，帮助他们成长成才的人文精神。

图 7-10　3D 漫游图书馆：小布"热门景点"

小布系列 FLASH 动画短片通过"小布"这一主角展示关于阅读的格言警句，在馆内电子屏上播放，以传播阅读理念。

图 7-11　小布读书格言 FLASH

四、主题衍生产品

卡通衍生产品一般称为卡通周边,如借用某个卡通形象生产的具有一定实用性的文具、服饰、装饰品等。除了虚拟的小布宣传形象之外,图书馆还尝试制作了一些小布主题文创产品,将虚拟形象实物化,如小布水杯、小布T恤,以及小布主题的年历、明信片、贺卡、书签等文创产品,作为图书馆阅读推广活动的礼品,吸引读者参加。小布主题的文创产品,丰富了小布形象,进一步树立了小布品牌文化。

图 7-12 小布 2013 圣诞新年贺卡

图 7-13 小布 2015 新年贺卡

图 7-14　小布毕业书签

图 7-15　小布"晴雨表"布袋　　　图 7-16　小布马克杯

第四节　"小布"主题在线游戏

一、《拯救小布》新生在线通关游戏

新生入学领取校园卡之后，图书馆传统的入馆教育方式是"先培训后开卡"，即采取分院系集中培训讲解、集体参观导览、发放读者手册等宣传资料，这些过程完成之后再统一给新生开通校园卡的图书馆使用权限。由于新生入校之后马上开始军训，所以上述工作多在"十一"假期之后完成，即新生最早 10 月才能使

第七讲　基于卡通形象的高校图书馆阅读推广——以武汉大学图书馆卡通形象"小布"为例

用图书馆。这一方面要花费大量的时间、人力、物力，另一方面也使图书馆错失了向新生宣传推介的最好时机。针对信息时代大学生读者的新特征，将传统的入馆教育转变为更灵活、更便捷的新型网络化、游戏化方式，是图书馆入馆教育工作的有效尝试。

2014年9月，武汉大学图书馆推出《拯救小布》新生在线通关游戏（网址：http://apps.lib.whu.edu.cn/game/，此游戏由馆员涂艳玲、张珈利等设计制作）。该游戏为在线答题，将图书馆的历史、概况、资源、服务和文化活动等信息融入到游戏中。游戏目标人群特定为本科新生，新生在线玩游戏达到一定分数完成通关，即可在线开通校园卡的图书馆功能，同时在玩游戏的过程中潜移默化地了解图书馆。

图 7-17　《拯救小布》新生在线通关游戏场景图

141

（1）游戏架构。该游戏采用 Flash+Javascript3.0+ASP+SQL 技术开发制作，读者通过校园卡的账号、密码登录游戏进行答题。游戏分为五个关卡："穿越时空门""遨游智慧海""玩转迷宫图""书香嘉年华"和"菜鸟须知"，分别考查读者对图书馆的概况布局、信息资源、服务设施、文化活动、借阅规则等信息的熟悉程度。每位读者将随机分配到 40 道通关题，至少答对 24 道题才能完成通关。

（2）游戏设计。游戏设计上具有以下特色：科学性，题型与题量设计科学合理，游戏操作简单，完成全部关卡人均大致需要 5~8 分钟，不会引起读者厌烦；教育性，游戏网站上嵌入通关秘籍（《读者手册》《玩转图书馆 PPT》、"新生专栏"）供新生学习参考；竞赛性，游戏通关之后，新生可以去排行榜查询自己的成绩和排名，排行榜前十名将获得精美奖品；互动性，游戏完成之后可填写问卷，及时反馈游戏中的体验感受，以便后期游戏的完善；美观性，游戏界面采取手绘黑板背景，以卡通形象"小布"为主角，并配以趣味音效，凸显校园生活气息，使新生在游戏过程中获得良好的视听体验。

（3）游戏效果。《拯救小布》新生在线通关游戏于 2014 年初步推出，总参与人数近 6000 人次，通关率 86%。根据游戏调查表的 600 多份数据统计分析，80% 的新生都喜欢这种更胜于传统的入馆教育方式，94% 游戏者对游戏的风格、形式、设置表示赞赏有加。这种"游戏化""在线化""实时化"入馆教育方式突破了时空界限，比传统方式至少提前了一个月开通新生校园卡的图书馆功能，其所倡导的探索性、主动性学习方法，为新生创造了耳目一新的图书馆"初体验"，提升了新生读者的信息素养，也增进了读者对图书馆的感情。

新生入馆教育是学生利用图书馆的启蒙教育，主要是让新生了解图书馆的资源、服务、设施及规章制度，为大学学习充分使用图书馆打下良好的基础；新生入馆教育更是大学生培养信息素养的起点，可引导新生从被动地接受信息，逐渐变为积极主动地去寻求信息、运用信息，加强高效获取信息与处理信息的能力。《拯救小布》新生在线通关游戏以卡通形象小布为主导，一方面节省了新生入馆教育工作投入的财力及人力，另一方面寓教于乐，吸引新生主动接受教育，调动了新生积极性。不仅可以使新生更好地认识图书馆、使用图书馆、喜欢图书馆，也是高校图书馆展示与宣传自我，彰显图书馆价值与提升图书馆地位的有效途径。

二、《拯救小布之消失的经典》经典名著在线游戏

经典阅读推广是大学素质教育的一个重要组成部分，是完善大学生人格和知识体系不可或缺的途径。大学生阅读经典，领会经典中的人生智慧和思维方式，能培养大学生的人文精神，帮助他们汲取经典中蕴含的丰富知识和营养，从而提高其文化素养和综合能力。2015年武汉大学读书节力推经典阅读，为了吸引更多读者参与，图书馆继2014年推出"拯救小布新生游戏"广受读者好评后，特别定制开发了一款与经典阅读相关的在线游戏——《拯救小布之消失的经典》（网址：http://apps.lib.whu.edu.cn/game2/，此游戏由馆员涂艳玲、张珈利、周燕妮等设计制作）。

每一个游戏都有一个迷人的传说，我们的传说是这样开始的——

春天来了，樱花开了，精灵们也开始苏醒。精灵："听说武汉大学图书馆正在举办读书节……"精灵："HOHOHO……偶们也要参加读书节……"在一个月黑风高的夜晚，一大波精灵奔袭图书馆而来，偷走大量经典名著的篇章、桥段，造成大量书籍缺字断句，甚至有很多书连著者的姓名都缺失啦。武汉大学的书虫们，WHUER们，快来救救这些经典名著吧！只要答对一道题，就能拯救一本书！

这一段背景情节的设计，增强了游戏的故事性，吸引读者逐步进入经典阅读的世界。图书馆将古今中外经典名著相关内容制作成知识点，置入到动画游戏中，让读者进入游戏开展答题，逐步通关竞赛。为方便读者快速了解游戏，图书馆特别在移动图书馆上推出了《拯救小布之消失的经典》精简版，手机下载超星移动图书馆客户端，点击"消失的经典"模块，即可在线玩手机游戏。

《拯救小布之消失的经典》经典名著在线游戏从设计、宣传到实施、统计结果，皆经过多方探讨与精心设计，总体呈现出"人物角色风格卡通化、游戏背景故事情节化、奖励机制标准多元化"特点，走出了"萌宠风、侦探风、竞技风"的小布特色。

图 7-18 《拯救小布之消失的经典》经典名著在线游戏场景图

（1）艺术设计上，注重体现武汉大学元素。游戏从人物、情节到风格设计，均为原创。人物角色是图书馆的卡通形象小布，故事情节围绕武汉大学的樱花节和读书节展开。游戏主体分为古夏之门、神舟之境、玛雅之森、异域之巅四大关卡，并设有四大精灵——李白·贝鲁鲁特、独眼·艾比特、NULL（鲁尔）和卷福·蓝，他们的命名都与经典书籍有关，造型也因而各具特色，含有丰富寓意（精灵档案网址：http://apps.lib.whu.edu.cn/game2/bj.htm）。

（2）题库内容上，重经典"接地气"。游戏题目内容围绕古今中外经典书籍设计，并注重接地气，主要选取经典著作中的流行语、时尚内容，以及延伸性阅读，源自经典作品的电影、歌曲、品牌等，让读者认识到经典书籍并不都是晦涩难懂的，而是有趣好读的，从而亲近经典阅读。如"2015年央视春晚上，莫文蔚演唱的歌曲《当你老了》，歌词出自哪位诗人？"有些题目还巧妙结合了图书馆的资源与服务，如"哪位诺贝尔文学奖获得者来我馆做过讲座？""下列哪本书不属于最近一年武汉大学图书馆借阅排行榜前十名？"题库内容涉猎广阔，包

第七讲　基于卡通形象的高校图书馆阅读推广——以武汉大学图书馆卡通形象"小布"为例

括小说、诗歌、戏剧等，具有普适性，任何学科、任何年级的读者都可参与答题。

（3）游戏流程上，吸引读者全程参与。游戏在开发测试过程中，面向全校师生广泛征集游戏题目，并邀请有经验、有兴趣的学生参与游戏的开发、设计，组织学生社团参与游戏压力测试、容错测试、游戏上线监测等环节，充分发挥读者的主观能动性，使读者在参与活动过程中，主动地关注、搜集、接收有关经典名著方面的知识，从侧面也起到了推广经典阅读的作用。

（4）用户体验上，操作简单，互动性强。游戏规则简单、参与方便，注重与读者实时互动，并在各个细节处提升游戏参与者的荣誉感。每位读者有十次闯关机会，最终排行榜前十名可得到大奖。为了增加游戏乐趣，激励更多读者参与，游戏中设置了"幸运读者"的环节，逢"十"登录的读者自动成为幸运玩家，并收到系统的提示获得一份礼品。游戏结束页面特别感谢参与游戏制作的读者，借此培养、提升读者对游戏活动的热情与忠诚。除了游戏核心本体之外，读者在游戏相关网页中也可以得到更丰富的配套信息，还可在线填写有奖调查问卷，及时反馈游戏中的体验感受。

（5）游戏平台管理简单，扩展方便。游戏采用 Flash+Javascript3.0+ASP+SQL 技术开发制作，注重数据的实效性和读者的互动功能。读者可以在游戏中即时获取各种游戏相关数据、个人信息、查询游戏最新排行榜等；游戏管理人员可以通过 Web 端对题库进行实时增删修改，题目一经修改，游戏中立即生效更新。游戏正式上线之后，图书馆根据游戏运行状况、读者调查问卷及使用反馈，适时调整游戏难度，并针对游戏背景开展后期的周边宣传，如在微博和微信上实时报道游戏排行榜进度、解答部分调查问卷中读者提出的疑问、公布游戏设计中的一些趣味花絮等。游戏平台管理简单，可以不断扩展主题和功效，一次性开发，反复投入使用，可以说是以较低的投入获得了较高的收益。

《拯救小布之消失的经典》经典名著在线游戏以图书馆卡通形象代言人小布为主角，形态呆萌、文字俏皮、音效搞怪，带给读者新奇的阅读体验，大大增加了游戏的趣味性，吸引了众多学生参与。游戏于 2015 年 4 月 22 日武汉大学读书节开幕式后正式推出，截止 2015 年 5 月 22 日游戏结束，历时一个月，总参与人次超过 4000，全校参与院系超过 40 个。游戏推动了同学们阅读经典的热情，不同院系间和同学间的竞争处于白热化趋势，游戏排名榜每天均发生变化。截止游戏结束日，回收游戏调查问卷近 200 份，问卷中近 90% 的读者表示，这种游戏化的活动方式对经典阅读起到了很好的推广作用。

第五节 "小布"的推广效果

小布作为武汉大学图书馆的卡通形象，是图书馆与读者之间重要的情感纽带。它改变了图书馆传统的阅读推广模式，增强了阅读推广活动的趣味性，变阅读为悦读，提高了读者参与度。同时，卡通形象小布的使用，拉近了读者与图书馆之间的距离，一定程度上也有助于树立现代图书馆的新形象，使图书馆变得更时尚、更亲切、更人性。

一、卡通形象小布拉近了图书馆与读者的距离

图书馆以小布为沟通桥梁，及时与读者沟通互动，传播爱与正能量，更亲切有趣，更能吸引读者。如在"感恩节"时，图书馆在微博上以小布口吻发布了感恩心语：

#感恩节#今天感恩节，小布终于有机会向读者朋友们坦露心声了！感谢亲爱滴们，无论春夏秋冬、阴晴雨雪，永远不辞辛劳滴陪伴我喜欢我，让我感慨万千、感激涕零！小布感恩图报，特献上感恩心语，也希望各位童鞋像小布一样，勇敢滴向爱护帮助你的人感恩吧！没有火鸡，可是有小布，图书馆永远欢迎你！

此微博引起了众多读者的转发与评论，读者们纷纷表达对小布的喜爱，并感恩图书馆和馆员的辛勤工作。小布很"萌"的形态、很"暖"的话语、很"忙"的行动，具有强大的生命力和情感色彩，比单纯的文字方案更具有传播优势。从而拉近了图书馆与读者之间的距离，建立了和谐的关系。

二、卡通形象小布形成了图书馆宣传推广品牌

小布最突出的特点是它独一无二的视觉识别性，它以鲜明的造型、呆萌的表

情、明快的色彩为特点，使读者轻松记住。如今，小布已全面参与到武汉大学图书馆各项阅读推广活动中，无论是读书节，还是新生文化活动月以及毕业季等大型活动，都能看到小布的身影。以小布形象为主题的海报、书签、笔记本等文创产品都成为深受读者喜爱的活动纪念品。

小布全年无休，无时无刻不在，并喊出了"外事问百度，内事问小布"的工作口号，是最勤奋的馆员；小布具有"百变外形"，不同季节、不同天气、不同节日均有不同的服饰装扮，形成了系列标识；小布情绪丰满，有节日时的温暖关怀，有轻松时的诙谐幽默，也有违规时的严肃批评，富有人情味；小布与时俱进，不断创新，从纸质海报到动画短片，从QQ到微博、微信，从3D造型到在线游戏，卡通形象与内容不断丰富提升。在发展完善过程中逐渐形成了小布表情包、小布当家、小布晴雨表以及小布主题游戏等系列品牌符号，促进了武汉大学图书馆的宣传推广。

三、卡通形象小布树立了现代图书馆良好形象

小布传达了温馨、人性、亲和的图书馆形象，让图书馆变得更时尚，一定程度上展现了武汉大学图书馆的现代风格理念。图书馆通过小布寓教于乐，让读者在好玩中获得启示，为图书馆的持续发展注入了更多活力。小布也受到了业界的称赞，如微博名"知网寻蜜"称赞武汉大学图书馆"有这样一个互动可爱的咨询馆员，你怎能不愿意和它沟通呢"，微博名"方正阿帕比"评价小布"相当洋气，相当热情！看到了图书馆对读者的主动！"并认为"武汉大学图书馆如此热情主动、与时俱进地吸引学生来馆读书，我们方正阿帕比应该向他学习，多针对读者关心的节日开展活动，吸引读者，增加好书的曝光率！"

面对新时代大学生，传统的馆舍规模、馆藏数量等已不再是高校图书馆的核心优势，他们面临新的挑战，即图书馆服务重新定位，实现"资源依赖型""技术支持型"向"文化主导型"的转变，通过独具特色的文化魅力吸引大学生。武汉大学图书馆集思广益、迸发灵感，成功打造了卡通形象小布，探索出了更为人性化、趣味性的创新服务。

第六节　图书馆卡通形象设计

卡通形象超越了文字的局限，为图书馆增添了许多有趣活泼的元素，帮助实现图书馆与读者的交流互动与情感融合。同时，优秀的卡通形象又拥有着一定的艺术性，其相关的衍生商品或品牌也有着不可估量的消费群体，影响力不容小觑。随着读者对文化与生活的需求愈加多样，卡通形象将进一步发展，得到更大范围的使用。

一、图书馆卡通形象的类型选择

卡通形象的类型可分为四大类：卡通人物形象、卡通动物形象、卡通植物形象以及其他卡通形象。

1. 卡通人物形象

我们接触过的卡通形象大部分为人物类形象，如肯德基的"肯德基上校"、麦当劳的"麦当劳叔叔"、旺旺食品的"旺仔"、海尔品牌的"海尔兄弟"等。人物形象可以说是在卡通形象中运用最为频繁并且较为成功的类型，他们以人的形象为原型，不仅在外形设计上高度拟人化，而且被赋予了鲜明的人物性格，能够较容易地体现出品牌的个性魅力，并且引发消费大众的共鸣。旺旺食品使用"旺仔"儿童作为其所有产品的卡通形象，"再看，再看，我就把你喝掉！"这句著名广告语有种令人过目不忘的魔力，使得旺旺品牌的特色鲜明，识别性非常高，为品牌传播带来了极大的便利和推动作用。

2. 卡通动物形象

选择大自然种类繁多的动物形象进行拟人化的设计，可有效发挥卡通的夸张性，摆脱人物形象的造型局限，利用各种创意进行设计。如大众熟知的大白兔奶糖已经潜移默化成为国货代表，其奔跑白兔的形象标识也沿用至今；服饰品牌大嘴猴（Paul Frank）的标志为一只好似无表情的傻傻大嘴巴猴子，可爱而深入人心。以动物作为形象的卡通，形态各异，并且具有可爱、亲和等特点，能够拉近与消费大众的距离，带给受众视觉上和心理上的好感。

3. 卡通植物形象

卡通植物在卡通形象设计中运用较少，原因是植物的形象拟人化较为困难。运用植物作为卡通形象代言人的设计元素，原因多为品牌名称是以植物命名，或是产品成分含有该植物成分。如某药业就以葵花作为卡通形象，葵花总是向着太阳微笑，是一种非常富有朝气和活力的植物。葵花卡通形象身着白衣，拥有可爱的眼睛、大大的脑袋、灿烂的笑容，象征博爱和永恒。同时，此药厂还为不同品种药物设计了系列家族卡通形象，有小葵花、葵花姐姐、葵花爷爷，分别代表该药厂的儿童药、妇科药和其他常用药品。针对不同的消费群体进行代言，分工明确，有效适应产品特性，形成强大的传播力。

4. 其他卡通形象

除了以上几种特征明确的卡通形象之外，企业或者品牌还可根据品牌形象设计创造出一种全新的拟人化卡通形象。其中最具趣味的当属以产品造型为原型设计的卡通形象，如米其林轮胎的品牌标志"米其林"，其最初的创意来源于"堆一起的一堆轮胎，看起来像一个人"。类似的卡通形象还有以饼干造型为原型设计的趣多多曲奇人、以巧克力花生豆造型为原型设计的M&M巧克力豆人等。它们把原本没有生命的物体赋予了生命和个性，使其拥有表情、言语和动作，可爱又赏心悦目。这类卡通形象能带给消费者直观的感受，极具创意、夺人眼球。

不同类型的图书馆根据其资源和服务推广对象、图书馆文化传统，以及地域特色、民俗文化，可选择设计不同类型的卡通形象。如少儿图书馆可针对少儿读者的特点，选取可爱的人物元素、动物元素设计卡通形象；高校图书馆可根据学科专业特色及校园环境特色，选取植物元素、建筑元素或其他元素进行拟人化设计；可选取图书馆文化和阅读文化元素进行卡通形象设计，如纸质图书、文字符号、书虫等；还可针对图书馆的特定主题活动设计卡通形象，如读书节卡通形象、经典阅读卡通形象等。

二、图书馆卡通形象的塑造原则

近年来，卡通形象在各行业的运用愈发广泛，各种风格的卡通形象层出不穷。但并不是所有卡通形象都能够取得成功，有的只是昙花一现，有的甚至并未实现预期的效果。想要设计出成功的卡通形象代言人，需遵循一定的塑造和设计原则。

1. 卡通形象要体现精神内涵

卡通形象是展现品牌形象、表达品牌价值、与受众进行沟通的重要工具，品牌的精神内涵通过卡通形象的传播，使受众产生喜爱之情并接纳产品。在卡通形象设计之初，就要考虑选择或创造的元素所代表的寓意，这个寓意必须符合品牌的文化背景和精神内涵，这样才能有效塑造卡通形象，充分传达品牌理念，进行有效宣传。图书馆作为公益性文化机构，服务是其基本宗旨和核心价值观，它遵循开放、公益、平等、自由、创新等原则。图书馆卡通形象要能代表图书馆的办馆理念、服务特色与发展目标，以文化的保存与传播为己任，以读者的需求和发展进步为目标。

2. 卡通形象要具有独特造型

卡通形象的造型是进入大众眼帘的第一印象，因此设计出一个特别的、深入人心的造形尤为重要。首先，要注意比例的协调，要符合形式美的造型规律，卡通形象的头身比例通常是1∶4，1∶3，1∶2，甚至1∶1（例如小布），不同的比例会展现出不同的人物特色；其次，要注意色彩的搭配，可与品牌标志相呼应，在颜色的反差、搭配和对比上要恰如其分；再次，要突出形态特征，力求在外形上简洁、可爱、生动、流畅，使其更自然，并且适当夸张部分动态，使卡通形象生动鲜活、富有个性。整体造型应该具备美感和一定的特点，能够引起共鸣并且给人留下深刻印象。图书馆卡通形象的造型要体现该图书馆的特色，结合自身实际，切勿"千馆一面"。设计中要遵循人性化原则，可引入心理学、生理学、行为科学和人体工程学等相关知识，使整体形象符合大多数读者的普遍习惯，使读者更容易理解和使用。

3. 卡通形象要凸显鲜活性格

卡通形象的塑造，不仅是造型和动作的塑造，更是个性的塑造。设计者不能将卡通形象视为无思想、无心灵的"物"，而应该将其赋予人的心灵来创作，赋予它情感、思想和语言，让其具有像人一样的悲伤、愤怒、欢乐等情感，具有骄傲、温和、粗鲁等性格，有血有肉，带给受众真实感和亲切感。只有抓住了卡通形象的内在"性格特征"，展现其"性格魅力"，才能更好地体现"形神兼备"的"形象魅力"。图书馆的卡通形象须本着"人本化"的基本思维，摒弃正襟危坐、高高在上的姿态，用生活化、人性化等喜闻乐见的内容与形式，使读者感受到卡通形象是一个真实的有血有肉的人，而不纯粹是宣传工具，从而增加对卡通形象的信任。

4. 卡通形象要开发衍生产品

卡通形象在设计之初必须结合产品开发统一考虑，在表现形式和技术手段上，要考虑适用于平面、立体和电子媒介的传播和再创作。包括注意合理选择设计软件，使用矢量文件，以便应用于各方面的宣传，还有制作成各种材质的衍生品的可行性等等。随着数字技术和媒体传播以不可预估的速度发展壮大，卡通形象在未来推广中的发展将更趋于多元化。对于图书馆而言，卡通形象的设计要考虑到从平面形象发展到立体形象，从静态形象发展到动态形象，从虚拟形象发展到实体形象，在遵循传统卡通形象的设计原则、开发流程和推广方式的基础上，需要勇于创新、开拓思路，探索新的可能性。

5. 卡通形象要顺应时代发展

随着时代的发展、社会的变迁，人们的审美观念也在不断变化发展当中，卡通形象也要与时俱进。卡通形象不仅在设计之初要符合当代主流的审美观念，还要随着时代的变迁不断变化更新，顺应大众审美的发展趋势。腾讯QQ的企鹅应该是互联网行业最知名的卡通形象了，它的形象改变过五次，从瘦长的拟物化企鹅、胖胖的红围巾企鹅、剪影版企鹅，再到现在更扁平、中性化的企鹅，每一次改变都代表了一种新的设计潮流，甚至反映了互联网的不同发展阶段。图书馆的卡通形象也应随着图书馆的资源、服务的变化而变化，从纸质阅读到数字阅读，从文化素养培育到信息素养提升，不断适应读者需求和喜好。

三、图书馆卡通形象的开发流程

卡通形象开发不是普通的宣传设计，而是一个复杂而系统化的过程。很多企业对卡通形象的关注点只在外形设计上，要求卡通一点、可爱一点、具有亲和力等等，而忽略了对卡通形象推广的全面而系统的规划。遵循完整的卡通形象开发流程至关重要。

1. 分析品牌的主要诉求

在进行卡通形象设计之前，要准确分析诉求目标，明确卡通形象的存在意义。这一过程不仅有利于设计工作的顺利开展，少走弯路，还能提高效率，保证设计成果的质量。图书馆卡通形象的主要诉求是吸引读者、推广阅读，因此卡通形象的造型、神态、性格、行为等诸方面都要围绕这一诉求，而不能自相矛盾。此外还要凸显该图书馆的地域、风格、色调等元素，实现卡通形象唯一性。

2. 进行充分的前期调研

可对市场上各企业、文化机构、公益活动的卡通形象资料进行广泛搜集和分析了解，以把握卡通形象的普遍规律和受众的喜好趋向，作为卡通形象的创作依据。图书馆的卡通形象受众若设定为大学生读者，则需研究"90后""00后"大学生的阅读需求与行为规律，明确设计方向，有效开展设计工作。

3. 展开卡通形象设计

卡通形象的设计具体包括以下几个步骤：第一，要把卡通形象的性格设定作为优先考虑的步骤，若没有完整的人物性格设定，就不能准确地设计出适合的人物造型和动作；第二，卡通形象整体造型设计，要通过外形、色彩、表情、动作等一系列要素体现角色的内涵特性。高校图书馆的卡通形象可根据学校男女比例、学科特色、馆藏特色、校园文化等元素进行合适的设计开发。

4. 撰写文案与故事脚本

设计出的卡通形象最终将被用于不同途径的宣传活动中，因而需要为其设计明确的宣传主题，如广告语、宣传文案，甚至故事情节，使卡通形象成为一个鲜活的生命，有助于提升宣传效果。例如可以紧跟大学生读者热追的电视剧、电影、网络流行语来设计图书馆卡通形象的宣传口号，增强吸引力。

5. 通过多方媒介宣传推广

卡通形象设计出来之后，要进行宣传推广，就需要借助一定的媒介来传播。在数字化技术发展的今天，传播媒介日益多样化，常用的媒介渠道有二维媒体（海报、招贴画、橱窗、条幅等）、三维实体（卡通人型、卡通玩具等）、视听媒体（FLASH、动画短片、微电影、在线游戏等）、网络媒体（如网络表情、壁纸、屏保、电子贺卡等）以及现场活动（拍照、表演、抽奖、发放卡通形象周边礼品等）。媒介不同，对卡通形象的形式选择也各有不同。此外，还可以策划营销活动引起读者关注，急速提高其知名度与影响力。

第八讲

以书评促阅读
——重庆大学图书馆阅读推广实践

第一节　书评系统实施背景

一、"图书馆2.0"风潮

2006年，Web2.0风靡全球，以用户为核心的互联网服务是Web2.0的核心。这与图书馆"读者第一，服务至上""读者永远是正确的""读者是上帝"等服务理念不谋而合，因此"图书馆2.0"应运而生。2006年，范并思、胡小菁发表了《图书馆2.0：构建新的图书馆服务》，成为国内最早研究图书馆2.0的专业文章；2006年5月，上海图书馆召开了"Web2.0与信息服务"研讨会（Lib2.06），是国内最早关于图书馆2.0研究的专题会议，图书馆2.0成为国内图书馆研究的热点；2007年4月，"图书馆2.0：服务因你而变"（Lib2.07）会议在厦门大学召开；2008年4月，浙江大学图书馆举办了"论剑2.0"（Lib2.08），北京大学、浙江大学、上海交通大学、重庆大学、"国立"台湾大学的图书馆纷纷展示了自己的图书馆2.0研究与实践成果；2009年10月，第四届中国图书馆"馆人合一"（Lib2.09）年会在重庆大学举办，重点探讨如何进一步推动图书馆2.0在中国的发展，会后出版了论文集《馆人合一：图书馆2.0创新与实践》。

与此同时，各大图书馆纷纷开始尝试2.0的理论研究和服务实践：上海图书馆、上海大学图书馆、厦门大学图书馆、暨南大学图书馆、重庆大学图书馆等开始提供集成管理系统的改建、OPAC的多样化输出、信息共享空间等。上海交通大学的IC平方创新服务模式、厦门大学图书馆馆藏书目信息API开发实例及其应用、暨南大学图书馆2.0网站系统、清华大学图书馆Web环境下多源数据集成服务、西南交通大学BSLC专业图书馆自动化管理系统（联盟系统）的自主研发等都取得了不错的成果。

二、重庆大学图书馆LIB2.0实践

阮冈纳赞的图书馆五定律被认为是图书馆界的"铁律"。观察发现，五定律中的三个关键词为：书、人、馆。结合当前社会的信息环境及图书馆发展现状，重庆大学图书馆将其内涵进行了延伸，提出"资源、管理、服务"三位一体的理念：资源是开展服务的基础，服务是图书馆的最终目标，管理是通过对资源的有效管理和配置提升服务的必要手段。"资源"是广义的资源，包含文献、人和设施设备，从"为我所有"转变为"为我所用"；"管理"是从传统的图书文献管理转变为对图书馆人、财、物和知识流的管理；"服务"是图书馆在文献资源整合的基础上开展广泛的网络知识服务。

关于图书馆2.0的定义，重庆大学图书馆认为其基本理念是针对读者进行知识服务，重视个体化的共享和参与是其核心价值观。图书馆2.0的三个基本思想：图书馆2.0是数字图书馆建设的组成部分、馆人合一、以书为本。图书馆2.0的五个关键词：读者、参与、共享、知识、开放。

读者。图书馆2.0将充分尊重读者的每一项知识需求；将为读者提供终身服务；将扩大读者的范围，包括现实中的和虚拟网络上的读者；将提供读者需要的所有知识服务。

参与。图书馆2.0倡导并引导读者参与到图书馆的资源建设和服务中，分享自己的知识，构建自己的知识空间。

共享。图书馆2.0将具有广泛的共享精神。包括读者的知识共享，如开放存取；读者与读者之间的服务共享，如在线问答；读者与图书馆之间的共享，如书评建

设；图书馆与图书馆之间的共享，如基于同一系统架构的"图书馆联盟"等。

知识。图书馆 2.0 的服务限于针对读者的知识服务。知识服务将是图书馆 2.0 的工作核心。

开放。图书馆 2.0 将在 1.0 关注馆藏文献建设和管理的基础上，针对读者需求，采用更多的信息技术、开放接口来提供各种类型的文献服务，同时，突破单个图书馆实体办馆模式，共同营建整个社会的知识服务体系。

基于以上图书馆 2.0 理念，重庆大学图书馆倡导"资源、管理、服务"三位一体协调发展的建设思路，围绕图书馆 2.0 的三个基本思想和五个关键词，积极创新。2007 年 10 月，自主开发的数字图书馆系统正式上线运行，正式开启了图书馆 2.0 的实践之路，改变了原来集成管理系统以图书为核心的思路，建设了一个"基于用户，面向服务"，真正围绕读者、开展知识服务的 ADLIB2.0 系统。读者统一身份认证系统、读者知识社区"个人书斋"、馆际互借与文献传递、科技查新、文献检索、全馆指南、离校手续、通借通还等众多读者服务全面集成。此外，如为重庆大学毕业生免费办理"校友借阅证"，提供终身服务；开启重庆市大学城"网上图书馆"，致力于推进重庆市高校文献资源的共建及各项信息服务的共享；开展社会服务，办理社会读者借阅卡，为重庆大学城市民提供免费阅览服务等众多的实体服务也是我们图书馆 2.0 实践的重要部分。

三、全民阅读时代大环境

2016 年 4 月 18 日，中国新闻出版研究院发布"第十三次全国国民阅读调查"报告数据显示：2015 年，我国成年国民年人均纸质图书阅读量为 4.58 本。而欧美国家年人均阅读量约为 16 本，北欧国家达到 24 本，相比之下，我国的阅读水准仍然较低，阅读水平明显落后。2014 年，"全民阅读"首次写入政府工作报告，报告指出应"繁荣发展哲学社会科学，倡导全民阅读"。2015、2016 年，"全民阅读"依旧被列入政府工作报告：倡导全民阅读，建设书香社会；倡导全民阅读，构建公共文化服务体系。"全民阅读"提升到国家发展战略。此外，关于全民阅读法制建设也在紧锣密鼓地开展实施。2013 年全国两会期间，115 位政协委员联名签署了《关于制定实施国家全民阅读战略的提案》，建议政府立法保障阅读、设立专门机构推动阅读，2013年8月，国家新闻出版广电总局将全民阅读立法列入工作计划。各地方政府也在积极促进阅读立法，如，2014年《湖北省全民阅读促进办法》、2015年《深圳经济特区全民阅读促进条例》等。2015年1月1日，《江苏省人民代表大会常务委员会关于促进全民阅读的决定》率先实施。2016年2月，国家新闻出版广电总局关于《全民阅读促进条例》（征求意见稿）已经面向社会公开征求意见。

随着全民阅读浪潮的涌起，图书馆作为现代社会阅读的主体，承担起"阅读推广"的职责责无旁贷。2008年中国图书馆学会发布的《图书馆服务宣言》明确指出："图书馆努力促进全民阅读。图书馆为公民终身学习提供保障，促进学习型社会的建设。"2009年中国图书馆学会成立了专门的"阅读推广委员会"，推进全国图书馆服务工作和阅读活动的开展。2015年10月，教育部高等学校图书馆情报工作指导委员会主办的首届全国高校图书馆阅读推广案例大赛也在华中科技大学顺利召开，大赛共收集到456个参赛案例。其中38个案例在决赛现场参加角逐，并与118个优秀案例参加决赛现场的海报展示。阅读推广活动在图书馆界开展得如火如荼。2014年9月，上海图书馆与东方网签署了《共同推进智慧城市全民阅读全面战略合作协议》，协商共建智慧城市"全民阅读"推广平台。很多图书馆专门设立了阅读推广小组，专人负责阅读推广活动开展，阅读推广活动内容丰富，多姿多彩，除了传统的讲座报告、读书会、演讲会，也增添了很多诸如空间服务、技术体验、影视欣赏等活动，给读者带来了全方位的阅读体验。

第二节 "以书评促阅读"的理念

一、原创书评属于特色馆藏

图书评论，简称"书评"，是指对图书内容、装帧形式等方面进行价值分析和评判后所写的议论文章，是读者选书、作者写书和出版社编辑出版图书的借鉴[1]。书评可以介绍图书基本内容，为读者选择图书提供参考。如亚马逊、京东、当当等网站都具有图书评论系统，为用户提供书评，书评的数量和质量对消费者是否购买这一本书起着重要的参考作用。书评具有导读功能，点明图书的精要所在，帮助读者了解图书内涵，为读者对所读图书进行价值判断提供参考。如著名的 OCLC（Online Computer Library Center，联机计算机图书馆中心）的开放维基版联合目录、Open World Cat（OWC）的书评服务、国内的豆瓣网等[2]。读书笔记是每个热爱阅读的人的日常习惯。随着信息技术的发展，人们做笔记的习惯发生了改变，除了少数人记录纸质笔记，大多数人已经开始在博客、微博、书评网站等多平台来写读书笔记。在"我的书斋"中的"书评中心"，我们设计了一个类似的记录读书日志的功能，读者可将检索过、借阅过的书籍添加读后感、评论，图书检索系统可展示书评，供其他读者参考，以决定是否借阅。此外，图书馆读者书评是对文献资源内容的再次深入揭示，读者对已经阅读过的资源的感悟与评价即为"个性化知识"，对其他读者的选择具有重要的参考价值[3]。此外，书评是读者对书籍的独特见解和读后感，属于原创性文学作品，对图书馆来说，是一笔巨大的财富，是图书馆特色数字馆藏，具有重要的保存价值。

二、分享阅读的知识服务社区

在图书馆 2.0 时代，图书馆的门户系统应该打造成为一个以图书馆文献资源为核心的知识社区系统，是一个属于读者自己的网络虚拟知识空间，读者与读者之间、读者与图书馆之间、图书馆与图书馆之间实现全面的交互。于是，一个具有 SOA 架构的、展示在互联网上的、给读者使用和经营的"个人书斋"产生，它是所有爱阅读的人的网络聚集地。重庆大学图书馆 2.0 的知识社区"个人书斋"，每位读者书斋都有独立的网络地址，是独立的并可以互相访问的社区。书斋包含图书馆传统文献服务的联系、RSS 的定制与阅读、参考咨询服务、文献资源收藏、

---

[1] 张志强. 文献学引论［M］. 南京：江苏教育出版社，2010：255.
[2] 李慧美，陈朝晖，杨广锋. 从豆瓣网看图书馆学科信息服务的改进［J］. 图书馆杂志，2009（8）：35-38+15.
[3] 袁辉，杨新涯，秦鑫. 基于流程优化的图书馆书评系统应用研究与实践［J］，图书馆建设，2013（4）：76-79.

读书笔记、书评系统、个人图书交易、开放存取空间、SNS 社区、校友服务等应用。重庆大学在自主研发和推广图书馆 2.0 系统平台的过程中，为更好地实现资源、管理与服务的"三位一体"，提高读者在阅读推广中的参与度，提升读者服务，开展阅读推广，数字图书馆个人门户"我的书斋"中的"书评中心"应运而生。"以书评促阅读"是重庆大学图书馆 LIB2.0"资源、管理、服务"三位一体理念的进一步延伸，是从简单的文献服务转向读者广泛参与的阅读推广的新实践，其目的是"倡导阅读分享，促进阅读推广"。重庆大学图书馆"书评中心"关联图书馆 OPAC2 系统，以馆藏图书为基础，鼓励读者对图书打分评论，或直接参与到馆藏资源的评价，积累的书评可供其他读者参考，引导更多的读者参与阅读。更进一步，读者可以"因书结缘""以书交友"，共同分享读书心得，享受读书乐趣，营造阅读氛围。

三、阅读推广创新实践

"书评中心"是重庆大学图书馆阅读推广创新实践，"以书评促阅读的系统化案例推广"在 2015 年首届全国高校图书馆阅读推广大赛西部地区 32 个案例现场评审大赛中脱颖而出，荣获一等奖，并在全国总决赛中，荣获二等奖第一名。"书评中心"区别于当今大多数图书馆以开展各类读书活动为主的推广策略，植根于网络实体的读者个人图书馆，区别于传统的单向面对读者的信息输出，"书评中心"鼓励读者撰写书评，实现了读者之间、读者与图书馆的交互，对于引导阅读，提升阅读质量具有重要的作用。有研究表明：书评可以帮助图书馆了解读者的阅读心理和阅读倾向，指导图书采访，改善馆藏结构，提高馆藏利用率。读者参与书评能够更加刺激延伸阅读。读者撰写的书评可以给其他读者提供直观的阅读参考，不同角度、不同视角的评价会激发其他读者阅读此书的欲望，这样，读者之间产生互动，提高了馆藏资源利用率，促进了阅读推广。

第三节 "书评中心"的实现

一、"书评中心"发展轨迹

2007年12月,"我的书斋"个人图书馆初步上线试运行。

2009年1月,"我的书斋"正式运行,开通书评功能。

2011年3月,"书评系统"正式运行。

2011年4月,针对"书评系统",成立"书香重大"书友会。

2011年9月,"我的书斋"全面改版,实行积分制。"书评系统"实行打分制。

2011年10月,虚拟书友会推广,开展"加入书友会,奖励积分和借阅权限"活动。

2011年11月,针对书评中心,开展"每月书生""阅读达人"评选。

2013年10月,为了提升用户体验,"我的书斋"再次改进并改名为"重大·书斋","书评系统"也更名为"书评中心"。

发展至今,"重大·书斋"书评中心由推荐书评、我的书评、好友的书评、大家的书评组成。"个人书斋"首页设有优秀书评板块。图8-1为"重大·书斋"书评中心主页:

图8-1 "重大·书斋"书评中心主页

二、"书评中心"功能设定

（一）链接馆藏 OPAC 系统

在"书评中心"，每篇书评均与 OPAC（Open Public Access Catalogue）系统中对应的图书馆馆藏信息进行交互链接。读者既可以通过书评查询浏览该书的 OPAC 信息，也可在 OPAC 系统检索到的图书介绍中查看该书的书评。在馆藏 OPAC 系统中，读者除了可以了解到图书的作者、题名、馆藏号、馆藏地等详细信息外，还可以看到其他读者的打分及书评。此外"我的书斋"采用了提醒策略，提醒书友会成员及时完成已借阅图书的评论。

（二）在线知识共享

个人书斋是一个 SNS 虚拟知识社区，"书评中心"集中了读者图书评论的一个知识共享模块。"书评中心"由"推荐书评""我的书评""好友的书评""大家的书评""书评管理"五部分组成。"个人书斋"首页设有优秀书评板块。"书评管理"是为馆员设置的书评打分功能。"推荐书评"是由书友会或馆员为所有读者推荐的书评。读者登录个人"书评中心"就可以看到所有书评。"找书友"功能，读者可以根据阅读兴趣将其他读者添加为好友，同一专业的同学，根据书斋名或者昵称就可以找到，也可以管理个人好友。

（三）虚拟书友会

重庆大学所有在校读者都会自动获得个人图书馆"我的书斋"账号。在"书评中心"，读者群被划分为书友会成员和非书友会成员。在虚拟书友会，读者可在"书评中心"看到自己撰写的所有书评、推荐书评、好友的书评和所有用户的书评，以书寻友，为友荐书。"书香重大"书友会是虚拟书友会的实体社团组织，其创建于 2011 年 4 月 23 日世界读书日，宗旨是"书香溢满重大，心灵徜徉书海"，旨在充分利用图书馆的文献资源，通过读书交流等活动提高师生的阅读兴趣，扩大阅读范围。重庆大学图书馆将书评中心与"书香重大"书友会这一实体社团相结合，在现实中，以"书香重大"书友会为主导，引导读者在知识社团中按照兴趣形成自由阅读主题圈，举办各类读书活动，鼓励读者参与网上评书、读书沙龙等。书友会成立至今，坚持每月一期"好书推荐"，已举办 36 期；每周一次"与书同名"电影放映，共举办了150多场。另外，还发起了如晒书会、阅读主题交流等多场次阅读活动。

三、"书评中心"运作方式

（一）更改借阅流程

更改图书借阅流程是实现"书评中心"的必要步骤。加入虚拟书友会的读者，除了拥有相应的借阅权限外，对所借阅图书的评论或评分将成为借阅流程中的必备环节，并且可以通过书评得到的积分换取图书的借阅权限。书评可以是对图书内容的具体评价，也可以是对图书的评分。读者自愿加入虚拟书友会，即默认自愿撰写书评，分享书评给其他读者以作参考，如图8-2所示。

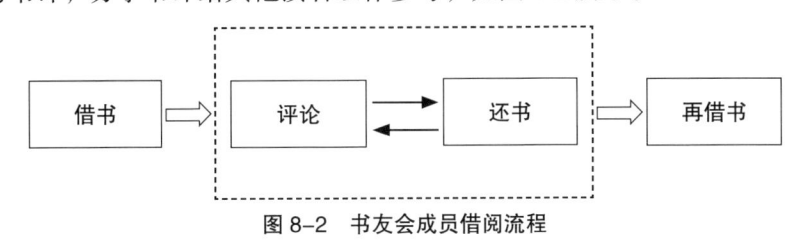

图 8-2　书友会成员借阅流程

评论设定了具体规则：

（1）书评实行自愿原则，借阅过书籍的读者可以选择是否发表书评。对于没有借阅过的书籍也可以发表书评，且不限条数。

（2）"我的书斋"中点击选择"加入书友会"并成功成为书友会成员的，必须对所借阅的图书进行书评。如没有发表评论，该书即使归还也视为没有归还，只是不计算超期罚款费用，但所能借阅的图书数量会相应减少。

（3）每条书评不少于10字，不超过1000字。

（4）书评内容不经过审核，直接发表在整个书评系统中，供所有读者查阅。

（5）每本书根据读者选择的评价档次（"力荐"记5星，"推荐"记4星，"还行"记3星，"较差"记2星，"很差"记1星）计算出平均值，显示在单本书的搜索页面，供读者参考。

图书评论有两种方式：

（1）读者借阅图书后可在"我的书斋"中的"书评中心"查看当前未评论的

书籍，点击链接便可进入书评页面进行点评。

（2）搜索图书时，可在单本书籍介绍页面进行书评。同时，读者可在"书评中心"看到自己撰写的所有书评、推荐书评、好友的书评和所有用户的书评，方便参考他人的读书体会。

（二）实行全面积分制

为了给读者提供尽可能多的有价值书评，"个人书斋"系统全面实行积分制度并对书评中心实施人工打分的管理措施。按照积分累计情况，个人书斋读者以书生身份分为童生（0—99分）、秀才（100—999分）、举人（1000—2999分）、贡士（3000—7999分）、进士（8000—19999分）、状元（20000分）六个等级。

（三）书评打分制度

2011年8月起开始实行书评积分制度。书评分值为：1—5分和推荐书评10分，六个等级。馆员和"书友会"社团中两名优秀读者根据书评的质量进行打分，该分值将加入到读者的"我的书斋"的系统积分中，获得10分分值的书评将会标记为"推荐书评"。

（四）评选优秀读者

为鼓励撰写优质书评，图书馆采取了长效的激励措施。"书评中心"每月评选十名读者为"阅读达人"，五名读者为"每月书生"。"阅读达人"和"每月书生"是针对书评质量开展的活动，系统根据书评数量、书评质量、借阅次数、读者信誉度等多方面综合对读者进行综合评定，奖励购书卡、U盘等小礼物。2011年11月至今，已评选读者"阅读达人"330名，"每月书生"66名，产生了广泛且良好的影响。

（五）推荐优秀书评

优秀书评具有良好的导读作用，为了扩大优秀书评的关注范围，增强其关注度，图书馆将优秀书评在不同渠道定期进行推送。如：最新"推荐书评"会在"我的书斋"主页中进行实时展示，读者登录"个人书斋"即可阅读；每月的"优秀书评"将定期在重庆大学图书馆官方微博上公布；"推荐书评"还将有机会发表在重庆大学图书馆馆办刊物《砚溪》杂志和《书苑》报纸上，或单独刊印的图书推介资料中。

（六）积分兑换策略

积分兑换是现代商业体系中常用的促销策略，积分兑换有助于增强用户黏性，加强用户体验等。图书馆积分策略引用到了"书评中心"，读者撰写书评所得个人积分可用于兑换图书馆纪念小礼品、图书借阅册数、节日礼物、参与图书馆"书生达人"的评选活动。如1000个积分可换取2册图书借阅权（500分兑1册，最多兑5册）、500个积分兑换《重庆大学学习生活羊皮书》等。此外，我们还会不定期进行书友福利活动，如圣诞节、元旦礼物兑换等。

第四节 "书评中心"运行效果与影响

一、构建了庞大丰富的原创书评数据库

目前，重庆大学图书馆已积累原创书评201700余条、精品书评12980条，平均每周新增书评1000条左右（数据采集于2016年8月1日）。2009年，鉴于"书斋系统"运行还不成熟，"书评中心"并没有做相关推广，因此2009年、2010年书评数量非常少。2011年10月，图书馆改版提升了"书斋系统"，同时实施了积分制度、最佳书生评选、积分兑换礼物等一系列推广活动；2011年11月和12月，书评总量有了一个巨大的提升。此后，随着激励制度的稳定持续实施，在2012年—2016年，每年的书评量达四万多条。据统计：2011年—2016年，总书评数量达到201570条，是2007年—2010年四年总量的94倍。

二、促进了馆藏借阅率

为了考察书评对借阅率的影响，笔者对馆藏图书进行了抽样，选取了累计书评量前20位、2009年以前入馆藏的图书，调查了其书评、推荐书评量和年均借阅量的变化。本次数据统计截至2015年12月。如表8-1所示：

表 8-1　书评量前 20 位图书借阅数据对比

序号	图书	分类号	书评数（条）	推荐书评（条）	年均借阅情况（次）书评系统前	年均借阅情况（次）书评系统后
1	《藏地密码》	I247	58	16	54	86
2	《恐惧与希望》	I267	48	6	9	1
3	《俞敏洪传奇》	K825	43	8	10	13
4	《高等数学重要习题集》	O13	39	9	28	23
5	《狼图腾》	I247	32	15	41	32
6	《读大学，究竟读什么》	G64	30	9	28	45
7	《那年的梦想》	I247	30	8	66	31
8	《生命中不能承受之轻》	I514	28	7	74	79
9	《十日谈》	I546	28	14	8	5
10	《许三观卖血记》	I247	27	9	34	49
11	《世界500强面试实录》	F27	26	5	18	33
12	《货币战争》	F83	24	11	36	58
13	《追风筝的人》	I712	28	14	36	61
14	《高效能人士的七个习惯》	F27	23	9	55	67
15	《东方快车谋杀案》	I561	22	10	58	65
16	《数学分析解题指南》	O17	21	5	29	31
17	《S7-300/400 PLC 原理与实用开发指南》	TP332	20	4	12	13
18	《数学建模及其基础知识详解》	O22	20	2	51	32
19	《数字电子技术基础（第五版）习题解答》	TN79	20	2	25	39
20	《数学分析习题集精选精解》	O17	18	3	34	47

可以看出，在"书评中心"推出后，所选取的图书有 15 种年均借阅量明显有所提高，尤其是文学类和教辅类文献，年均借阅量变化较大，表明这类图书的借阅率受书评影响较大。可见，"书评中心"的实施对图书借阅率有一定的促进作用。

三、读者参与度逐步提高，评价深入

以 2011 年 3 月"书评中心"正式运行为界点分析，个人图书馆"我的书斋"读者数量从 23117 人增加至 35694 人；书友会成员参与评论的人数比例从 18% 上升至 78.4%。书友会成员逐年增加，如表 8-2 所示：

表 8-2　书友会成员增长数量

年份	2011 年	2012 年	2013 年	2014 年	2015 年
书友会人数	4053	5368	6552	7173	7321

"书评中心"运行之初，很多读者无法适应借阅流程的变化，出现了诸如纯字符、书评内容与图书无关、单纯的复制粘贴类的无效评价。为此，重庆大学图书馆果断采取了一系列的激励和奖励措施。经过一段时间的观察，读者的积极性有明显的提升，书评质量有了较大的提高，评价也逐渐认真深入。如我们随机选取了 2008 年、2012 年、2014 年三年的九名读者书评，如图 8-3、图 8-4、图 8-5 所示。

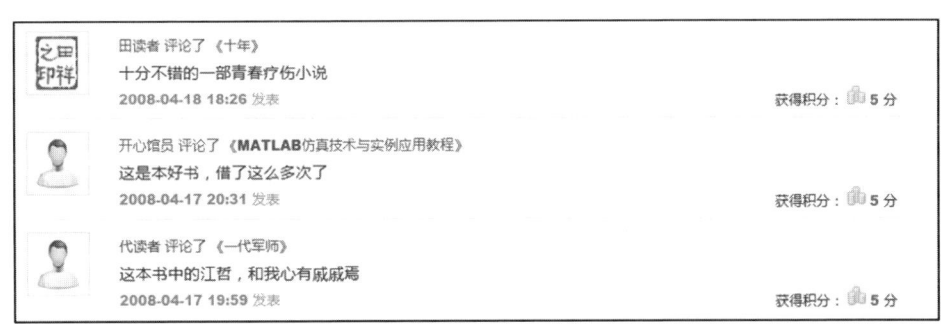

图 8-3　2008 年读者书评展示

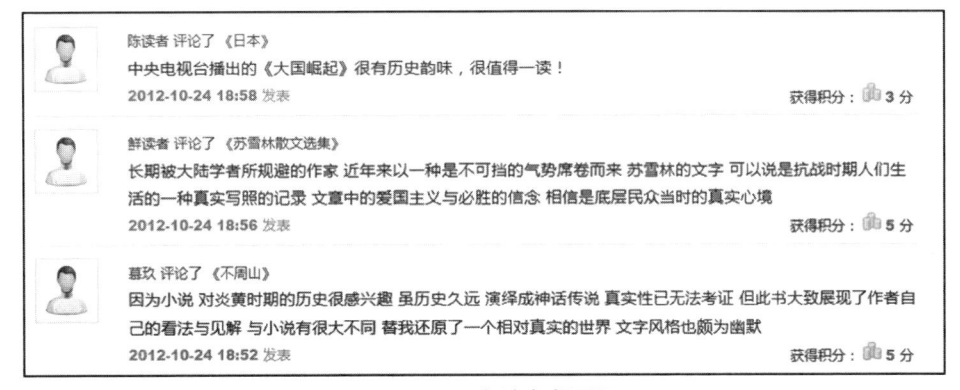

图 8-4　2012 年读者书评展示

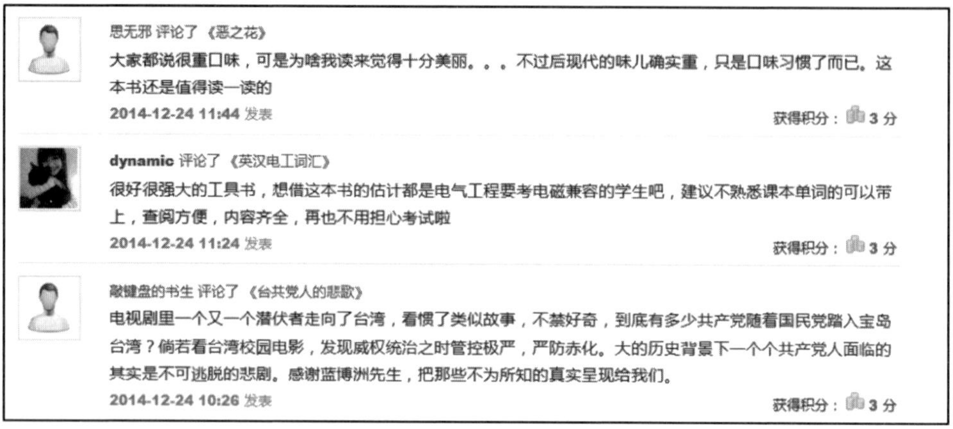

图 8-5　2014 年读者书评展示

对比发现，相较于 2009 年简单的一句话评价，2012 和 2014 年的书评内容是读者发表自己观点或看法，原创性提高，书评质量也提升不少。

四、来自读者的反馈

为了了解读者对"书评中心"的看法，笔者随机采访了五名不同学院的读者。其中两名读者表示不了解，从来没有用过；一名读者表示用过，但坚持不了，退出了书友会。来自机械学院的陈同学说：亚马逊和当当的排行榜书籍也是图书馆外借率最高的、评价最多的，别的同学的书评使他受益匪浅。外语学院的田同学说，自己因撰写书评三次被评为"阅读达人"，收到了图书馆的图书卡，可以买自己喜欢的书籍，非常开心。

第五节　启示与展望

（1）阅读是无限的，阅读推广是图书馆的使命。图书馆需要制订定期或者长期的阅读推广计划，广泛构建读者参与图书馆管理和服务的可持续性机制和措施，才可能对培养读者阅读兴趣，提升读者阅读质量产生作用。为此，我们还将不断推出新应用，甚至包括围绕图书的应用或小游戏，持续推广阅读。

（2）图书馆服务重在"以人为本"。"来自图书馆的毕业礼物"是我们下一步的构想，将每位读者大学四年阅读生活做以总结，形成个人阅读报告，将读者撰写的书评集结成册，送给毕业的同学作为礼物。

（3）"书评中心"将进一步融合多种媒体，利用微博、微信、个人图书馆APP、馆内信息平台终端等，尝试将书评系统拓展至移动阅读领域，让读者可以随时阅读，即时发送。

（4）进一步构建读者广泛参与的互动式推广模式。我们将努力改变传统图书馆为主体的单向推广模式，观察读者所借图书、阅读偏好、撰写书评等方面，形成以人物传记、推理小说、旅行美食等多种类兴趣爱好的阅读群体，增强读者与读者之间的互动，实现阅读推广。

第九讲

尊经重典校风薪传崇　阅尚读书香永继
——西南交通大学经典"悦"读推广实践

第一节　背景介绍

一、构建"书香社会"的时代要求

作为人类文明传承和文化传播的重要途径之一，阅读在世界上许多民族和国家都受到重视和推崇。1972年，联合国教科文组织向全世界发出了"走向阅读社会"的号召，要求社会成员人人读书，让读书成为人们日常生活中不可或缺的一部分。1995年，联合国教科文组织宣布4月23日为"世界读书日"。

在我国，开展"全民阅读"活动是中宣部、中央文明办和新闻出版总署贯彻落实党的十六大关于建设学习型社会要求的一项重要举措。2006年以来，在中宣部、中央文明办、新闻出版总署、文化部、国家广电总局、教育部、解放军总政宣传部、共青团中央、全国总工会、全国妇联等部门的共同倡导下，"全民阅读"活动在全国各地蓬勃发展。2015年3月5日第十二届全国人民代表大会第三次会议上，国务院总理李克强向大会做政府工作报告时指出，要让人民群众享有更多文化发展成果，倡导全民阅读，建设书香社会。这是继2014年政府工作报告中提出"倡导全民阅读"后，第二次将全民阅读写入政府工作报告，并在报告中首次提出"建设书香社会"。由此可见,阅读已成为我国文化发展的重要战略之一,阅读和阅读推广活动受到中央的高度重视和全民的广泛关注。

二、加强大学生素质教育的内在要求

早在1998年,教育部在《关于加强大学生文化素质教育的若干意见》中就明确提出:"大学生的基本素质包括思想道德素质、文化素质、专业素质和身体心理素质,其中文化素质是基础。我们所进行的加强文化素质教育工作。重点指人文素质教育……提高全体大学生的文化品位、审美情趣、人文素养和科学素质。"其后,为大力推进文化素质教育,教育部采取了多项措施并将其纳入到"高校本科教学质量和教学改革工程"中。作为素质教育的一个重要组成部分,阅读经典是完善大学生的人格和知识体系不可或缺的途径。高校有责任和义务重视经典阅读的推广工作,为在校大学生营造良好的阅读环境,提供优质的阅读条件。

作为高校的有机组成部分,图书馆在大学生的人文素质教育、信息素养教育方面承担着重要责任,而其丰富的文献典藏和专业人员,也在经典阅读推广方面有着得天独厚的优势。开展经典阅读推广,不仅能使高校图书馆进一步提高服务水平,深化阅读指导功能,拓展图书馆的生长空间,还有助于营造积极健康的校园阅读氛围,提升阅读风气,提高大学生的阅读质量和水平,营造先进的校园文化。

第二节 过程回顾

2009年—2013年,西南交通大学图书馆连续主办了五届"读书日"活动。活动的主体力量是图书馆青年馆员,推广宗旨是让全校师生享受读书之乐,由"阅读"之行,而享受到"悦读"之乐,进而达到"越读"之境。这五届"读书日"活动在组织上、内容上初步构建了阅读活动本土化特色,为下一阶段的经典阅读推广奠定了良好的基础。

第九讲　尊经重典校风薪传崇　阅尚读书香永继——西南交通大学经典"悦"读推广实践

西南交通大学图书馆经典"悦"读推广处于西南交通大学阅读推广工作的发展阶段，其标志性事件是 2014 年 1 月 1 日"西南交通大学经典阅读推荐书目"的正式发布。其后的两年，分别在 2015 年 1 月 1 日和 2016 年 1 月 5 日先后发布了"西南交通大学经典阅读推荐书目"2015 版、2016 版。

为扩大经典阅读推广的影响力，自 2014 年 1 月 17 日起，西南交通大学学校主页"交大文化"版块设立了"经典悦读"专栏，陆续对西南交通大学师生经典阅读读后感优秀作品进行展示，校内中层领导干部和各学院师生广泛参与，在校内掀起经典阅读的热潮。

2014 年—2016 年的"世界读书日"前后，西南交通大学都紧紧围绕经典"悦"读推广的重心，开展了丰富多彩的活动。例如 2014 年西南交通大学"4·23"世界读书日"悦"读系列活动中"经典的力量"演讲比赛活动、制发经典书籍口袋书、经典阅读调研、"经典悦读·一站到底"知识竞赛、"经典诵读"比赛活动，以及各学院读书类学生组织全面开展的"经典悦读"主题活动。2015 年 4 月 10 日，"新梦想·心悦读"西南交通大学"4·23"世界读书日系列活动中师生表演国学经典节目《乐舞吟诵》；百名学生集体朗读经典《劝学》，西南交通大学艺术与传播学院副院长甘霖带领学生表演了《邶风·击鼓》；2015 年 4 月 22 日，西南交通大学"'山海原'经典阅读网"成功上线；2015 年 6 月 16 日，西南交通大学启动了"智慧巡礼：经典导读系列论坛活动"。2016 年 4 月 23 日，"百廿路·万卷书"西南交通大学 120 周年校庆暨"4·23"世界读书日经典阅读推广系列活动，将学校推荐的 96 本经典图书以生动的形式图文并茂地呈现在读者面前，引导读者积极阅读，并与西南交通大学电视台合作策划推出了《"书影时光"——经典书目推介》电视节目。同时，在 2014 年和 2015 年孔子诞辰纪念日前后，西南交通大学图书馆先后策划了"追祭先贤　传承经典"——西南交通大学 2014 纪念孔子诞辰 2565 年"国学风"系列活动以及西南交通大学 120 周年校庆系列活动之"国学风"9·28 孔子诞辰日经典阅读推广主题活动。这两届活动从策划到实施，都以经典阅读推广为主，着力突出国学经典的特色，以传承国学经典作为阅读推广的切入点。

图 9-1　西南交通大学 4·23 世界读书日经典"悦"读推广活动现场图片及西南交通大学"孔子诞辰日"经典阅读推广主题活动宣传图片

第三节　经验分享

一、注重经典阅读推广工作的长效发展

（一）加强校内多元主体合作，共同促进阅读推广

机构之间常常具有差异性或互补性，而基于某种共识或共利基础的合作产生的协同效应，则往往可以创造出"1＋1＞2"的效果，从而实现合作机构的多方共赢。与校内其他二级单位相比，图书馆和学生之间的联系相对松散，因此图书馆单方面举办的活动，对学生的号召力和影响力都较为有限。也就是说，单纯依靠图书馆的力量，往往不能深入推进经典"悦"读推广工作，需要与校内其他二级单位合作。

西南交通大学图书馆在进行经典"悦"读推广过程中，与教学部门、学生工作部门以及部门院系（如校团委、校工会、学生处、教务处、外联处、国际处、党宣部、信息学院、生命学院、机械学院）建立起多元合作关系，协同制定整体性规划，整合各方资源，发挥各自优势，共同策划和举办阅读推动活动，以取得阅读推动的组合效益。多元化合作，不仅解决了图书馆活动号召力和影响力不足的难题，还提高了图书馆在本校学生中的能见度，提升了图书馆形象。

（二）成立专门机构，协调经典阅读推广目标规划

经典阅读推广牵涉的部门和人员较多，若无统一而稳定的组织，势必造成阅读推广的管理和执行上的不顺，造成推广效果欠佳、资源浪费等诸多问题。

鉴于此，西南交通大学在学校层面成立了经典阅读推进工作组，由副校长桂富强担任组长，图书馆馆长高凡担任秘书长。工作组成员有：教务处、研究生院、校团委、学生工作处、校工会、党委宣传部、文科建设处、对外合作与联络处、校出版社、图书馆等校内单位。

工作组每月召开一次经典阅读推广工作会议，各部门总结汇报经典阅读推广工作的开展情况，并对下一步推广工作进行部署、安排。同时，图书馆也抽调馆内精干力量，成立专门的阅读推广小组，对经典"悦"读推广活动进行统一协调和部署。该小组由青年馆员组成，平均年龄为35周岁，学习能力强，学科背景多元。阅读推广小组任务是在馆领导的指导下确立阅读推广的战略目标，制定规划和年度阅读推广计划，组织、协调、指导阅读推广工作，并对工作进行全面总结，执行表彰奖励措施。另外，2014年9月，图书馆支持学生成立了图书馆学生管理委员会（简称"图管会"）。图管会以建立和完善图书馆与学生沟通的长效机制，协助馆方进行日常的经典阅读推广工作，营造良好的阅读氛围，提升学生的阅读能力为宗旨。以上组织充分发挥各部门、各人员的特长和优势，大大提高了经典阅读推广工作效果。

（三）建立反馈结果追踪制度，促进阅读推广工作可持续发展

为了进一步提高和延伸经典阅读推广效果，必须注重活动反馈。同时，对于反馈这一重要环节，图书馆不能满足于得到一个反馈结果就终止，而是采取相应的纠正措施并不断跟踪，从深层次的推广链中得到更多反馈信息，以便为不断促进推广管理体系的发展完善提供改进依据。

与许多其他高校图书馆一样，西南交通大学图书馆在阅读推广过程中十分重视反馈机制的建立，注意对推广结果的反馈信息进行收集。推广效果追踪采用信息化管理方式和电子办公方式，例如通过微信、留言板、在线咨询等方式，实现读者与图书馆的对接，并将反馈结果及时呈报给相关部门，作为其进一步决策的重要依据。自2014年1月1日推出经典阅读推荐书目之后，西南交通大学图书

馆就结合学生的反馈情况以及最近三年图书馆借阅排行榜,依据通识性、经典性、可读性、兼容性、时代性等原则,分别在 2015 年和 2016 年对经典阅读书目进行了两次调整,使经典真正走进学生,让经典书目和在校学生的阅读习惯更为契合。

实践证明,建立反馈结果追踪制度,有利于根据反馈信息对经典阅读推广创新和促进推广效果的进一步提高。反馈结果追踪制度,不仅是进行反馈,而是要指出存在的问题并提出改进方式和方法,确定相应改进措施。这是一种依据反馈结果进行责任目标管理的有效方法,有利于促进经典阅读推广的可持续发展。

图 9-2　西南交通大学经典阅读推荐书目(2014 版、2015 版、2016 版)

(四)融入通识教育课程建设,让经典"悦"读推广服务于教学

通识教育课程建设与高校经典阅读推广之间有着不可分割的内在联系。通识教育是提高教学质量进而提高人才培养质量的基础性工作,其课程建设的内涵丰富,并将大学的课堂教学建立在经典阅读的基础上,对大学生人文素养的形成以及创造能力的培养具有十分重要的意义。通识教育课程建设与高校经典阅读推广工作在人才培养目标上是一致的。西南交通大学图书馆在阅读推广的实践中,尤其重视与通识教育紧密配合,把经典"悦"读推广服务融入到高校通识教育课程建设中去。

西南交通大学创建于1896年,是我国近代建校最早的国立大学之一,以"唐山交通大学"之名享誉海内外,素有"东方康奈尔"之称。自建校以来,学校即秉持"灌输文化尚交通"的历史使命,培养出一大批学贯中西的"通才"。以2013年9月19日西南交大第65任校长徐飞博士在"交大新闻网"上发表《通识教育再认识》为肇始,西南交大又开始大力推行通识教育。2014年3月24日,校长办公会审议通过了《西南交通大学通识教育整体方案》。根据学校通识教育方案的规划与课程体系的初步设计,进行通识课程的立项。同年7月1日,西南交通大学召开通识教育工作研讨会,并同时成立通识教育专家委员会,旨在深入推进通识教育。

西南交通大学通识教育课程体系划为七个模块,即,模块一:历史文化与人文情怀;模块二:哲学智慧与批判性思维;模块三:艺术体验与审美修养;模块四:社会科学与责任伦理;模块五:自然科学与科学精神;模块六:生态环境与生命关怀;模块七:交通工程与创新世界。西南交通大学的通识教育课程呈现普适性、深刻性、交叉性、国际性、特色性的特点,强调将人文教育和科学教育的有机融合,特别注重要求学生阅读,提倡扩大学生的阅读视野并要求学生对人类文明和文化发展过程中产生的经典文本进行深入研读,将经典阅读作为课程考核的方式和手段之一。

在充分了解学校通识教育精神、课程资源建设需求以及大学生读者的内在阅读需求基础上,西南交通大学图书馆参考主流媒体推荐书单,结合自身馆藏,广泛征求各学科专家、学者的意见与建议,于2014年1月1日出台了兼具通识性、经典性、全面性为一体的西南交通大学经典阅读推荐书目,指导学生选择经典进行深入阅读,帮助在校大学生养成健全的人格,培养学生高尚的精神品格和正确的价值观,增加学生知识的广度与深度,拓展学生视野,使学生兼备人文素养与科学素养,把学生培养成全面发展的人。其后,分别于2015年、2016年对书目进行部分调整,以期更加契合学校的通识教育课程发展。

(五)设立专门课程,让经典"悦"读推广实际指导学生阅读

为使经典阅读推广工作真正落到实处,真正有益于学生阅读能力的提升,西南交通大学图书馆开设了"阅读与欣赏"课。该课程的设立旨在促进经典阅读推

广，具体目标为：推介优秀经典读物、协调深浅阅读关系、增强学生自主性和积极性、提高学生的阅读鉴赏能力、提高学生的人文素养。

"阅读与欣赏"课授课教师以本馆馆员为主，采用团队授课模式。授课时，授课教师将主要精力放在推介读物，尤其是经典读物上，采用专题式推介（在调研的基础上，尝试预设多个话题，围绕话题进行推介）、热点推介（根据当时的社会、文化或出版传媒热点进行推介）、随机推介（需要教师始终保持阅读状态，由最近阅读图书展开联想式推介）等模式交叉进行。遴选馆员担任该课程的教师，乃是因为馆员具有长期和持续性的实际工作经验积累，在阅读推广上具备优势。馆员教师同时也是"高校读者"，这意味着他们对经典读物的诉求和高校读者有一定的相通之处：如希望读物具有经典性、通识性、趣味性、时代性等特征；并且，授课教师拥有不同的学科背景，采取团队授课的方式，既避免因个人学科背景所导致的经典读物推介和欣赏偏向所产生的单一化和封闭化，又利于授课教师之间互相学习，共同研究，充分发挥团队的智慧和力量，从实际出发解决实实在在的问题，让课程真正为通识教育和经典悦读推广服务。

该课程目的之一是有意识地引导学生由单纯地获得信息的"浅阅读"到获取知识的"深阅读"。因此，"阅读与欣赏"课在文本选择上尽量选择经典作品，最主要的参考来源是西南交通大学经典阅读推荐书目中出现的文本。在操作上，基于本校学生多学科的专业背景，选择读物时注重通识性；基于本校理工科占多数的学生现实，在选择读物时较侧重于人文类。

课程授课团队注重将学生课堂参与度与体验感纳入到评价的维度中来，考察学生对推介的经典文本的真实反应，比如是否感兴趣，能否主动参与话题讨论，能否主动推介读物，能否主动借阅推介读物，等等。原则是对选课学生做到既投其所好又有所坚持，具体操作方法是设置能够引导学生充分参与的话题；推介方式上切合其年龄、心理特征，引导选课学生主动深入分享。

调查显示，选课学生有提升阅读能力的诉求，因此该课程的目的之一是将抽象的"能力"落到可以检验的"实际"，操作方法为讲授并交流选书方法和技巧、不同文类作品的阅读和欣赏方式方法，注重学生的写读结合。

（六）精心打造假期品牌活动，实现经典"悦"读推广日常化

暑假是师生闲暇时间相对宽裕的时期，高校图书馆有效利用这一时间段，开展优质活动，将能够促进经典阅读推广的深入发展。西南交通大学图书馆在暑假期间精心组织策划的"带本书去旅行"活动，有效促进了经典"悦"读推广工作。

自2013年首次举办以来，西南交通大学图书馆"带本书去旅行"活动已经连续成功举办了四届。该活动遥承中国古代"行万里路，读万卷书"的优良文化传统，近接西南交通大学"精勤求学、敦笃励志、果毅力行、忠恕任事"的百年校训，希望学生在阅读和旅行中实现知识的积累、素质的提高以及自我的提升，是对图书馆服务新形式特别是对阅读推广工作的新探索和新尝试。该活动面向西南交通大学全体师生，分为暑假前、暑假中、新学期开学三个阶段进行，利用了线上和线下多种宣传渠道，联合学生社团、学院院系和其他职能部门（校工会、校团委）以及校外力量共同举办。活动启动以来，参与范围覆盖到西南交通大学各学院学生及教师。

该活动的实施要点体现在"暑假前""暑假中""开学后"三个阶段如何在师生选书及阅读方面给予积极协助和指导。

（1）暑假前：精心编制书目，开展借阅指导。在活动开始前，发布"带本书去旅行"暑假经典阅读推荐书目，并辅以简要的书评或介绍性文字，供活动参与者选择，并为有特殊需求的参与者提供个性化书单，从而使师生选书有章可循、有据可依，避免盲目和过度随意，能够在有限的时间内尽量对优质读物进行深入阅读。同时，在馆藏纸本有限的情况下，推荐并引导读者通过西南交通大学移动图书馆使用电子图书。

（2）暑假中：利用微博、微信等新媒体平台，为师生创设阅读交流虚拟社区，让有共同阅读趣味和阅读倾向的师生能够在活动参与过程中随时交流、分享读书心得；并为师生进行深入阅读提供必要的网络检索工具、途径和方法指导，帮助其提高阅读质量，在师生暑假期间的阅读过程中全程给予阅读关怀和跟踪服务。

（3）开学后：研究实证效果，持续开展活动。为更好掌握师生暑假中的阅读情况和活动效果，开学后组织后续活动和研究。通过征集汇总参加者的"游学漫记"和"行走光影"来了解师生的阅读体验。（"游学漫记"为参加者的读书笔记，

"行走光影"为参加者在游学中所拍摄的影音资料），并通过网络投票、现场分享和访谈方式对师生暑假阅读的总体表现进行广泛的收集和严密的论证，在可行性基础上围绕暑假经典阅读推荐书目继续开展更加丰富多彩的阅读活动。

"带本书去旅行"活动，始终坚持品质第一与服务至上的精神，探索了高校阅读推广领域内服务理念与服务形式的创新性和可能性。尤其要指出的是，西南交通大学图书馆在开展"带本书去旅行"活动中，并不是将主要注意力放在活动排场等表面层次上，而是始终坚持品质和服务，利用创意性的活动、经典的推荐书目、周全的服务，对师生的阅读有意识地进行良性引导和积极干预。"带本书去旅行"并非应景式活动，而是一项常规活动，并为此构建了较为完善的机制，涉及活动的运行、保障、调节、评估等环节，在资源整合、人员配置和经费管理等方面进行了科学规划和安排，从而确保了该活动的科学性、创造性和实效性。

图9-3　西南交通大学图书馆"带本书去旅行"活动宣传图片

（七）制订结集出版丛书计划，巩固经典"悦"读推广效果

高校主持出版阅读类读物的宗旨是为引领阅读方向，扭转不良阅读习惯，提高大学生群体对经典读物的关注度，最终指引阅读向"深阅读"的回归。在此宗旨指导下，同时更为了持续深入地巩固经典"悦"读推广效果，西南交大策划和组织出版了"经典悦读"丛书，目前已出版四辑。

西南交通大学成立了专门的"经典悦读"丛书编委会，并且多次召开编辑出版会议，来研讨、布置"经典悦读"丛书的编辑、发行、宣传、推广等工作。丛书序言由现任校长徐飞博士亲自执笔，"经典悦读"丛书从内容选择、书名、封面设计、内页排版，都倾注了参编人员的大量心血，极大地展示了学校在经典"悦"读推广活动中的成效。

图 9-4　西南交通大学"经典悦读"丛书（第一至四辑）

二、积极创新阅读推广思维，全面拓展推广路径

（一）转变思维，化"二维推广"为"立体推广"

目前，图书馆进行阅读推广的对象主要为在校大学生，这是一代成长在新媒体环境下的年轻读者，他们对微博、微信、网络视频、社交网站有着天然的亲近和依赖，获取资源的方式也更加多元、多样、高效。然而当前许多高校图书馆的阅读推广活动普遍存在着一些问题，比如以图书馆为中心的活动策划，忽略读者的阅读习惯和

接受体验，推广内容单调，形式单一，无法吸引读者；对读者体验重视不够，缺乏深层次沟通。以上问题对阅读推广服务的进一步发展产生了阻碍作用。可见，传统的经典阅读推广活动较为枯燥和单调，已经不能获得读者青睐，这实质上反映出生长于新媒体环境中的读者对于传统的经典阅读推广思维已经不再认可。

在新的形势下，如何提高读者对于经典阅读活动参与的主动性，是进行经典阅读推广的关键。"知之者不如好之者"，所以在经典阅读推广中，应该考虑激发读者对经典书籍的兴趣，以提高他们参与经典阅读的内在动力。阅读推广不应该是硬性灌输，而应该施以潜移默化的影响。图书馆必须改变传统模式，化单一、平面为多元立体，化简单、枯燥为生动多样，并且尤其关注活动的互动性，使广大读者能够产生浓厚的阅读兴趣，主动接触，使经典阅读推广重新焕发生机。因此，图书馆应该及时转变思维，尝试"立体推广"。

所谓"立体推广"，是指多角度、多方位、多层次、多渠道、多元化、多方式的推广思维。在此思维指导下，西南交通大学图书馆经典阅读推广活动该选择最优推广策略，运用最新推广手段，拓展推广渠道，全方位整合各种推广模式，制定长、短期相结合的推广战略目标，深入分析推广对象群体的特征，充分发挥新媒体技术手段，提升推广质量和效果，并充分利用本馆、本校乃至本行业和本地区一切可用的设施和人才，融展览、讲座、表演、组织读者进行相关文献阅读，与读者互动多种形式为一体，全方位、多层次地进行推广的思维。这种推广思维指导下的阅读推广工作将更加多元化和人性化，内容更加具备系统性和专题性，更加强调读者的参与性和互动性。

（二）有效路径一：微信平台推广

自 2011 年面世以来，微信凭借自身强大的社交功能，已经一跃成为国内目前最流行的社交网络工具。微信支持文字、图片、语音、视频等多种形式，可以为用户传播更有创意、更加生动的信息，而且更加符合年轻群体的生活方式、交流方式，所以受到在校大学生的普遍欢迎。国内已经有不少图书馆设立了官方微信公众号，而运用微信进行经典阅读推广，也是目前很多高校图书馆普遍采用的方式。微信可以通过丰富的展现形式，将经典读物以图片、视频、语音等立体形式予以呈现，以提高读者阅读经典的兴趣。同时，微信中基于熟人关系的"朋友圈"功能和转发功能,也有助于形成图书馆经典阅读推广的传播效应。

西南交通大学图书馆通过微信平台,在"悦新书"栏目中,定期推荐经典文本,帮助读者寻找适合自己的经典读物,营造良好的经典阅读氛围。在"悦经典"栏目中,不定期发布馆员创作的经典书评,促进学生对经典书籍的关注与交流,有利于引导更多读者深层次阅读经典,提高大学生的阅读鉴赏能力,也有利于推动大学生经典阅读工作的深入开展。同时通过微信平台进行导读,指导读者阅读经典书籍。此外还根据读者阅读趣味推送经典读物,以提高读者的阅读兴趣。通过经典推荐与经典导读,不但实现了"为人找书",也实现了"为书找人",帮助大学生更好地进行经典阅读,这对于大学生关注经典、喜欢经典具有非常重要的意义。同时,西南交通大学图书馆还在"悦图讯"发布与经典阅读相关的活动,如"带本书去旅行"等,通过线上线下互动,最大限度地宣传推广经典书籍,以吸引学生关注经典,喜欢经典,营造良好的经典阅读氛围。

图 9-5　西南交通大学图书馆在本馆微信公众号上开展经典"悦"读推广活动的推文截图

(三)有效路径二:微视频推广

运用视频荐书是网络时代新兴的阅读推广活动,是网络视频推广(Online Video Promotion,简称 OVP)的一种表现形式,通过在视频中对所需推荐的书籍进行推介,并将系列视频短片以各种形式放到互联网上传播,从而达到知识推广和文化建设目标。视频荐书通过多维形式,将文字、图像和声音有机地结合在一起,使得它与传统的推广模式相比宣传效果更好、针对性更强，同时视频荐书节目可跨地域、重复观看，其传播的广度是传统阅读推广方式无法达到的。图书馆视频推广制作成本低，图书馆工作人员、学生都可以制作拥有创意的微视频。其次，微视频免费上传到互联网后，又具备互动性和主动性的特点，读者可以通过文字、图片等形式对视频进行评论，发布者也可以对评论进行回复、交流。《书影时光》节目中，西南交通大学图书馆携手西南交通大学新闻中心电视台，精心选取了一批曾经或正在西南交通大学工作、学习的爱书人，以经典好书推介的方式，拍摄制作成视频短片，在微信平台和互联网上进行传播。

图9-6 西南交通大学图书馆与西南交通大学新闻中心电视台联合制作《书影时光》节目部分截图

第四节 结 语

作为校园的文化和信息中心，高校图书馆是开展阅读推广活动的主要阵地。西南交通大学经典"悦"读推广工作充分发挥各种资源优势，把阅读推广作为图书馆长期的工作重点，积极转变阅读推广的思维，多方探索有效的阅读推广路径，通过打造特色文化活动品牌，营造书香校园，培养学生阅读兴趣，提高学生文化素质，进而为推动全民阅读、建设书香社会贡献绵薄之力。

第十讲

以经典阅读为中心的高校阅读推广活动
——以华中师范大学"文华阅读季"为例

大学是青年学子读书成才的园地,图书馆是大学生最爱的校内读书场所。大学生除了要借助本专业教师的引导在图书馆获取专业知识领域的读物,也要阅读那些与他们心理成长和人格完善有关的课外书籍[①]。但根据目前调查结果显示,大学生的阅读活动正在受到教育功利化和网络传播方式的影响,面对专业学习和就业的压力,更多的大学生阅读活动普遍存在着主题单一、工具性阅读多于心理支持性阅读等特点[②]。手机的普及和网络的便捷,也让碎片化阅读、浅阅读成为大学生追捧的一种阅读方式。因此,如何激发当代大学生的读书兴趣,提高他们的阅读质量,引导他们阅读经典,是高校图书馆阅读推广活动的重点,也是难点。自2011年起,华中师范大学图书馆就成立了专门部门并安排专人负责阅读推广活动,尤其是每年围绕世界读书日开展的以经典阅读为中心的"文华阅读季"阅读推广系列主题活动,内容丰富多彩,形式灵活多变,成为我校深受学生欢迎的阅读品牌。

华中师范大学图书馆是如何开展这些活动呢?下边以经典阅读的系列活动为例,做一简要的介绍。

---

① 范并思.阅读推广:高校图书馆服务新常态.上海高校图书情报工作研究[J],2013(2):2.
② 苏海燕.大学图书馆阅读模式研究.山东图书馆学刊[J],2012(2)52.

第一节 活动开展前的准备工作

一、阅读推广团队：活动成功的保证

阅读推广活动，需要优秀的阅读推广馆员，需要一个优秀的阅读推广团队，单靠图书馆一个单位的几个人很难做好这项活动。为了做好这项活动，华中师范大学图书馆成立了由馆长直接领导，专业馆员负责，图书馆员、教师、学生各社团代表、各学院学研会代表等组成的活动小组，并与本校职能部门、本地区兄弟院校图书馆、社团以及社会组织，如省青年联合会等建立多元合作关系，共同策划组织实施活动。这其中图书馆人员主要负责活动的创意、指导和各项活动开展的协调工作，学生社团、各院系学研会代表及其他小组成员，主要负责活动的执行和宣传推广工作，同时也要参与共同策划各项活动。阅读推广活动因为与学生共同主办，既调动了学生的积极性，也让活动的设计更贴近学生的需求和爱好，有利于活动的宣传推广，加强了学生与图书馆的交流沟通，促进了学生与学生之间的分享，与社会团队的合作则能够开阔学生的视野。

因为学生社团和学生会成员处于流动的状态，所以必须有一个过硬的馆员团队作为支撑，担当学生团队工作的指导任务，并且建立健全相关的管理制度。这样从人力资源和管理制度两方面，保障阅读推广活动的顺利开展。在策划设计过程中，我们特别注意活动设计中的关联，注意创新性和常规性活动相结合，持续性的活动与轰动性的活动相结合，学术性与趣味性相结合，讲座与互动相结合，以便增强阅读推广活动的效果和影响。

二、经典：阅读推广活动的核心内容

华中师范大学图书馆根据本校文化特点和馆藏特色，将经典阅读作为推广活动的中心任务。以品读中华经典为主，旨在通过与先哲前贤进行跨越时空的对话，让中华文化在经典阅读中得到传承，让读者领会传统文化的精髓，提升读者的文化品位，愉悦人生；同时解析经典的成书特点、理论价值，以期激发读者的阅读兴趣，引导学生"爱经典，学经典，知经典"，从经典解读过程中增长知识，涵

养精神。正如梁启超所说，作为中国的学人，有必要读一些中国传统经典，有一个最低限度的必读书目；对那些"最有价值的文学作品"和"有益身心的格言"，还需要熟读成诵，能在我们的"下意识"扎根，不知不觉地发酵[①]。

三、丰富多采：吸引学生的源泉

在许多大学校园里，各种特色活动、专家讲座、社团活动总是精彩纷呈，学生可选择的余地非常大，如何将学生的眼球吸引到阅读推广活动中来，是策划者和组织者应该充分考虑到的问题。

（一）选题的系统性

华中师范大学图书馆每年一度开展"文华阅读季"活动，都预先确立一个主题，使阅读推广活动既有统一的规划，又有多种多样的安排，以避免一一活动跨年度而中断。在各个选题之间，尽可能保持一定的关联性，使阅读推广活动具有较强的系统性。这样的风格定位让听众产生连续参与的欲望，形成一种约会意识，从而产生一批忠实的粉丝。

（二）形式的多样化

阅读推广活动保持形式多样化，可以吸引学生关注的目光，吸引他们的参与积极性，激发他们的求知欲。在活动设计时，我们动员和利用各种人力和物力资源，设计丰富多彩的活动。活动的形式有专家学者的讲座，也有和学长的谈心交流；有漫画展览，也有书法欣赏；有音乐会，也有演讲比赛；有严肃的对话，也有活泼的讨论；有碎片化的阅读，也有连贯性的阅读；有室内活动，也有室外活动。活动的合作者有校内学生社团、学生会和研究生会，也有校外相关单位；有兄弟院校图书馆的支持，也有一些企业组织的赞助。我们期望借助灵活多变的形式，开展丰富多彩的活动，去争取较大的收获。

（三）时间安排

华中师范大学图书馆"文华阅读季"活动的开展，通常安排在每年3月下旬至6月中旬，主要是避开忙碌的开学季和考试季。而讲座、沙龙等大部分安排在

[①] 梁启超. 治国学杂话. 出版参考［J］, 2006（35）: 6.

周三、周四下午或晚间，这两个时间段正是学生稍有空闲的时候。这样的安排给学生提供了参与活动的时间，便于保持到场的人数。

第二节 以经典阅读为中心的活动内容

一、讲座：中华经典导读系列活动

为了做好中华经典导读，我们特别注意它的准确定位，从选题范围的规划到每个选题的确定，从学生的阅读需求到主讲嘉宾的选聘，都要彰显这项阅读活动的基本特质。

（一）定位

开展阅读推广活动，举办一场读书讲座，首先要明确核心听众。高校图书馆举办讲座的主要对象是高校读者，这些读者的受教育层次、阅读水平、欣赏能力等都比较高。我们把读书会的核心听众确定为在校学生，即主要面向在校大学生和研究生，举办了一系列专题读书会。

（二）确定选题

有了核心听众之后，再来规划选题范围。选题范围的规划决定着讲座的成败，所以不能盲目和草率，应该精心设计、系统规划，采用有主题、成系列的选题形式，使每一次讲座既能独立成篇，又具有一定的关联性，在广大听众中培养一种约会意识[1]。选题的确定，既要重视它的学术价值，又要关注它的现实意义。高校图书馆的读书讲座必须考虑在校学生的基本需求。从讲座的内容来看，听众如果一无所知，就很难产生参与热情，相反若是了然于心，也不会有太多关注。这就是文学评论界常说的"熟悉的陌生人"理论。从听众的角度来说，要讲究最佳的审美间隔，不能超出听众的审美期待，或者完全处于听众的预料之中。所以，华中师范大学图书馆举办"中华经典导读"系列讲座，从具有神秘色彩的《周易》开讲，接着讲先秦文化元典：《论语》《孙子》《老子》《庄子》等，而第二期，

---

[1] 孔令顺.讲坛类电视栏目的困惑与出路.[2007-09-26] http：//blog.sina.com.cn/s/blog_4c1ba39101000c8x.html.

第十讲　以经典阅读为中心的高校阅读推广活动——以华中师范大学"文华阅读季"为例

主要讲四大文学名著:《三国演义》《西游记》《水浒传》《红楼梦》,接下来再讲李白诗歌的张力、《诗经》中的恋诗等。在文学经典导读的讲座中,则要求主讲嘉宾结合当前热播的一些影视作品和对经典名著的戏说,与原著相比较来讲解,以帮助现场听众明白原著与戏说的区别,在给讲座增添趣味的同时,也保证讲座的学术性和权威性。选题本身的确定既要有一定的学术性,也要避免过于学术化,应当始终围绕经典导读的主旨,讲解每一部经典的成书特点、思想理论及其现代价值。这一讲座不同于课堂授课,每一讲都有特定的主题,都有不同的风格;也不像电视讲坛那样,只有演讲而没有问答,缺乏必要的现场互动,而是演讲与问答汇于一堂,知识与学术熔于一体。这对主讲嘉宾是一个挑战,所以在具体策划过程中,与主讲嘉宾沟通以确定讲座的主题,就显得非常重要。

图 10-1 "中华经典导读"系列活动照片

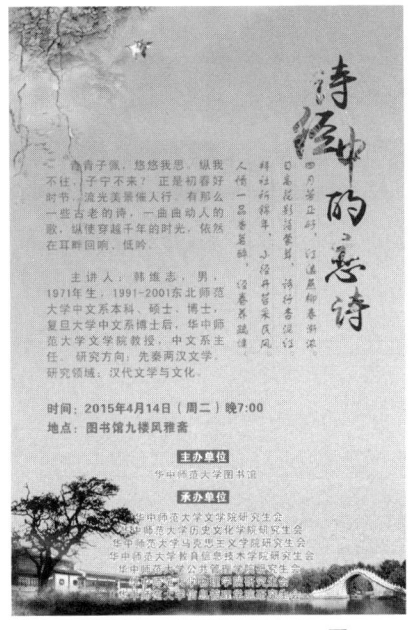

图 10-2 活动海报

（三）嘉宾的选择

筹划和举办读书讲座，要考虑主讲嘉宾的选择。高校图书馆举办读书讲座，应该聘请那些学有所长的专家学者作为主讲嘉宾，以保证讲座的可持续性、权威性及针对性。华中师范大学图书馆在确定以"中华经典导读"为选题范围时，就充分考虑到主讲嘉宾的选择，主要包括三个：一是本校资源。华中师范大学是国家"211工程"重点建设的大学，在人文学科领域拥有雄厚的师资力量，如中国史、汉语言文学、政治学、教育学等在国内高校学科排名均列前茅，这给读书会提供了有利的条件。"中华经典导读"系列讲座的主讲嘉宾，大部分来自华中师大历史文化学院、文学院、国学院等院系，组织者从中选聘深受学生喜爱且有号召力的主讲嘉宾。二是兄弟院校的资源。武汉地区拥有众多的高校，武汉大学、华中科技大学、中南民族大学、湖北大学等都有众多的专家学者，也可以成为读书会主讲嘉宾的来源。三是学术会议的资源。学校每年举办许多国际或国内高规格学术会议，图书馆抓住这些机会，与会议主办方联系，邀请一些与会专家学者担任读书会的主讲嘉宾，与大家分享读书心得。通过举办"中华经典导读"系列讲座，图书馆"风雅读书会"呈现出鲜明的个性，主要包括四个方面：与近期流行的电视讲坛相比，它更注重知识性与学术性的统一；与高校一般课堂相比，它的受众面更广；与校园其他讲座相比，它具有读书会的特点；与其他高校图书馆阅读推广活动相比，它的系统性更强。因此，这一阅读推广活动已成为华中师范大学图书馆的特色品牌，并产生了一定的知名度和影响。[①]

二、感受传统文化：经典产生的土壤和生存的环境

我们开展阅读推广活动，目的在于倡导阅读，并且是读好书，尤其是读经典，所以经典导读很重要。然而，若是只读经典，就有可能落下"只见树木，不见森林"的毛病。中国传统文化是经典形成的沃土，反过来经典又影响着传统文化的形成与传播。所以在开展活动时，我们从具体的《论语》《史记》《红楼梦》等经典延伸至抽象的中国传统文化，举办了有关中国非物质文化遗产的讲座、现场才

[①] 朱立红. 读书会在阅读推广中的重要作用——华中师范大学"风雅读书会"解析. 图书情报研究[J]，2015（4）：9.

艺展示、展览、交流等，内容包括楹联、书法、古琴和剪纸艺术等。通过深入浅出的讲解、参观、演示等诸多形式的活动，激发参与者对中国传统文化的兴趣，让他们进而了解和认识中国传统文化，更深入解读中华经典的内涵。

（一）"蓦然回首，那人却在灯火阑珊处——尊重传统　重温经典"系列活动

在书法艺术交流互动的活动中，中国书法家协会会员、博士生导师陈龙海教授以经典的"天下三大行书"——王羲之的《兰亭集序》、颜真卿的《祭侄文稿》和苏轼的《黄州寒食帖》为例，讲解了鉴赏书法的方法。他认为这些作品之所以得其盛名，不仅仅是因为其精湛的书法技艺，更是其文章里包含的时代环境、个人身世等文化背景。他认为只有知道传统文化的源头，才能真正了解书法，艺术评价的标准，就如南朝书家王僧虔在《笔意赞》中所说的"书之妙道，神采为上，形质次之，兼之者方可绍于古人"。在交流和书写环节，陈教授和现场的老教授为参与者挥毫展示了他们的书法功力。在两位大师的带领下，现场的学生们也都纷纷试手，陈教授对学生的部分作品也一一进行了点评，还有部分作品由学生之间互相进行了评点。

武术，是中国文化的载体之一。世界武术锦标赛裁判、博士生导师郑勤教授结合太极动作给师生讲解了武术中所包含的儒家、兵家、道家、佛家思想，一边表演一边教大家如何欣赏武术的姿势美、节奏美、劲力美，以及它们和中国古典美学之间的关系，并介绍了武术的基本礼仪以及在养生、防御方面的重要作用。最后，郑教授还现场教给大家一套太极操——"十五字功"，使师生们对武术有了更深刻的认识和了解，受益匪浅。

民间艺术永远是一个民族文化中最活跃的文化要素，在系列传统文化活动中，我们邀请了获得联合国教科文组织与中国民间文艺家协会共同授予的"民间工艺美术家"称号的的何红一教授，她做了题为《小剪刀里的大世界——中国民间剪纸的当代价值》的交流报告。这次活动包括两部分，第一，通过作品展示介绍剪纸在世界文化交流中的作用。何教授讲述了剪纸艺术在当代文化交流中的多重功用，并通过在各国作品交流展示活动中的亲身经历与思考，以及剪纸的图片展示示范，将民间剪纸在当代社会生活领域和对外文化交往中的价值一一做了展示。第二，师生互动学剪纸。何教授和大家一起互动做了一些简单的剪纸游戏，

并分享了自己的剪纸作品。

图 10-3 "蓦然回首,那人却在灯火阑珊处——尊重传统 重温经典"系列活动照片

(二)"古琴雅集"活动

古代的音乐与诗词之间有着密不可分的关系,让学生了解音乐与诗词之间的关系,有助于提升他们诵读诗词的兴致,增强他们对古典文学的审美情趣。在解读《诗经》和唐诗的活动中,我们增添了轻松愉快的古琴表演。为了这次表演,图书馆邀请了中国古代文学博士、越南古琴表演家阮延俊的古琴团队,他们在檀香袅袅中表演了《平沙落雁》《阳光三叠》《归去来辞》等十首古曲。在表演过程中,有学校广播台的主持人身着汉服,用纯美的声音对每首古曲的词、音韵、意境及古曲背后的故事等,做出唯美的介绍。表演团队中的四位大师,不仅有高超的表演技艺,而且有深厚的中国传统文化功底;不仅较好地诠释了古曲的含义,还灵活地回应了学生提出的各项要求。所以在演出过程中,有同学自愿上去合奏,与同学点奏曲子并配乐朗诵时,演奏家充分满足了各位学生的要求。这样一场集表演、互动于一体的活动,不仅有助于提高学生的艺术素养,还为"文华阅读季"凝聚了超高的人气。

图 10-4 "古琴雅集"活动现场——古琴表演

图 10-5 "古琴雅集"活动现场——学生参与活动

（三）碎片化阅读：换一种与经典相遇的方式

以严肃性与完整性为主的经典阅读活动，总会让人望而生畏，倘若对经典的导读都是正统和权威的说教，经典与普通读者的距离就会越来越远，就会人为制造"浅阅读"与"深阅读"、"碎片化阅读"与"完整阅读"、娱乐性与严肃性等的对立，实际上将读者逐渐推离经典。我们认为对一部分人来说经典不仅在于如何读，还在于读不读，"图书数字化的力量让我能够无视文本的次序、长度和可靠程度，随意从中摘取文字和信息"。经典可不可以这样读？对"浅阅读""碎片化"与娱乐性的批评，其实是对这种阅读方式持否定的态度。事实上，阅读具有私人性，读什么和怎么读由读者决定，"正在读"比"怎么读"更重要。对经典而言，作品还在那里，阅读的本质没有变，只是换一种与经典相遇的方式。基于此，在"中华经典导读"活动的基础上，图书馆结合学校的专业课设置情况和校园文化特点，又进行了一些引人入胜的新探索，以期完成从"浅阅读"到"深阅读"，变"碎片化阅读"为"系统化阅读"的转化[①]。如，"草木情缘——古典诗词中的桂子山植物"活动。

"草木情缘——古典诗词中的桂子山植物"活动的创意，主要来源于华中师大强调做好"讲华师的故事"。华师的故事已经讲了好多，我们一直想另辟蹊径，讲一个另类的华师故事。正好笔者读到商务印书馆推荐的好书《草木情缘——古典诗词中的植物》，在阅读中颇有感触，我们何不就此做一个专题？有了这个想法之后，搜索学校的课程，竟然发现其中有"桂子山的植物"这门课程，于是就决定在"文华阅读季"经典阅读系列活动中加入这项活动。

这项活动包含两个方面：一是图文展，一是图书展。

这项活动需要的元素很多，为了使展览看起来更有吸引力，我们找到学校专业的摄影组，拍出校园花草树木的图片，加入桂子山人文因素的植物照片。从生命科学院招募志愿者，在照片中标识出植物的名称，并与国学院、文学院古典文学专业的学生一起，从《诗经》《楚辞》"十三经"和汉赋、唐诗宋词、元曲等古代经典中找出与之相对应的古代诗词。内容包括古代名、现代名、植物的特性、古典文学中的植物名称、与古代礼仪相关的植物、植物背后的小故事、药用价值、植物引进史等。在每一幅照片下都有较详细的描述，每一句诗都表明诗句出处和作者。同时，在每一幅图片都留有空白，提供便利贴，鼓励学生将所知道的对应这种植物的诗句写下来。有些常见的植物，一时没找到吟诵的诗词，我们就留下空白，希望学生们能够补上，或者自己吟诵一首。这项活动需要多方配合，也需要一定的植物知识、药学知识和文学素养。在整个活动的准备中，学生既熟悉了相关知识，为学会了多方协调合作。这项活动实现了书画结合、图文结合、古今结合，并且兼顾文化素质教育、自然科学教育、艺术素质教育，拥有好书展览、

[①] 栾雪梅.经典阅读推广的误区及对策研究.图书情报工作［J］，2015，59（2）：52.

摄影展览、唯美诗句与生动图片的看点，尤其是这些植物出自我们身边，更能吸引广大学生的参与。在举办图文展的同时，我们还将图书馆馆藏中有关植物、植物与诗词等相关联的部分图书做了同步的展示。因此，这项活动不但凝聚了人气，还宣传了图书馆的馆藏。

图 10-6 "草木情缘——古典诗词中的桂子山植物"活动的展板及海报

（四）视觉经典阅读：读图时代的阅读推广方式

推广不应仅仅是广而告之，更应让读者摸得到、触得着、放不下，要重视阅读场景的建设，唤醒和保护读者阅读经典的兴趣。在视觉艺术日趋发达的今天，阅读不能仅停留在纸质文本上，影视作品、书画作品、摄影展等作为一种文化传播的重要介质，在校园文化生活中也占据重要的地位。读图是当代社会的阅读特征，过多的文字阐述会失去一些读者。以读图为主，用图片的形式来阐释作品，能简化阅读程序，使读者一目了然。人们在视觉艺术里更能获得愉悦与自由，视觉形式的艺术作品更容易引发读者继续探讨经典阅读的兴趣，所以说读图是阅读推广的另一种方式。

在"文华阅读季"期间，我们不定期举办周末经典影院活动，并且成立"文华观影沙龙"，邀请教师与学生一起欣赏和讨论，共同解读经典影视作品，每周五晚在QQ群上组织交流讨论，同时举办现场观影沙龙，鼓励读者撰写书评。

图 10-7 由"狼"引发的思考——《狼图腾》观影沙龙的海报

博物馆和艺术馆，是最能感受文化艺术气息的地方。趁着素有"民间故宫"美誉的荣宝斋湖北分店开业之际，我们联合荣宝斋做了"荣宝斋艺术之旅"的参观活动，带领学生了解了荣宝斋的历史沿革，观看了荣宝斋独特的木板水印手工艺，品味古代大师的笔墨丹青，还观摩了当代书画大家现场泼墨的气势。在古今艺术作品的对比欣赏中，感受文化在传承中的超越和创造，体会现代的审美情趣，感受当今艺术的新创意，让每一位前来参观的人都觉得不虚此行。

图 10-8 "荣宝斋艺术之旅"活动海报

图 10-9 "荣宝斋艺术之旅"活动照片

第三节　经典阅读活动的延伸

一、读书沙龙：学生自由交流的平台

读书沙龙活动为阅读推广和读者交流互动搭建了一个新平台，活动具有形式自由、互动充分等特点。沙龙有别于学术讲座，讲座是一群人听一个人讲，从中获得知识和信息，而沙龙则是大家互动，从中获得更丰富的信息或感悟。图书馆可依据不同的主题，设计不同的沙龙形式，不拘于某一特定的模式，充分互动是读书沙龙最大的特点和优势。华中师范大学图书馆"风雅读书会"围绕经典阅读，以本校各院学术部成员和学生志愿者为主体，图书馆工作人员为辅助，开展了一系列读书沙龙活动。这种以书会友的群体阅读活动，得到广大学生的热情支持，参与者通过心得交流，拓宽了个人的心灵空间。除了读书交流之外，读者沙龙还开展了一些辩论会，如"古典书籍通俗化有利于/不利于文化发展"等。

图 10-10　读书沙龙活动照片

二、经典朗诵和诗歌创作大赛

（一）经典朗诵

教育专家认为，"道德""情操""品性""气质"等人文素养，很难教成，要依靠陶冶、熏习、耳濡目染、潜移默化来养成。中华经典诵读活动让学生熟诵于口，濡染于心，使"润物无声"的经典成为提升学生品性和修养的精神养料。同时一些诗歌、散文或优美的片段，只有在不断吟诵中方能体现其神韵。经典诵

读活动的开展有助于对文化经典的理解,也有助于提高学生的审美情操。经典诵读活动要求参与者能够背诵出来,因为一个能背诵很多经典片段名句的学生,一定是一个有思想、有内涵的人。所以开展经典诵读比赛,有助于经典阅读活动的推广。

华中师范大学图书馆开展经典诵读活动,把参赛的范围确定为全校所有在校生,先院系预赛,再复赛,最后决赛,一共三轮,时间跨度两个月。为了美化诵读比赛现场,要求参赛者穿着适合的服装,有投影作为现场背景,表演形式不拘,配乐自由选择。因为是图书馆主办,在经典诵读决赛时,图书馆馆员也参加诵读活动,为这项活动增添了光彩。

(二)原创诗歌朗诵大赛

这次原创诗歌朗诵大赛,包括校内外30余位选手,近70篇原创诗歌。经过初赛比拼,最终有16位选手入选决赛。参赛选手大都围绕"金秋"主题来构思诗歌,或者讴歌母校,或者追忆亲人,或者抒发独特的人生感受,现代自由体诗歌和古典格律诗各放异彩,博得了现场观众的阵阵掌声。

在比赛过程中,担任评委的老师和学生分别就律诗创作、语言及情感掌控、朗诵的韵律美做了详细点评。比赛实行10分制,诗歌内容、朗诵技巧各占30%,语音表达和台风各占20%。最终决出一等奖一名,二等奖两名,三等奖三名。这次大赛,激发了参与者对诗歌创作的热爱,引起了不少观众的共鸣。

图10-11 原创诗歌朗诵大赛海报

图 10-12　经典诵读大赛活动照片

（三）从经典阅读延伸到学术写作指导

从阅读推广延伸至学术写作指导，是"文华阅读季"的一项重要内容。举办这一系列阅读活动，目的不啻是进行单方面的文化知识输入，还鼓励读者将学习的内容消化吸收，并尽可能地再输出出来。开展读者阅读感想交流是一种形式，学术写作指导也是一种重要形式，因此，华中师范大学图书馆针对不同读者对象的读书写作，推出"论文之道"系列讲座，旨在为在校学生就论文选题、写作规范、投稿技巧等问题答疑解惑；针对文学、史学等传统学科的读者举办"经典阅读与学术论文写作指导"；还在图书馆自己主办的报纸——《文华公书林》留出一个版面，专门刊登读者的读书感想、书籍评论等。

（四）学者、学长、馆员谈读书：提升有效阅读的途径

1. 学者谈读书与思考

俗话说，榜样的力量是无穷的。优秀学者的读书感受和学习经历，是不可多得的学术财富。借助读书日活动，华中师范大学图书馆邀请校内外著名学者来到读书会现场，与学生们面对面谈如何读书。如年逾八旬的熊铁基先生以"我的读书经历"为题，谈他少年时代在书籍稀少的情况下怎样如饥似渴地找书看，青年

时代遭逢政治运动又如何找书偷着学习的经历。他用自己一生的读书经历告诉大家，读书方法不需要标新立异，但读书一定要有谦逊的态度。社会学院江立华教授以"读书、思考、写作"为题，与学生进行交流和探讨，特别提到网上的一个调查。在国外的地铁上随处可见乘客读书和看报的身影，而在中国地铁上更多的是玩手机的"低头族"，对比十分鲜明；80%的国人每天读书时间不超过两小时，这种现象令人忧虑。然而，阅读是思考和写作的前提，更是一种生活方式。大学生应该明确自己读书的目的，不仅仅是为了更好的工作和更体面的收入，而是享受读书的乐趣、求知的快感。

华中师范大学副校长彭南生教授还以"读书与学问"为题，与学生交流读书体会。彭教授认为在人们的心中，自古至今读书和学问都是"二位一体"的关系，只有读好书才能做好学问。他以毛泽东晚年病重仍坚持读书为例，"饭可以一日不吃，觉可以一日不睡，但书不可以一日不看"，告诫同学们要多读书，读好书。他强调在读书时不仅要读有字书，还要读无字书。作为有字书的经典著作固然重要，但也不能忽略自然、社会这些无字书。而在平时生活中，要注意与不同学科背景的人交流，这样才能全面地思考与解决问题。

图 10-13　熊铁基先生"我的读书经历"讲座现场

第十讲　以经典阅读为中心的高校阅读推广活动——以华中师范大学"文华阅读季"为例

图 10-14 江立华教授 "读书、思考、写作"讲座现场

大学是积累知识、增长才干的地方。有不少学生很好奇，那些"学霸"，尤其是全面发展的同学，是如何安排时间来学习，在完成专业课程之外如何选择适合自己的书目，在有限的时间如何有效学习的？针对这些问题，华中师范大学图书馆策划和举办了系列活动："书香为伴　智慧同行——阅读之星分享交流会"，旨在回应那些想读书，却不知如何安排时间；爱读书，又不知如何挑选书目；常读书，总感觉收效不甚理想的问题……在广大学生的积极参与之下，这项活动收到了预期的效果。

图 10-15 "书香为伴　智慧同行"活动海报

203

2. 学长分享读书小秘密

图 10-16 "书香为伴　智慧同行"活动现场照片

3. 漫画：养成读书的好习惯

漫画是当今大学生非常喜欢的一种形式，较之一般的说教更容易让人接受。尊重学生的阅读习惯来做阅读推广，可以起到事半功倍的作用。如怎样读书？这是一部分有阅读障碍的学生亟须解决的问题，我们筹办系列漫画展，并在"前言"中这样写道：

读书的好习惯，你准备好了吗？为什么有的人读书效率很高，常常是事半功倍？而为什么有的人埋头苦读，却不得要领，所获甚少呢？这其中最为关键的一点，就在于你有没有好的读书习惯。

图 10-17　漫画展活动照片

第十讲　以经典阅读为中心的高校阅读推广活动——以华中师范大学"文华阅读季"为例

所谓读书习惯,就是那些经常被我们忽略,却又影响我们学习效率的一些小细节。如前人说:"不动笔墨不看书。"读书时随手做点札记是必要的。前人又说:"两耳不闻窗外事,一心只读圣贤书。"其本意是告诫我们要专心致志,不要三心二意。还有所谓"刚日读经、柔日读史"的说法,是说读书要有规划。最有趣的是,古人更有读书在马上、枕上和厕上的说法,是说如何抓住点滴的时间来阅读。

这组漫画以极具现代气息的笔触,生动展示了养成良好读书习惯的几个小细节,如果能将这些细节付之行动,就会大大提高我们的学习效率。请大家切记:一切良好的习惯都离不开恒久的坚持。

图 10-18　漫画展部分图片

第四节 结 语

华中师范大学图书馆的阅读推广活动,以文化经典为主,强调演讲和互动并重,集知识性、学术性、趣味性于一体,通过介绍经典、阅读经典、评论经典等系列活动,让经典走进读者的心灵,滋养在校大学生的心田,在培养正确的世界观、人生观、价值观方面,都发挥了重要作用。这一点从历次讲座的媒体报道中可以看出来。王玉德教授总结《周易》的三条智慧,分别是崇敬天地,因循自然;运动发展,感应变化;倡导创新,化繁为简;明确地指出《周易》是君子之学,而后阐释了君子应有的人生及君子要学会管理的思想。赵国华教授解读《孙子兵法》畅谈兵学精髓之"谋略",从"先知""庙算""利动""全胜""军争"与"权变"六个方面做了深入浅出的讲解,特别强调"谋略并不等于所谓阴谋、权术、诡计,它是人类参与社会活动的能力和方法",真正的谋略具有无规律性、超时代性、普遍性和灵活性的特点。刘固盛教授深度解析《庄子》,强烈批判车奴、房奴等"不逍遥""不正常"的社会现象,呼吁大学生要享受学习的乐趣,做到"物物而不物于物"。谭邦和教授从历史、文学和文化三个角度解读《三国演义》,呼吁读者打破故有思维,调整阅读心态、文化态度,不要用仰视的角度看待经典文学。戴建业教授在讲授"生命的激扬与民族的活力——李白诗歌纵谈",与学生交流时说:大学期间我们首先应该要认识自我,明白自己喜欢什么、能做什么、社会需要什么,这样才能规划好自己的人生,并提醒大家要注重提高自我修养,保持积极乐观的心态,做一个敢于说真话、办真事的"真人"。通过聆听讲座及与主讲嘉宾的交流,大学生不仅丰富了自己的文化知识,也被讲演者本身的学识功底和人格魅力所感染,更加热爱阅读。

经典阅读活动把藏书、读书、辅导、讨论连结在一起,让更多的读者走进图书馆,从而盘活了图书馆的各类资源,提高了文献信息资源的利用率,增进了读者与馆员之间的交流,加强了读者对图书馆的了解,让学生在精神上更亲近图书馆。社会各类媒体的宣传报道,如《光明日报》刊登《引领勤读书读好书的风气——记华中师范大学图书馆创新文化建设》,《湖北日报》刊登《华中师大:百年图书馆引领阅读风尚》,华大在线报道《世界读书日:校图书馆端出"文化大餐"》,等等，提升了华中师范大学图书馆在大众心目中的地位和形象，"好读书，读好书，读书好"成为学校一道靓丽的读书风景线。

在每一次读书会之后，图书馆做出相应的报道，可以让更多人分享成果。图书馆每举办一场讲座，都会在最短时间内写出报道稿件，发给校园网、图书馆网站及校外媒体。为了保证报道稿件的时效性和专业性，图书馆安排专门的学生记者，从不同角度对读书会活动进行报道。正因为如此，自以经典阅读为核心的阅读推广活动开展以来，有关"风雅读书会""文华阅读季"的报道多达百余篇，《光明日报》《湖北日报》《长江日报》《南方都市报》《华中师大报》《华中师大研究生报》等纸质媒体及人民网、新华网、凤凰网、CHINADAILY 国际频道、新浪网、搜狐网、雅虎网、中国新闻网、华师新闻网等网络媒体等共计百家，都有相关的报道。这些报道使"书香校园"渐变成"书香社会"，产生了极大的社会影响。我们把这些媒体报道的原文、照片、截图等进行搜集和整理，通过多种渠道进行二次报道，将来我们希望等条件成熟的时候，把那些优秀的新闻稿件整理成册而后出版。

第十一讲

书与剧的碰撞 你与我的思扬
——天津财经大学图书馆阅读推广案例

大学阶段是大学生提高阅读能力、增加阅读量的黄金时期，但大学生在面对各种文化、接触媒体时，浮躁的心态成为主流，很少有人愿意坐下来品读一本书，进而逐渐减少了阅读的时间，陷入了文化快消费的处境。在当下各种快节奏的浪潮里，阅读这种保持心灵宁静的方法被逐渐淹没在各种眼花缭乱的信息更替之间。有了网络、手机、电视等多种媒介手段之后，高校图书馆传统的阅读推广模式显得形式相对单一。读书征文、读书心得等传统的阅读活动对学生的吸引力越来越小，同学们的参与兴趣也呈下降趋势，大学生阅读推广显得力不从心。怎样在大学校园中推广阅读，让阅读以大家喜闻乐见的形式开展起来，成了当务之急，因此高校图书馆在继承传统的前提下如何创新阅读推广形式，积极拓展更广阔的阅读推广思路显得尤为重要。天津财经大学图书馆已举办三届的"书与剧的碰撞 你与我的思扬"话剧比赛是由校图书馆主办并指导旗下思扬读书会承办的一项阅读推广活动，是图书馆为阅读推广所做的有益探索和尝试。

第一节 思扬话剧比赛的创立缘由

思扬话剧比赛的创意最早来自学生的提议。同学们受中学时代课本剧的启发而萌发要做话剧比赛的想法。中学时代,老师为了调动大家的学习积极性,让大家将书中的经典片段改编成课本剧在舞台上进行展演,例如《孔雀东南飞》《梁山伯与祝英台》《荆轲刺秦王》《鸿门宴》等经典文章。走进大学,专业知识学习成为大学生的主要任务,很少有时间再从课本中阅读经典。受此启发,一部分学生觉得课本剧的形式可以在阅读推广上进行借鉴并拓展,以前是将课本中的内容搬上舞台,现在可以将名著中的经典片段呈现在舞台上;以前是展演,现在可以用比赛的形式来激发大家的参与热情;以前是原文再现,现在可以根据自己的理解进行创新。

此外,图书馆在指导思扬读书会活动中发现天津财经大学学生话剧社团较多,学生非常喜欢话剧这种艺术表现形式,但大多数话剧社团的剧目通常只能面对本院系学生展示,他们缺乏一个面向全校展示的平台,会员遍布各系的思扬读书会恰恰可以成为搭建这个平台的最佳选择。

还有一点也很重要,那就是天津有着深厚的话剧基础,话剧这种艺术表现形式也深受大学生的喜爱,使得校园话剧成为大学校园文化的载体之一,话剧社团以其不同于其他社团和组织的性质和特点,对培养大学生综合素质、繁荣校园文化具有特殊作用,是大学生校园文化中的重要组成部分,是实施素质教育、培养高素质人才的重要途径[1],在校园文化建设和培养全面发展的高素质人才方面具有不可低估的作用。天津财经大学目前有各类学生话剧社团十多个,几乎每个系都有一个话剧社。校内众多话剧社是基础,而话剧社又是学校众多社团中最受学生欢迎的,说明话剧的表现形式是学生最容易接受和参与的,这样就为组织话剧比赛奠定了良好的群众基础。比赛无疑为学生们搭建了一个竞争更是切磋与交流的平台,这样就调动了大家的参与积极性。

针对这种情况,我们决定大胆尝试以经典名著为基础,由思扬读书会牵头,组织校内各话剧社团,用话剧形式展现经典名著,将经典名著改编成话剧(片断),把经典名著中静止的画面、无声的场景,用学生的理解视角鲜活地呈现给读者,作为我们阅读推广活动新的尝试,这样能有效地激发读者阅读原著的兴趣,形式

---

[1] 王雨海,孙祯祯.论高校话剧社团对大学生综合素质的培养[J].周口师范学院学报,2014,(3):131-134.

新颖，读者参与度高，能获得更为持久广泛的推广效应。

第二节　主题的选择与诠释

迄今为止，天津财经大学图书馆已经成功举办了三届比赛，比赛创建伊始，明确话剧比赛的目的是激发大学生阅读的兴趣，帮助养成阅读的习惯，最终要在校园里形成一定积极的影响，营造大学生崇尚阅读的氛围。话剧本身有一个很大的优势在于它能简化深刻枯燥的文学著作。很多大学生无法坚持阅读的一个理由就是书过于枯燥难懂。用话剧来呈现书籍的主题无疑会变得生动形象，利于理解，大学生也更容易接受，且参与度高。话剧由两个重要的部分组成：一个是优秀的剧本，一个是优秀的表演。经典文学恰恰能够给剧本提供最好的核心价值。不论是对书籍原始故事的改编还是再创作，都将通过对该文学价值观的深入了解才能写出完美剧本。而不仅仅是写剧本的人，当我们分享这些优秀剧本的时候，更多的读者将了解到这些优秀的书籍。有了剧本，舞台的表现力必不可少，演员精彩的演绎必将吸引人的眼球。通过这些表演，提高阅读热情，也许不同的人会有不同理解，但是引起关注和兴趣这一目的已然达到。图书馆、思扬读书会有别于校内其他部门和社团办的话剧比赛，我们对话剧主题的定位明确表明和经典书籍相关。主题"书与剧的碰撞　你与我的思扬"，从名称来看，前半句表达了我们选择话剧这一艺术形式对于推广阅读经典书籍的重要看法。而这本"书"，指的是经典名著，经典名著是永远不会过时的养料。大学生应该去体验这些经典的魅力。而我们就为此提供了一个舞台，那就是"剧"。将"剧"的创作方向划分到经典名著这一方面，就是为了推广阅读这些书籍，另一点是为了让大学生参与其中，以另一种艺术形式让大学生重新看待阅读和名著。主题的后半句"思扬"两字一语双关。一方面是契合话剧承办方思扬读书会的名字，另一方面寄托了话剧比赛对于大学生放飞思想的期望。解放大学生的思想，完善大学生的价值观，成为话剧比赛的目的。

图 11-1 话剧比赛现场照片一　　　　图 11-2 话剧比赛现场照片二

第三节　社团的筛选及活动的实施

一、活动的前期组织与实施

在 2014 年、2015 年成功举办两届话剧比赛后，第三届话剧比赛延续了以前的主题。改编经典著作、表演话剧将书本和话剧有机结合起来，重现经典，延续经典。从三届比赛的过程来看，活动的前期主要经历了三个阶段：

1. 第一阶段　制订活动计划

思扬读书会指导老师与部长团成员开会制订话剧比赛的前期工作计划，由第一届探索到后两届不断完善，主要是保留成功部分，弥补遗憾，参考前面话剧比赛的相关资料，在此基础上查漏补缺并有所创新。

2. 第二阶段　按照社团构建，在图书馆老师指导下制定详细人员分工、具体工作流程和职责

会长及副会长：负责各个话剧社之间、各个部门之间的沟通和协调工作。

（1）邀请评委；

（2）邀请主持人；

（3）联系摄像、摄影人员；

（4）社团内部招募志愿者作为场控人员。

人力部：协调各个话剧社，统计各个话剧社比赛时所需要用到的道具。

（1）联系各话剧社负责人，发放邀请函，协调比赛时间；

（2）按规定时间向话剧社收取剧本，交给学术部以供汇总审核；

（3）比赛前组织话剧社抽签决定上场顺序；

（4）采购比赛用品，定制奖杯、奖状、奖品，租借道具；

（5）赛后归还租借道具。

活动部：负责初赛的策划及协调，比赛时的串场，制作评分表和安排场地座位等工作。

（1）精密策划，保证比赛无漏洞；

（2）组织赛前彩排及串场；

（3）安排串场节目；

（4）制作评分表、比赛流程表；

（5）安排各社团在报告厅的候场区域及亲友团座位；

（6）整理比赛过程的影像资料；

（7）赛后组织各部门总结。

宣传部：PPT制作以及比赛时仪器的控制。

（1）制作邀请函；

（2）准备相关宣传（海报、比赛用视频、音乐、PPT等）；

（3）派技术人员在比赛过程中控制电脑及相关设备；

（4）设计奖杯、奖状样式。

秘书处：推送比赛消息通知，进行赛前比赛信息推广。

（1）在微信公众平台上推送话剧比赛及参赛社团的消息；

（2）组织前期网投；

（3）将比赛结果及比赛照片推送到微信公众平台。

学术部：筛选初赛剧本。

（1）写宣传语；

（2）汇总剧本出处，节目名称；

（3）审核剧本是否符合参赛要求。

志愿者：会场布置、服务、清洁。

（1）布置会场；

（2）场控，维持秩序；

（3）通知话剧社出场；

（4）搬道具；

（5）记分；

（6）赛后合影，打扫会场。

3. 第三阶段　查漏补缺做好比赛准备

各个部门准备到位以后，进行最后的工作排查。比赛前组织话剧比赛志愿者培训，根据参与时间进行明确分工，做好赛前的相关准备工作，确保话剧比赛顺利举办。

二、话剧社团的组织与筛选

话剧比赛离不开各话剧社团，从已举办的三届比赛来看，从第一届担心参赛社团偏少，到第三届比赛需要通过初赛和决赛两个阶段进行，见证了活动受学生欢迎的程度。第三届比赛由于报名的社团比较多，受时间和场地限制，我们进行了初赛。为公平起见，初赛由思扬读书会组织所有报名参与的社团通过各个话剧社拟展演的命题剧本，初步判定各个话剧社的表现能力以及舞台控制能力，确定通过同题表演方式决定晋级决赛社团。各社团代表为评委，在初赛前三天公布剧本——《雷雨》节选，在短时间的排练后考查话剧社的舞台表现能力，9个话剧社轮流上台进行一个 5—10 分钟的小型演出。最终选出 6 个话剧社参加决赛。

图 11-3　话剧社团筛选现场

初赛评分细则：每个话剧社出一个代表作为评委，思扬读书会出三个人作为评委。着重注意舞台表现能力和台风，评分采取扣掉最高分和扣掉最低分最后取平均分的制度。

初赛流程：（1）赛前定时推送剧本；（2）赛前抽签决定上场顺序；（3）主持人开场；（4）各个话剧社轮流上台表演；（5）评委评分；（6）公布分数，选出进入决赛的名单。

第四节　决赛的实施

各话剧社团经过初赛选拔，六个社团以较高的表演水平成功进入总决赛，为学校师生呈现了一场精彩绝伦的话剧演出。思扬读书会对决赛的方方面面做了细致入微的策划，主要包括赛前各方人员沟通、赛前会场布置、特别演出人员邀请、活动演出流程以及评委选择及评分细则拟定。

一、赛前各方人员沟通

话剧比赛早期由图书馆主办，第三届比赛前学工部也参与其中，均由思扬读书会承办，各院系话剧社团出演，组织活动与演出活动分离，因此，与话剧社的赛前沟通必不可少。为了给学生更大的展示空间，保证正确的阅读导向，图书馆事先对参赛话剧剧本做汇总审查，要求参赛话剧社团展演剧目取得所在学工部专职书记的同意，话剧社才可投入排练和比赛。图书馆在话剧表演的剧本、人员、演出形式、道具方面，积极和学生管理部门沟通，只在大的原则问题上进行把关，对具体细节不进行过多的干涉，尽量给予话剧社更大创作空间，对于一些不适合学生的题材和不文明的台词进行审核及劝改，在演出到位时间、顺序、道具搬放、评比原则以及彩排等各发面都积极沟通，最终使比赛成为各学生话剧社团的盛会。不仅仅是与话剧社沟通，活动组织所涉及的各部门分工、演出会场地申请、主持人串场、评委邀请等都需要赛前交流，各方达成共识是活动举办的前提。

二、赛前会场布置

赛前会场布置主要分为两个方面：一是会场装饰，二是演出设备到位。对于会场装饰，我们进行了细致的分工，一方面，采用了气球串、拉花等装饰物以及张贴醒目海报；另一方面，对观众席、准备区进行细致的区域划分。演出设备方面，图书馆给予极大的帮助，灯花、地麦、话筒、音响、背景屏一一到位。

图 11-4　会场布置

三、特别演出人员的邀请

秉承通过话剧比赛达到读书交流的宗旨，图书馆还邀请了校外天津朗诵艺术团以及本校个人兴趣工作室话剧社来演出，不直接参与比赛。一方面，在话剧题材、演出形式方面双方进行了交流学习；另一方面，也借机宣传了话剧比赛的举办宗旨，扩大了影响力。另外，图书馆还邀请校灵魂舞社、校舞团等校内其他社团为活动开、串场，活跃场内气氛，增添活动趣味，同时也起到吸引师生、扩展读书交流活动宗旨的效果。

四、活动演出流程

活动流程大体分为舞社开场、话剧社演出、主持人串场、公布比分、颁发奖状这五个环节，细节方面还包括道具摆放及回收、通知话剧社上场、PPT准时播放、评分录入等。话剧社演出顺序按照抽签决定，保证公平公正，同时中间时段以及结尾由特邀嘉宾出演，为评分录入、计算及奖状书写预留时间；表演间隙由主持人串场，同时进行道具回收及摆放，最后以公布比赛评分、颁发奖状为结尾。

五、评委选择及评分细则拟定

为了保证比赛的公平公正，评委选择方面，比赛选择校教务处、宣传部、图书馆等相对面向全校的部门领导和艺术学院及中文系专业教师担任评委。为体现学生的参与，在组织第一届比赛时我们现场抽取30名学生担任大众评委，考虑到各话剧社到场粉丝不均衡，从第二届起改为参赛话剧社中各出一名人员充当大众评委，以保证话剧的评分质量，又兼顾大众的审美。评分细则方面，从主题、节目编排及团队合作、表演技巧、效果、时间控制五个方面进行比分分配，同时对教师评委、大众评委进行"七三"加权，得到最后的总分。

根据详尽的决赛活动策划，在图书馆馆员、思扬读书会学生们的辛勤努力下，整个话剧比赛设想一一得到具体实施，保证了比赛的成功举办。

第五节 网络及校园推广设计

一、思扬话剧比赛推广平台系统

考虑到思扬话剧比赛活动主要对象是学生，依据他们接收信息来源的习惯，前期宣传活动主要依托于"天财思扬读书会"这一公众号，图书馆网页和校园网网页只发布官方信息，活动具体进展则通过学生们阅读思扬公众号定期推送及朋友圈转发来进行,借此了解话剧比赛详情以及参与网上投票。"思扬"秘书处负责制作话剧比赛相关消息并及时发布。如第三届初赛消息,在活动完毕当天即行推送,宣布晋级决赛的话剧社名单并为话剧比赛决赛进行了出场社团的预告(包括预赛晋级话剧社团和直接晋级的话剧社团)。每届比赛距决赛还剩十一天时,公众号开始陆续发出各参赛话剧社的社团介绍、比赛剧目介绍以及特邀嘉宾介绍的推送。由人力部与话剧社和嘉宾取得联系,再向各话剧社社长采集该社团文字与图片材料交到秘书处,然后由秘书处部员进行编辑排版发出,各话剧社团成员积极转发推文。在距离话剧比赛还有十天时,开始每天发布倒计时推送,为话剧比赛造势,并在公众号举行投票活动。话剧比赛决赛时,由天财记者团及图书馆提供图片素材,思扬读书会提供文字素材,再由秘书处整合成推送回顾比赛的全过程。

二、思扬话剧比赛活动投票系统

思扬话剧比赛借助微信公众号的投票系统举行最具人气奖的投票活动,以公众号原有用户人数为基础,依靠天津财经大学各大院系参赛话剧社团成员的转发及拉票,提高思扬话剧比赛的影响力,借此提高思扬读书会社团及公众号的知名度和关注度。最具人气奖投票活动始于话剧比赛举行前八天,在举行投票活动的前两天先对最具人气奖的投票比赛进行预告及造势,并对话剧比赛进行倒计时和造势。投票活动的图片文字材料由人力资源部向各话剧社社长采集,然后交由秘书处进行编辑公众号投票系统,编辑完成后由各话剧社社长确认其信息准确性和需要更改的内容,然后在倒计时第八天的12:00准时以微信推送的形式发送投票推文,面对全校正式开始投票,并设置了公众号的菜单栏和关键字自动回复系统,使同学们便于直接从公众号中直接寻找投票推文进行投票。各大话剧社团成员为提高其在校人气,竞相拉票转发,全校同学为支持自己院系的话剧社,或自己喜欢的话剧社,竞相参与投票。同时也开始关注思扬读书会的公众号,提高了思扬读书会的知名度。在这个过程中扩大了图书馆和思扬读书会的影响力,投票截止话剧比赛前一天的24:00,三届比赛共有近2.2万人次参与了投票,关注思扬读书会公众号的人数在投票活动中也有显著增加。

三、校内媒体宣传

话剧比赛的媒体宣传共分为三个部分：图书馆多媒体宣传、公众号线上宣传以及校园其他媒体宣传。

在图书馆多媒体宣传方面，思扬读书会在比赛两个星期前依据参赛话剧社递交的相关图文资料，由宣传部进行宣传 PPT 的制作，制作完成之后在图书馆大厅的大屏幕上滚动播出，并附加决赛倒计时。

在公众号线上宣传方面，思扬读书会的公众号提前一个月进行话剧比赛的宣传活动，介绍相关书目，并在决赛前十天，以每天介绍一个参赛话剧社和线上投出最具人气奖的方式进行多元宣传。

校园其他媒体方面，邀请记者团进行跟踪报道，在最具校园影响力的校园新闻上占据一期的头版。

第六节 学校思扬话剧比赛宣传推广活动的设计

一、前期联络工作

一场精美的比赛不仅仅需要承办方的全力以赴，同时也少不了参赛者的热情与认真。也正因如此，人力部在赛前主要负责与参赛话剧社的联系工作。下面，分阶段详细说明联系过程中的优点与需要注意的地方，即分别对报名、初赛前以及决赛前三个时间段进行阐述。

（一）报名

我们话剧比赛时间为每年 11 月上中旬，时间选择考虑是基于此时学生基本没有考试，新入学的学生互相已经比较熟悉，每年 10 月份学校社团纳新也已告一段落，活动对学生的正常学习影响最小。比赛前期，人力部通过多种途径了解学校正式注册的校级话剧社团联系方式，并与每一个话剧社初步确定参赛意愿。随着各话剧社陆续完成换届、纳新、活动展开，最终完成话剧比赛的报名以及与各个话剧社的联络。在持续跟进与两次确认报名之后，报名正式结束。

（二）初赛前

通常图书馆指导思扬读书会和参赛话剧社召开赛前讨论会。会上，图书馆思扬读书会指导老师就比赛宗旨、相关事项听取各话剧社团的建议和想法，与各社团就剧目选择、表演时间和比赛规则进行有益的商讨，图书馆在把握大原则的基础上，放手让思扬读书会的同学们具体实施相关计划，依照赛前讨论会达成的共识，落实每一个细节。一场比赛，制定规则是最重要的事情之一。在第三届比赛时，由于参赛话剧社团较多，依据规则，图书馆事先邀集各个话剧社的负责人通过商议达成基本共识。根据前两届经验，增加了初赛环节，在这个过程中，各话剧社负责人与人力部进行联系沟通，在沟通过程中，坚持基本规则，不轻易改变。对一些不确定的细节问题，图书馆指导学生通过及时与会长以及部长团成员进行商讨来解决问题。这一过程锻炼培养了学生的分析、解决问题的能力，也增进了学生对图书馆的了解。

（三）决赛前

经过初赛，有三个话剧社无缘决赛，由于时间比较紧张和参赛社团之多超出预料，我们对比赛规则不得不又做出微调，对于决赛准备过程中出现的种种问题更要仔细考量，不要轻易给各话剧社模糊的答案。面对个别问题的时候，为了保护学生参与活动的积极性，尽可能考虑大多数话剧社的感受，力求公平公正、概念准确、逻辑清晰。同时，图书馆人力部也充分考虑各个话剧社排练的辛苦与认真，还进行了一次赛前的探班。通过这样的活动，思扬读书会和话剧社之间的联系更加紧密，同时也掌握了参赛选手排练的细节，让思扬读书会对话剧了解更多。

在话剧比赛期间，思扬读书会与各话剧社团的交往，使学生们认识和感受到最为关键的不仅仅是语言，还要站在不同角度进行换位思考，一个良好的氛围让话剧比赛不仅成为视觉盛宴，还充满温暖和情谊，加深了思扬读书会和校内其他社团的联系。

二、话剧比赛的前期宣传准备工作

"酒香也怕巷子深",任何一个成功的活动都离不开前期的宣传。只有通过积极的对外宣传,活动才能吸引更多的参与者,才能把话剧比赛办得有声有色。对此,图书馆和思扬读书会下设的宣传部通过以下几种方式开展前期的宣传准备工作:

(一)制作多种形式的邀请函、宣传海报

邀请函上简要介绍了比赛的主办方、承办方、内容形式、时间地点以及联系人。将不同的话剧比赛邀请函分别送给学校的各话剧社团、话剧比赛拟邀请的助演社团以及各位评委老师。邀请函由学生专门设计,秉承中国水墨风格韵味,淡青色的背景融入了菏花、佛塔等古典元素,富有传统文化的艺术魅力。

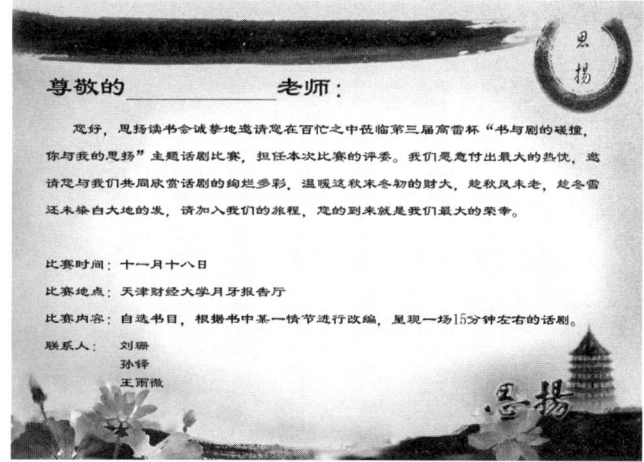

图 11-5　比赛宣传海报　　　　图 11-6　比赛邀请函

宣传部多名学生共同制作多种宣传海报,并准备根据使用需求从中选择两种,一种贴在学生公寓和人流比较集中的地方,一种放在话剧比赛签到处和比赛现场。

(二)制作三套话剧比赛的 PPT

组织方邀请各个参赛话剧社提供本话剧社的介绍及参赛剧目的介绍,根据他们提供的资料制作 PPT。一套 PPT 用于介绍"书与剧的碰撞　你与我的思扬"话剧比赛的时间地点并且简要介绍参赛话剧社及表演剧目,图书馆将该 PPT 在

图书馆大厅屏幕上循环播放,以提高活动的知名度。第二套 PPT 在比赛开始前放映,介绍比赛承办社团——思扬读书会,并详细介绍各参赛话剧社和本期参赛剧目的改编书籍。第三套 PPT 用于比赛串场,重点包括开场背景、各个话剧需要的背景及音乐、颁奖以及闭幕的背景和音乐。

在话剧比赛前十天,图书馆通过图书馆大屏幕显示话剧比赛倒计时,并介绍活动内容、时间地点,以倒计时的方式使到图书馆的同学关注本次比赛,并吸引感兴趣的同学参加。

与此同时,分三个阶段通过思扬读书会官方微信平台发布活动信息,第一阶段推文介绍初赛的情况,第二阶段推文介绍参赛话剧社的简介、宗旨以及出演过的话剧,第三阶段推文介绍话剧比赛决赛倒计时。通过社团成员的转发扩大影响力。设置最佳人气奖,通过微信平台进行"最具人气的话剧社"的线上投票活动,借助各个话剧社的转发提高活动的关注度和参与度。

第七节　活动带给我们的启示和思考

一、活动效果

2016 年 11 月 18 号下午,话剧比赛落下帷幕。思扬读书会的话剧比赛已经在校园中陪大家走过了三个年头,渐渐被大家熟知,将名著名篇改编为话剧这一形式也越来越被大家认可和接受,大家通过编排、表演、观赏话剧来感受阅读的乐趣。比赛期间,台上的演员们用精湛的演技诠释他们对名著名篇的理解,以他们独特的方式呈现一出出精妙绝伦的话剧;台下的观众们被演员所感染,时不时爆发出连续不断的掌声和欢呼声。话剧比赛秉承公平公正、面向所有喜欢读书和话剧表演的学生这一原则,立志为校内话剧社提供一个展现自我的平台并为在校学生提供一场近在身边的话剧盛宴,获得了各话剧社团的认可并在学生中获得了广泛的赞誉。

二、活动亮点与提升空间

（一）舞台效果绚丽

从门口的各个话剧社的海报展览到内场的气球彩带装饰，加之以专业的追光灯等，力求给观众提供一场完美的视听盛宴。

（二）社团在逐年的探索中不断前进

各话剧社团演出总体水平不断提高，承办组织水平、手段不断进步。通过租借地麦以及舞台灯光等，营造更为逼真的舞台效果，同时比赛邀请了众多专业的评委为话剧进行点评，大大提高了比赛的专业度，各话剧社团得以在比赛中交流成长。

（三）题材多样，内容丰富

改编自《仲夏夜之梦》的《仲夏夜狂想曲》，在给人启发、开怀之外，让人思索爱情的意义；改编自鲁迅作品的《论雷峰塔的倒掉》，将人性的自私和迷信暴露无遗；《人质》荒诞却发人深思，让观众啼笑皆非，思考人性中的美丑善恶；《追风筝的人》演绎经典，向观众展现背叛与救赎，揭示人性的美丽；《我的长征》向长征致敬，向革命烈士致敬，铭记历史，不忘初心；《雷雨》则带观众重回那个雨夜，见证大家庭的爱恨纠葛。比赛充分体现了同学们的创造力及表演能力，丰富了同学们的课余生活。

图 11-7　话剧《我的长征》演出现场　　　　图 11-8　话剧《雷雨》演出现场

（四）题材新颖独特，不乏创新

在众多参赛话剧中涌现了不少原创剧本，例如，《信中人，镜中人》带观众一起走进东野圭吾笔下的《解忧杂货店》；《聊斋·连城》以话剧形式展现聊斋故事为我们带来的新的视觉享受;《第三十六次自我救赎》则回归生活,揭示一对相互折磨又互不放手的在爱情和生活中挣扎的夫妻;还有多个话剧社团以不同的表现手法和演绎方式诠释了欧·亨利的作品。

(五)表演逼真,多种媒介结合

在话剧表演过程中,利用音响、道具、灯光、LED 大屏等营造逼真的舞台效果,使观众身临其境。

(六)具有一定的社会影响力

话剧比赛从初期得到学校师生的热烈反响,在社会上也引起了广泛的关注,天津北方网对第三届比赛的报道更是扩大了比赛的影响力,从而大大激发了人们对话剧的兴趣,提高了人们对话剧的关注度。

活动整体上圆满成功,然细思过程,仍有许多可改进之处,例如,如何指导名著名篇改编更切合学校整体氛围,场地布置以及装饰怎样有条不紊地提高赛前准备的效率,音响设备如何也让后排观众得到更好的听觉体验等方面仍有提升空间,有待我们今后改进。

三、启示和思考

(一)放开思路,勇于实践

高校图书馆阅读推广主要对象是学生,不断拓展新的阅读推广形式是时代的需要。传统的阅读推广模式相对形式单一,对学生的吸引力越来越小,同学们的参与兴趣趋于下降,因此在继承传统的前提下创新阅读推广形式,积极开拓更广阔的阅读推广思路显得尤为重要。[1]话剧比赛以话剧这种形象直接的宣传手段向学生传播经典名著,学生话剧社团在名著改编、话剧编排、剧目欣赏这一系列过程中,会自觉地用来思考和回味名著名篇,话剧本身所具有的潜移默化的教化作用同时也使大学生的自身思想水平得到提高,对文学作品的阅读会更深入,更细微投入。此种阅读推广形式,我们认为完全可以推广到其他图书馆实际工作中,

---

[1] 孙燕等.首届全国高校图书馆阅读推广案例大赛分享和心得[J].内蒙古科技与经济,2016,(1):136-137.

比如将话剧形式换作其他剧种或者微电影等，都是具有可操作性的。

（二）要善于利用网络等新媒体

微博、微信等新媒体以其快捷、互动、高效率的沟通等特质在大学生中得到强烈的文化共鸣，迅速成为大学生认知世界、发表观点看法、参与公共事件的主要方式和手段。话剧比赛就采用了微信平台这一目前比较流行的手段，推送话剧比赛剧目及参赛社团消息，组织进行最具人气话剧社团前期网络投票，为正式比赛造势，三次网络投票约有 2.2 万人次参与，参与人数接近学校在校生数的40%，比赛的过程、结果及相关图片视频也借助微信平台及时推送给学生。信息广泛传播的同时也扩大了活动的影响，我们已进行的三次话剧比赛，我校校园网均在显著位置予以报道，第三届比赛活动，天津市主流媒体北方网也第一时间做了详细报道，客观上进一步提高了图书馆在学校和社会的知名度。

（三）积极探索工作方法，善于活动形式的创新

阅读推广思路、方法、手段、形式要创新，只有创新才能吸引读者，只有读者积极参与我们才能进行阅读推广，否则一切将成为空谈。我们在阅读推广活动中发现，传统的诸如读书心得交流、新书推介、图书漂流等在读者中的影响力趋于下降，读者的主动参与意识越来越弱，如何吸引读者来馆，积极主动参与、响应图书馆主办的阅读推广活动需要我们思考和积极探索，三次话剧比赛让我们感受到，阅读推广形式的创新、多样更容易得到学生的响应和参与，大学生在观赏话剧比赛，尤其是根据名著名篇改编，而且是自己或身边人来演绎的话剧，这比单纯的课堂教育、自己独自阅读书籍更容易接受。实践证明，用话剧这一形式表现名著经典是我们对阅读推广形式的一次成功的探索与尝试，得到了读者广泛的参与和响应。

（四）要善于调动学生社团和学生工作部门的积极性

图书馆承担着日常借阅、参考咨询等繁杂的工作，人员和精力终归有限，阅读推广工作会占用图书馆相当大的人力资源。如何既做好阅读推广，又对图书馆正常人力资源占用最少，需要我们找到一个平衡点，充分调动和利用学生社团和学生工作部门的积极性，找到图书馆和他们在阅读推广活动中的共同点加以整

合，对图书馆阅读推广会起到事半功倍的效果。图书馆在活动中起到联络、整合的作用。[①]三次比赛活动充分证明，相信学生，引导鼓励他们自己组织活动，既能调动学生的积极性，也能节约图书馆人力。通过参与话剧排演及组织参与活动，学生的社会认知能力及自主思考能力也得到提升。

---

① 谭芬梅.高校图书馆开展阅读推广策略探析［J］.内蒙古科技与经济，2016，（1）：123-126.

第十二讲

阅读推广：从形式走向内涵建设
——湖南大学"一校一书"阅读推广案例

阅读的境界当如陶渊明的"好读书，不求甚解"。但，这必须跟下面一句连起来才有意义："每有会意，便欣然忘食！"其实，这也是很多读书人的共同体会！加拿大作家曼古埃尔的《阅读史》中，有一幅摄于1940年伦敦大轰炸期间的照片很感人：坍塌的图书馆，靠墙的书架并没倒下，瓦砾堆中，三个男子还在怡然自得地阅读。这固然是对抗厄运，坚信未来，但也不妨解读为："阅读"是必要的日常生活，是生命存在的标志。阅读推广也是如此，或有陶渊明的"欣然忘食"之态；或有《阅读史》三男子生命存在标志之感——这才会有阅读推广人与阅读人之间的共鸣……

第一节 活动缘起

2013年，湖南省高等学校图书情报工作委员会在湖南省普通高等学校图书馆发起"一校一书——经典、精读、经世"阅读推广活动。活动每年举办一次，历时八个月。活动主旨为：在大学生之中创造交谈和讨论的议题，进而促使大学生主动阅读，以提高大学生批判性思考的能力、创造力、表达力和想象力，为营造书香社会贡献图书馆的一份力量。为进一步扩大活动的影响力与参与面，2015年，湖南省教育厅下发《关于在全省普通高校组织开展"一校一书"阅读推广活动的通知》(湘教通〔2015〕213号)文件,活动"升级",由湖南省教育厅主办,湖南省高等学校图书情报工作委员会组织,湖南省全体普通高等学校实施。

一、"一校一书"阅读推广所产生的效益

从2013年至2015年,"一校一书"阅读推广活动开展三年来,取得不菲的效益。主要体现在以下几个方面:

(一)参与学校越来越多

三年间,参与第一阶段"阅读方案设计与阅读宣传"的学校从37所增加到42所,并且有部分高职高专院校也主动参与进来。参与第三阶段"优秀读书心得"评比与交流的学校从22所增加到31所,见表12-1。

表12-1 2013—2015年"一校一书"阅读推广活动参与学校统计表

阶段	时间	项目	参与学校数量		
			2013年	2014年	2015年
第一阶段	4.01—4.20	阅读方案设计	37	37	42
	4.21—4.30	阅读宣传或精读书目产生	37	37	42
第二阶段	5.01—9.10	精读活动组织实施	28	30	31
第三阶段	9.10—9.30	各校优秀读书心得评比	22	26	31
	10.10—11.30	各校优秀读者心得网上交流	22	26	31

(二)读书心得数量与质量并举

2013年度、2014年度"一校一书"阅读推广活动中全省大学生提交的读书心得均为1万篇左右。到2015年,全省"一校一书"阅读活动撰写读书心得的学生超过2万人次,排列靠前的分别是湖南师范大学、湖南城市学院、湖南涉外经济学院、长沙理工大学、南华大学和吉首大学。读书心得撰写最多的为湖南师范大学,达到2549篇,占全校学生的19%,见表12-2。

表12-2 2015年读书心得撰写排行榜

学校	学生(人)	读书心得(篇)	比例(%)
湖南师范大学	13200	2549	19%
湖南城市学院	16000	1788	11%

续表

学校	学生（人）	读书心得（篇）	比例（%）
湖南涉外经济学院	25488	1340	5%
长沙理工大学	35000	1186	3%
南华大学	25000	1148	5%
吉首大学	20000	924	5%

（三）活动形式丰富多样

读书心得仅仅是一个方面，在"一校一书"阅读推广活动中，各校开展了形式多样的活动，并且形成了一部分具有特色的活动案例。见表12-3。以2015年为例，各校开展的阅读推广活动项目达300多项，吸引参与的读者远远超过100万人次。

表12-3 2013年—2015年湖南省普通高校"一校一书"经典案例（部分）

学校	活动案例
长沙理工大学	潭州夜话、读者周末、《云湖导读》
湖南大学	读者权益日、学生馆长选聘、翰墨经典、祭孔大典
湖南理工学院	秀书行、微信汇、晚八点书友会、大学生读书节
湖南师范大学	读书节、读书交流会、真人图书馆、文学社团
吉首大学	立人读书沙龙、书香武陵
南华大学	图书情景剧、最美瞬间
湘潭大学	学生自媒体、大学汉字文化创意、经典诵读
中南大学	书目清单、文化展览
中南林业科技大学	《图苑信息》、书法笔会、绿色书香
衡阳师范学院	馆员节、以花换书、红色经典
湖南农业大学	学霸沙龙、"恋上图书馆"摄影比赛、读书分享会

（四）形成了一批标志性成果

2015年，湖南省高校图工委主编了《2013—2014经典、精读、经世：湖南省普通高校"一校一书"阅读推广活动集萃》（由湖南大学出版社出版）；参编了

图12-1 《2013—2014经典、精读、经世：湖南省普通高校"一校一书"阅读推广活动集萃》

中国图书馆学会组织的"阅读推广人"系列教材之《图书馆时尚阅读推广》第五章《"一校一书"阅读推广》。

与此同时，开发了湖南省高校"一校一书"阅读推广网（网址：http://hnyxys.hnu.edu.cn/），网站包括"一校一书""荐书台""读者原创""经典阅读""读书之道""行业动态"等栏目，并通过回溯建库，上传了2013年、2014年"一校一书"阅读推广活动的所有数据，总数据达到3000余条，为全省普通高校阅读推广工作提供了一个基础的网络平台。

图12-2 湖南省高校"一校一书"阅读推广网

二、活动中产生问题

虽然全民阅读或阅读推广的社会环境、政策环境已经非常有利，但是在大学的阅读推广实际工作过程中，组织者还是会有不少的困惑，主要体现在以下几个方面：

困惑一：阅读推广由谁来组织发动？图书馆，还是其他职能部门？

困惑二：图书馆组织发动其他职能部门不配合，怎么办？

困惑三：好不容易组织一个阅读活动，参加者寥寥无几，怎么办？

困惑四：每个报告都需要组织学生来听，而学生来到报告厅就是玩手机，怎么办？

困惑五：钱！钱！还是钱的问题！怎么办？

困惑六：阅读推广活动就是图书馆刷刷存在感吗？

而在阅读推广活动过程中，大学生也存在不少困惑，主要体现在以下几个方面：

困惑一：图书馆组织的活动，我有必要参加吗？

困惑二：课程太紧了，好不容易有休息时间，去参加阅读活动，值吗？

困惑三：读书？我不会读吗？我怎么考上大学的？

困惑四：奖品或纪念品是什么？

困惑五：去吧，正好到报告厅蹭免费WIFI！

如何解决以上这些问题？2016年，湖南大学图书馆提出了"抓住需求，创新形式"的阅读推广内涵发展模式。

第二节 活动总体方案设计

2016年，湖南大学图书馆在进行大学需求调查的基础上，重新梳理了阅读推广的目的与方向，进一步明确了阅读推广的主体，制定了完善的概念性方案。

一、明确阅读推广的目的

根据大学的性质与特点，2016年，湖南大学图书馆从阅读、人才培养、营造书香校园三个维度明确阅读推广的目的。

从阅读的角度：培育大学生良好读书习惯；

从人才培养的角度：提升学校内涵建设水平和人才培养质量；

从营造书香校园角度：形成全员、全程、团队学习的读书氛围。

二、根据需求确定阅读推广的方向

以图书馆为主体开展阅读推广活动有其特殊性。图书馆本来就是收藏文化、传承文化之所，切忌把"阅读推广"当成"阅读宣传"，要充分考虑其知识性、趣味性、启发性与专业性。因此，根据目的与需求从活动方式、组织主体、活动重点、渠道等方面确定阅读推广的方向是必不可少的环节。如：

方式：以读书活动为主；

主体：组织主体多样性；

重点：阅读切入本科教学；

绩效：强调活动的效果；

渠道：线上线下同时推动。

三、明确组织主体，获得资源上的支持

大学阅读推广不是哪个部门、哪个单位一家的工作，单独依靠图书馆也很难将活动做到有效果、有效益、有持续性。因此，湖南大学由主管校长牵头，以图书馆为主体，联合校办、宣传部、教务处、学工部、团委、文学院、岳麓书院、计财处等部门或院系共同推动。

四、精心挑选推荐书目，引爆交流热点

湖南省高校"一校一书"阅读推广活动的主旨就是通过每个学校每年推荐一本或者几本图书进行精读，以在大学生中创造交谈和讨论的议题，进而促使大学

生主动阅读，提高大学生批评性思考的能力、创造力、表达力和想象力，最终达到营造书香社会的目的。

如何向大学生推荐阅读图书？湖南大学采用"1+1"的方式，即由读者从湖南省高校图工委发布的指导书目中投票选择一本；由专家推荐的方式产生另外一本。

表12-4 湖南省高校图工委阅读推广指导书目

序号	书名	作者/译者
1	《群山之巅》	迟子建
2	《秩序的沦陷：抗战初期的江南五城》	［加拿大］卜正民/潘敏（译）
3	《晚明大变局》	樊树志（译）
4	《悲伤与理智》	［美］布罗茨基/刘文飞（译）
5	《抗日战争》	王树增（译）
6	《午夜之子》	［英］鲁西迪/刘凯芳（译）
7	《我的凉山兄弟：毒品、艾滋与流动青年》	刘绍华
8	《草木缘情：中国古典文学中的植物世界》	潘富俊
9	《何为良好生活：行之于途而应于心》	陈嘉映
10	《中华文明的核心价值：国学流变与传统价值观》	陈来
11	《匠人》	申赋渔
12	《火印》	曹文轩
13	《毛泽东传》	［俄］潘佐夫/卿文辉（译）
14	《人性中的善良天使：暴力为什么会减少》	［美］斯蒂芬·平克/安雯（译）
15	《岛上书店》	［美］泽夫/孙仲旭等（译）
16	《零年：1945现代世界诞生的时刻》	［荷］伊恩·布鲁玛/倪韬（译）
17	《丁玲传》	李向东、王增如
18	《长物：早期现代中国的物质文化与社会状况》	［英］柯律格/高昕丹等（译）
19	《世界秩序》	［美］基辛格/胡利平（译）
20	《说中国：一个不断变化的复杂共同体》	许倬云
21	《皇权不下县？清代县辖政区与基层社会治理》	胡恒
22	《故宫里的大怪兽》	常怡
23	《1776：美国的诞生》	［美］戴维·麦卡洛/刘彤（译）
24	《阎明复回忆录》	阎明复
25	《追风筝的人》	［美］胡赛尼/李继宏等（译）
26	《平凡的世界》	路遥
27	《乖，摸摸头》	大冰
28	《秘密花园：一本探索奇境的手绘涂色书》	［英］乔汉娜·贝斯福（译）
29	《从0到1：开启商业与未来的秘密》	［美］蒂尔、马斯特斯/高玉芳（译）
30	《家人父子：由人伦探访明清之际士大夫的生活世界》	赵园

本书目从《中国出版传媒商报》与腾讯网、《北京晨报》、当当网、《中国出版传媒商报》与新华网、《新文化报》、"深圳读书月"组委会、《新京报》《经济观察报》《南方都市报》《重庆晨报》《中外书摘》、新浪网、《都市时报》《亚洲周刊》、凤凰网、亚马逊中国、《作家文摘》《海西晨报》《中华读书报》《出版人》杂志与北京开卷信息技术有限公司、《光明日报》、社会科学文献出版社、京东图书、商务印书馆、中华书局、北京时代华文书局、人民文学出版社与《当代》杂志、书香"羊城阅读月"组委会、生活·读书·新知三联书店、中国教育新闻网与《中国教师报》、上海市新闻出版局"中国最美的书"评委会、中国社会科学出版社等机构或媒体推出的541种好书中按推荐频次产生。本书目由中国图书馆学会阅读推广委员会整理，由学生投票产生精读图书一种。

根据读者投票和专家推荐结果，2016年湖南大学的精读图书为《平凡的世界》和《论语》（胡遂教授推荐）。

五、统筹时间进度，选择或创新阅读推广活动形式

湖南大学图书馆从2006年开始阅读推广工作，其中开展的活动不少，如：图书展览、你选书我买单、图书漂流、签名活动、征文活动、损毁图书展、电影展播等等，根据学生需求与效益进行筛选，保留一些有效果、有影响、有需求的活动项目，如学生馆长选聘、读者权益日、"一校一书"读书心得征文。另外，根据目的与方向，策划了两项新的阅读推广项目："潇湘读书人——寻找湖大读书种子"和人文素质教育公选课程"经典阅读之《论语》"。

表12-5 2016年湖南大学阅读推广活动安排表

序号	时间	活动内容	参与者	组织
1	4.9	阅读推广入农村	图书馆	图书馆
2	4.22—5.25	"一校一书"推荐图书展	图书馆—读者	
3	4.22—4.30	学生馆长招聘报名	在校大学生	
4	4.22—4.30	学生采访专员招聘报名	在校大学生	
5	4.28	报告：经典阅读与推广	图书馆—读者	

续表

序号	时间	活动内容	参与者	组织
6	4.29	湖南省普通高校"一校一书"阅读推广活动联合启动仪式	全省普通高校图书馆	校办 教务处 宣传部 团委 学工部 文学院 岳麓书院 图书馆
7	4.29	湖南省普通高校阅读推广研讨会		
8	5月—6月	"寻找湖大读书种子"大型读书活动： （1）报名与海选； （2）读书训练营； （3）在线竞赛； （4）冰书挑战； （5）读书剪影； （6）书海导航； （7）决战麓山	在校大学生	
9	5.3—5.15	学生馆长选聘	报名者	
10	5.3—5.20	学生采访专员选聘	报名者	
11	5.25	第11届"读者权益日"系列活动 （1）快乐还书； （2）无忧赔书； （3）自由传递； （4）达人问卷； （5）馆员有约； （6）年度最爱读书的读者表彰； （7）年度最爱图书馆的读者表彰； （8）2016年"一校一书"征文大赛启动； （9）学生馆长交接	图书馆—读者	
12	5月—10月	"一校一书"读书心得征文竞赛	在校大学生	
13	9—10月	"经典阅读"通识选修课开课	在校大学生	
14	11月	读书心得评选	组织者	
15	12月	表彰与奖励	组织者—参与者	

六、注意事项

（1）概念性方案只是一年阅读推广活动的总体安排，相当于宏观的计划方案，要落实这一方案，对每个活动项目有必要设计具体的操作性方案。操作性方案一般要包括目的、目标、组织团队、活动时间、活动地点、活动流程、活动内容描述、氛围营造、宣传、预算等内容，确保每场活动都有章可循、有据可依。

（2）对于方案中的创新性活动，要进行多层面的必要性与可行性分析，尤其要注意分析活动的导向意义、大学生的偏好、资源的可用性和活动控制的有效性。

（3）要注意与教务处沟通，了解学校课程安排、考试安排的密度。对于课程、考试高密度区间，不宜安排大型的阅读活动。

（4）每项活动都要有绩效信息收集表。在阅读活动中，很多图书馆都注意照片信息的收集，但却忽视了绩效数据的收集。有效的绩效数据对于活动的评价、对比、总结具有决定性作用。绩效数据一般包括活动直接参与的学生数量、活动间接参与或关注的学生数量、学生或相关职能部门与院系对活动的评价、宣传稿的数量与渠道、投入的人员与财务数值等等。

（5）阅读推广活动要有专人负责。目前阅读推广组织方式主要有四种：阅读推广部、阅读推广专岗、阅读推广项目团队、临时组合。虽然四种方法各有优劣，但采用"临时组合"的方式进行阅读推广难以明确责任、权利和义务，最终结果很有可能是将阅读推广变成走过场、流于形式。

第三节 "潇湘读书人——寻找湖大读书种子"活动

"潇湘读书人——寻找湖大读书种子"是2016年湖南大学阅读推广活动子活动之一，活动不仅仅关注形式的创新，更重视阅读内涵的建设，试图将阅读推广人与大学生融为一体，共享阅读的快乐。

一、方案概述

1. 活动目的

2016年，湖南大学考虑在学校寻找、选拔一批热爱读书的大学生，亮出他们的风采，引领学校的学风潮流。

2. 活动目标

通过海选、中选、终选等环节，选拔出30人左右的最佳读书人，作为湖南大学的读书代言人，并将枯燥沉闷的读书活动以丰富多彩的形式呈现出来，在校园生活中创造交流和讨论的议题，吸引学生的眼球，提高活动的有效性和参与度。

3. 活动主题

本次活动主题为"潇湘读书人——寻找湖大读书种子"，"读书种子"一词最能概括出优秀读书人的品质和特征。"读书种子"，《现代汉语大辞典》解释为："读书人，能读书做学问的人。指在文化上能承先启后的读书人。"《齐东野语·书种文种》："山谷云：'士大夫子弟，不可令读书种子断绝，有才气者出，便当名世矣。'"

4. 活动组织方

图书馆组织，邀请宣传部、教务处、团委、文学院等单位共同举办，并由北京世纪超星公司提供技术支持。

5. 活动时间

安排在5月初至6月初，40天时间，学校课程相对较松的时间段。

6. 活动流程与内容

活动共分为七个阶段，每个阶段都有不同的积分，选手完成每个阶段的任务可获得相应积分。具体来说，分以下几个内容：

（1）报名与海选。在全校范围内选出200人。

（2）读书训练营。选手参加读书训练营；按参加次数与时长获得积分。

（3）在线竞赛。选手通过手机客户端进行经典阅读知识网上计时答题，按正确率获得积分，按积分高低200进100。

（4）冰书挑战。选手将自己的个人读书专题发布到指定网络平台（云舟平台），接受社会大众的订阅和评价，并按订阅与评价获得积分。

（5）读书剪影。选手将在校园里捕捉到的精彩读书瞬间拍摄下来，上传到指定平台，按订阅量与评价量获得积分。

按积分高低取前30名进入第六个阶段。

（6）书海导航。对选手进行分组后，由图书馆的五位老师对选手进行为期三天的师徒式信息素养教育培训。

（7）决战麓山。进行分组经典阅读知识现场决赛，决出团队名次和个人名次。

二、实施过程

1. 报名与海选

报名参赛的选手于规定时间内到达指定地点进行海选面试，海选时间为两天，共选出200人。宣传海报贴在学生生活园区和教学楼的宣传栏中，宣传内容具有感召力和亲和力，"我们在寻找湖大的读书种子，您是那一颗吗？无论是与不是，报名行动吧，让我们一起播下这颗读书的种子！"海选方案包括：

（1）海选形式为评委面试。

（2）由学校教务处、宣传部、团委、文学院等单位的老师以及图书馆的工作人员担任评委。

（3）根据选手个人介绍、读书心得、评委提问三个环节的综合表现进行评判。

2. 读书训练营

请名家给通过海选的200名选手进行指导及读书心得的分享，名家包括学校专家、教授、名师等，训练时长为两个晚上（6小时8个学时，每参与1个学时计积分10分）。训练营内容包括：

（1）活动开幕式，引导所有选手进入选拔状态。

（2）名家分享读书的乐趣与方法。

（3）专家教授进行国学经典与现当代文学作品导读。

（4）讲师培训活动所需辅助工具的使用方法。

图 12-3　郑章飞馆长主持训练营

图 12-4　胡遂教授与青年学子谈阅读

图 12-5　成松柳教授指导经典阅读

图 12-6　参加训练营的选手

3. 在线竞赛

采用手机 APP 集中在线限时答题形式，200 道题目（单项选择与多项选择），限时 30 分钟，答对一题计 1 分，最高 200 分。题目内容包括两部分：第一部分为经典阅读知识，考查选手平日的阅读积累；第二部分为集训内容，考查集训课程选手的认真程度。题型如：

（单项选择）恋人经常说"我爱你一生一世"，请问在中国古代一世为多少年？

A.12 年　　B.30 年　　C.50 年　　D.100 年

（单项选择）"天行有常，不为尧存，不为桀亡。"是谁的观点？

A. 孔子　　B. 孟子　　C. 荀子　　D. 老子

（多项选择）"维纳斯"是希腊神话中的什么女神？

A. 爱神　　B. 美神　　C. 酒神　　D. 欲望之神

在线竞赛积分加上训练营积分，按排名高低取前 100 名进入第四阶段冰书挑战。

4. 冰书挑战

在线竞赛获胜的百强选手将个人推荐最经典的图书以专题形式分享至指定手机平台（超星云舟平台），专题可以文字、图片、视频等多媒体形式制作，以专题的订阅量与阅读量作为获取积分的评判标准。挑战时长为 10 天。10 天内，选手必须完成专题的制作、推广，并尽可能地提高订阅量与阅读量。

图 12-7　部分选手冰书挑战作品

5. 读书剪影

读书剪影与冰书挑战同时、同平台进行。选手上传与读书有关的照片专题，以专题的订阅量与阅读量作为获取积分的评判标准。挑战时长为 10 天。10 天内，选手必须完成专题的制作、推广，并尽可能地提高订阅量与阅读量。

冰书挑战与读书剪影环节结束后，根据 100 名选手的累积分取前 30 名进入第六阶段，书海导航。

图12-8 表白，不仅仅是玫瑰花的权利——读书剪影是另一种内涵的浪漫

6. 书海导航

书海导航分为两个环节，分组热身与导师培训。分组热身采用活动的方式将30人分成5组，并确定每组的导师，组成5个团队，每个团队设计自己的队名、LOGO、口号。这一环节的意义在于培养团队意识、合作意识、参与意识。各团

队组建好以后，由图书馆信息导师采用师傅带徒弟的方式进行信息素养培训，训练选手利用图书馆的能力与信息检索的能力。

同样，这一环节也设计了积分，以组队元素作为积分依据，形成决赛的初始分。

图 12-9 分组训练：团队诞生于默契中

7. 决战麓山

通过个人积分赛和团体赛的总决赛，最终评选出"湖南大学读书种子"冠军、亚军、季军和团队一、二、三等奖。决赛共分五轮：日积月累、脑疾手快、暗流涌动、身心接力、龙争虎斗。

第一轮：日积月累（基础赛）

5个队每个选手采用60秒10道题计时赛的形式，不会答的题目可以过，但不能补答，可以思考，答错不扣分。每道题10分，6个选手总分为600分。本轮成绩同时计入个人与团体。题目示例：

a. 李清照的《如梦令》里的"绿肥红瘦"是描写什么季节的景象？（晚春）

b. 石头城是对我国哪座城市的美称？（南京）

c. 中国古代"双手抱拳举过头顶，鞠躬"，这是什么拜礼？（长揖）

d. 与万里长城、秦始皇陵、秦直道并称为"秦始皇四大工程"的是哪座宫殿？（阿房宫）

e. 徐志摩、胡适等作家是属于哪一个文学流派的？（新月派）

f. 孔子的消极思想是什么？（忠君尊王）

g. "斯芬克斯之谜"中的"斯芬克斯"的身躯是什么?(狮子)

h. "公子为嬴停驷马"的下一句是?(执辔愈恭意愈下)

i. 曹植七步成诗,相传历史上还有一位三步成诗的人,他是王安石还是寇准?(寇准)

j. "醉里挑灯看剑,梦回吹角连营",是出自岳飞还是辛弃疾的作品?(辛弃疾)

图 12-10 "决战麓山"现场

第二轮:脑疾手快(5 进 4)

5 个队采用抢答赛的形式,每 6 题一组,每组答题完毕后往左轮换一个位置,本轮共 5 组 30 道题,每题 10 分,答对加 10 分,犯规(包括提早按钮、观众提示等),答错或者抢到后 5 秒之内不能作答扣 10 分。本轮成绩同时计入个人与团体。

本轮结束后,总分最低的队伍淘汰(注:成绩相同时采用 1 题抢答方式确定被淘汰队伍)。

第三轮:暗流涌动(4 进 3)

本轮采用风险题的形式,风险题共两轮,分别为 2 组 10 分、20 分、30 分的题目。4 个队根据积分情况确定选分策略。选分采用背靠背的形式,每个队用 30 秒时间将选分写在白板上,根据选分从成绩最低的队伍开始答题。答对加相应的分值,答错扣除相应的分值。第一轮全部结束后,开始第二轮的选分。

本轮成绩同时计入个人与团体。本轮结束后,总分最低的队伍淘汰(注:成绩相同时采用 1 题抢答方式确定被淘汰队伍)。题型示例:

(10 分题)文学史上有四部《变形记》,有一部作品写人变成甲虫的经历。它的作者是谁?(卡夫卡)

（20分题）在中国近代史上，有四位研究历史的名家，后人并称为"前辈史学四大家"。他们是谁？（陈寅恪、吕思勉、陈垣、钱穆）

（30分题）中国传统文化的核心是"道德"二字，道德的基本内容可以用"五伦""八德"来概括，"八德"指孝、悌、忠、信、礼、义、廉、耻。五伦指什么？（"父子有亲，君臣有义，夫妇有别，长幼有序，朋友有信"或"父子、君臣、夫妇、长幼、朋友"）

第四轮：身心接力（3进2）

本轮采用计时接力猜猜看的形式。3个队从总成绩最低的开始答题。当主持人说"开始"后，6位选手进入答题位（A、B、C三个位置，每个位置相距3—5米，呈品字形），A选手根据电脑出题，给B选手提示（提示不能有题目中的任何一个字），B选手准确给出答案，回答一个题目后，六位选手按顺时针方向变换位置，进行答题循环……每个队的比赛时间为150秒，答对一题计10分，每队题目总量为20个，不会的题目可以选择放弃。

本题题型主要为名著书名、作者、重大历史事件等。从本轮开始，成绩只计团队，不计个人。本轮结束后，总分最低的队伍淘汰（注：成绩相同时采用1题抢答方式确定被淘汰队伍）。题型示例：

（1）黄庭坚；（2）陶渊明；（3）苏轼；（4）冯梦龙；（5）陈寅恪；（6）胡适；（7）特洛伊战争；（8）明治维新；（9）不结盟运动；（10）武丁中兴；（11）四面楚歌；（12）陈桥兵变；（13）戊戌变法；（14）《史记》；（15）《创业史》；（16）《射雕英雄传》；（17）《沙恭达罗》；（18）《汤姆·索亚历险记》；（19）《爱丽丝漫游仙境》；（20）《田园交响曲》

第五轮：龙争虎斗（2进1）

本轮采用无限制抢答的形式。主持人提示"开始出题"后，2个队选手进入答题状态，主持人开始读题，每道题目四个提示，选手可以在任意时候按动抢答器并回答问题，回答错误扣10分，回答正确加10分，回答错误时，主持人继续读题，各队可以按前面规则继续抢答，直到本题全部读完，无选手回答正确，题目作废。题型示例：

题目 1

提示一：韩愈

提示二：中国古代"文艺复兴"运动

提示三：摒弃骈体文

提示四：恢复先秦两汉的散文传统

答案：（唐代古文运动）

题目 2

提示一：中国图书馆

提示二：1975 年

提示三：22

提示四：分类排架

答案：(《中国图书馆图书分类法》或《中图法》)

经过长达 2 个小时的竞赛，选手在团结、紧张、分享、活泼的气氛中完成了整个比赛。随着颁奖音乐的响起，"潇湘读书人——寻找湖大读书种子"的选拔活动全部结束。参赛选手作为湖南大学读书人的形象代表，分布在不同的院系，在竞赛后也将继续引领湖南大学健康向上的读书风气。

第四节 "经典阅读"课程建设

一、方案概述

1. 建设目的

"经典阅读"课程以《政府工作报告》提出的"促进全民阅读,建设书香社会"为纲领，以湖南省教育厅 2015 年第 213 号文件（《关于在全省普通高校组织开展"一校一书"阅读推广活动的通知》）为指导，通过引导学生对传统经典的阅读，使他们获得知识、学会思考、培养品格，并通过知识竞赛、国学剧表演等方式，展示自己的阅读体验，聆听他人对于经典的感悟，结识不同学科领域的朋友。

2. 建设目标

通过经典阅读，一是帮助大学生树立正确的价值观、人生观、世界观；二是利用互联网的魅力，营造书香社会；三是在大学生中创造交谈和讨论的议题；四是促使大学生主动阅读；五是提高大学生批判性思考的能力、创造力、表达力和想象力。

3. 建设思路

国学经典著作历来是图书馆进行阅读推广的重点内容，它们一般是历史选择出来的"最有价值的书"，是被主流价值所承认的传世之作。但是，由于经典原著语言上的障碍，要推广它们其实并不容易，因此湖南大学图书馆加强了与教务处的沟通，如果学生完成了图书馆要求阅读的内容和作业，则教务处承认他们的学分。通过这样的政策，大大提高了学生参与经典阅读活动的积极性。图书馆创新了阅读推广的方式，将阅读推广工作融入课堂教学，2016年面向全校本科生开设了公共选修课"经典阅读之《论语》"。

4. 课程基本信息

该课程的负责人为图书馆馆长郑章飞教授，课堂设置为16学时，1学分，课堂容量为90人。

二、实施过程

1. 选课

2016年8月份，该课程进入学生的选课系统，供学生自主选择。由于前期设计科学，选课第一天，就达到了学校教务处设定的选课人数上限90人。后来有很多学生反映，说很遗憾抢不到课。全校有土木、电气、机械、公管、外语等20多个院系的学生选修了这门课程。

2. 课程形式

专家导读 + 翻转课堂 + 课堂讲授 + 小组讨论 + 情景表演 + 知识竞赛

3. 授课

课程共上5次课，每次3—4节。每周二晚七点在图书馆报告厅开讲，开展四个专题讲座、一次知识竞赛＋国学剧情景表演。

第一次课内容是"《论语》导读"。由胡遂教授解读《论语》，选课学生加上慕名而来的150多名学生齐聚一堂，聆听胡老师解读《论语》。胡老师以中央党校《学习时报》刊登的文章《一介儒生习近平的文化情结》入手，阐述了儒学的现代价值，解读了《论语》的核心思想"仁爱"，引导同学们走进孔子生活的时代，体验孔子"明知不可而为之"的责任与担当。胡老师对《论语》的解读，感染了在场的每一位同学，现场气氛十分活跃，师生互动频繁，课程结束之后，同学们围着胡老师讨论孔子和他的弟子们，同学们纷纷表示，要像孔子一样，修身养性、积极进取，做"仁智双修"的儒家传人。

第二至第四次课程由图书馆的老师负责讲授，通过带领学生精读《论语》篇章，介绍了孔子的人生经历、孔子的人格修养、孔子的教育事业等内容，使学生了解《论语》的创作背景、主要内容及历史价值、现代意义；解读《论语》中的名言警句、哲理故事，感受《论语》的魅力，学习孔子诚信、自省、律己、百折不挠等精神品质，激发了学生阅读中国古代文化经典的兴趣和热情。

完成了四次专题讲座之后，任课老师开始指导学生组织国学课程情景表演的工作。选课的90位同学按照相似的兴趣爱好分成四个组：睿思组、博学组、广智组、仁爱组，每个组派出三名同学参加知识竞赛，其他19名同学参加国学剧表演。大家分组讨论、刻苦排练，都希望在舞台上能展示自己对《论语》的理解、对国学的热爱。

第五次课也就是最后一次课，该课程的汇报演出在图书馆报告厅举行，邀请了湖南大学教务处副处长李勇军，湖南大学图书馆馆长郑章飞、图书馆书记陈希等担任评委。汇报演出分为两个环节，第一个环节是《论语》知识竞赛，第二个环节是情景表演。在《论语》知识竞赛环节，同学们发挥聪明才智，踊跃答题。在抢答题环节，仁爱组、博学组反应迅速，身手敏捷，屡屡争相抢答，创下优异战绩。在列举出自《论语》的成语时，博学组组员们齐心协力，一口气列举出十二个成语，赢得一片喝彩。选手们机智作答，现场气氛十分活跃，为观众带来了一场精彩纷呈的智力对决。

图 12-11　情景剧的穿越诠释的是学生对国学经典的领悟

在情景演出环节，选手们穿越到春秋战国时期。广智组话剧《四子侍坐》带领大家走进伟大的教育家孔子的课堂，展现了探讨式教学方式的精彩魅力。仁爱组话剧《子见南子》重现了春秋时期孔子周游列国时，与卫灵公夫人南子见面的情景。而睿思组的古礼表演《成人礼》则展现了延续至今的成人礼仪式及其精髓，使观众充分感受到礼制中谦卑和感恩的精神。最精彩的要数博学组带来的《孔子麓山行》，他们以穿越剧的形式，设想孔子来到东方红广场的情景，展现了优秀传统文化与现代文化的交流与融合，让现场观众对孔子及优秀传统文化肃然起敬，也让观众感受到了"传承经典，不忘初心"的国学精神。

第五节　活动的效果评估与启示

一、效果评价

湖南大学阅读推广活动，2016 年开始的主体活动有 15 项，子活动更是多达

30余项。活动整体参与面达到数万人次，最重要的是，实现了从阅读推广形式创新向内涵建设的重大转变。

重形式的活动如"阅读推广进农村"，选择了湖南省第一个中共党支部所在地湖南省蓝田县三甲乡三家村村办太义图书馆，通过捐赠图书带动农村阅读。如"读者权益日"，连续举办了11届，通过宣传与彰显读者阅读权利，来引导读者进入图书馆，参与人数由最初的1000余人到2016年的9000余人。如"学生馆长选聘"也已成功举办4届，每次报名考试的学生都达到100人以上，通过"学生馆长"这一职位引导大学生了解图书馆、熟悉图书馆、参与图书馆建设，反馈更多大学生对图书馆的意见与建议，了解大学阅读的需求等。这些活动，形式重于内涵，重在宣传、吸引。

重内涵建设的活动如"潇湘读书人——寻找湖大读书种子""'经典阅读'课程"，这两项活动，要求组织者深入了解大学生需求，了解相关文学常识，深入阅读相关经典，这些活动，将阅读推广与本科教学、人才培养紧密结合起来，对于提升图书馆阅读推广的质量、图书馆的品位与地位都具有重要意义。

"潇湘读书人——寻找湖大读书种子"持续了一个多月，影响面广、参与度高，对参赛选手的影响尤其深刻，有个大四的学生说："这是我大学以来参加的最有意义的活动，老师的创意太棒了！"而教务处认为这样的活动能够极大地提升学生的综合素质，塑造良好的读书氛围，因此这项活动被教务处吸纳为通识教育选修课，并命名为"阅读实践训练"，共32学时，1学分，选课人数上限为100人。于每年的世界读书日前后开始上课。同时，通过这次活动，教务处也认可了图书馆阅读推广与素质教育的潜力，直接同意按阅读推广方案将"经典阅读"课程吸纳为通识教育选修课。

"经典阅读之《论语》"课程结束后，通过与选课的学生交流，发现学生对阅读指导、读书互动交流、学习效果的检验与显化，具有强烈的要求。同时，学生对我们开展的读书活动充满了热情和期待，学生们在课程结束之后都感觉增长了知识、锻炼了能力，加深了对国学经典知识的理解。课程情景演出的初衷是希望同学们能够积极参与课程学习，汇集智慧，展现大学生的文化知识和文艺风采，也使国学走进每一位同学的心中，引导大家阅读经典、爱上经典，使国学经典大放异彩。教务处副处长李勇军老师高度赞扬了这种形式，认为它达到了课程教学形式的新高度，为课程建设提供了一种新方向。

二、活动启示

1. 阅读推广需要形式，更需要内涵，两者是相互包容、相互促进的关系

创新形式在前，内涵建设在后，先有创新的形式才可能吸引更多的学生了解图书馆、关注图书馆，只有通过内涵建设才能够使阅读推广深入人心，取得持续发展；形式的侧重点在于宣传、推广，内涵的侧重点在于人文素质提升与人才培养。

2. 通过阅读推广的内涵建设，可以使更多的大学生主动成为"阅读推广人"

如"经典阅读"课程，将"经典"的高度、"阅读"的体验和思想交流碰撞出的"火花"融合起来，引导学生认认真真读经、读原典，使学生从单纯的语言学习和专业学习中走出来，进入更高层次的人文熏陶和通识培养。通过分组后的交流讨论，体验阅读的社会性，培养独立思考的能力，重塑其知识结构体系。同时，也自觉不自觉地引导学生做湖南大学校园的阅读推广人，向其他同学传递阅读价值观念。

3. 图书馆人进行有效的阅读推广，迫在眉睫的工作是阅读推广人团队建设

应该说，无论是从政策上、社会舆论上、理论研究上，还是实际需求上，通过阅读推广引导全民阅读，营造"读书好、好读书、读好书"的阅读氛围，目前已经非常成熟。但是，为什么我们的阅读推广活动有时还是显得苍白无力或者流于形式，使参加者寥寥无几？最大的原因就是我们没有专业的阅读推广人队伍，或者说我们缺少能够与大学生进行心灵上交流的阅读推广人队伍。我们要建立自己的阅读推广人队伍甚至团队，先自己做读书人，用精读经典的心态开展阅读推广。只有这样，才有共鸣，才有收获，才有持久，也才有快乐。

思考题

1. 请结合你们自己学校的阅读推广，谈谈你们的困惑在哪里？

2. 设计阅读推广方案时有哪些注意事项?
3. 一个结构完整的阅读推广概念性方案应该包括哪些内容?
4. 对于"经典阅读之《论语》"课程设计,你还有何好的建议?
5. 请谈谈阅读推广形式与内涵的关系?

延伸阅读书目

1. 王波. 图书馆阅读推广亟待研究的若干问题[J]. 图书与情报,2011(5):34.
2. 陈有志,赵研科. 协同背景下的阅读推广体系实证研究——以湖南省高校"一校一书"活动为例[J]. 高校图书馆工作,2014(2):6-10.
3. 张建平. 大学图书馆阅读推广案例分析[J]. 高校图书馆工作,2014(2):3-5.
4. 李艳萍,鄢朝晖. 以学生社团建设为推手构建校园阅读文化——以湖南师范大学图书馆历届读书月活动为例[J],高校图书馆工作,2014(2):10-12.
5. 陈有志. "一校一书":寻觅经典,引导精读[J]. 易读,2014(2):100-102.

第十三讲

"阅读推广人"活动的创意与实践
——沈阳师范大学图书馆阅读推广案例

【导读语】

阅读推广是高校图书馆的核心工作，是现阶段高校图书馆最引人注目的服务之一。在各高校图书馆挖空心思开拓阅读推广之时，为将图书馆阅读服务推向深入，沈阳师范大学图书馆在各种阅读推广基础上，打造了"阅读推广人"行动计划，组建阅读推广部门和推广人队伍，加强推广策划和理论研究，建立"阅读推广人"聘任长效机制，形成本校阅读推广服务体系，并不断实现变革与创新。通过多种渠道、形式和载体向学生传播阅读理念、开展阅读指导、提升读者阅读兴趣和阅读能力。"阅读推广人"实践不仅赋予一个图书馆鲜活的生命力，而且赋予一所高校文明沉稳的性格和超越表象的深度和高度。

高校图书馆在服务转型与创新的环境下，经过多年的探索与实践，已经认识到阅读推广的重要性，确认"阅读推广"才是高校图书馆的主流服务和核心工作，并积极探索阅读推广的新模式。沈阳师范大学（以下简称"沈师大"）图书馆积极应对服务转型时代的挑战，图书馆服务一直跟随社会的变化而不断变革。图书馆的阅读推广，在追求主题内涵深化的同时，不断追求阅读形式创新。图书馆在广泛开展阅读推广活动的基础上，不断研究探讨如何打造有创意、聚人气、有实效的阅读推广，选择了一条利用"阅读推广人"开展阅读推广的路径，取得了良好的阅读推广效果。

每个高校都会有一批学术名师、专家教授和优秀辅导员，他们在校园内是深受爱戴的优秀教师。沈师大图书馆充分利用了这些高校中最重要的阅读推广人力资源，在壮大"阅读推广人"团队力量、增加名师授课的同时，也为专家教授们提供了传道授业的平台，使其自身价值得到更大发挥，进而形成一个多赢战略。为了拓展"阅读推广人"的资源结构，图书馆聘请社会知名作家、著名记者和企业家等发挥引领和示范作用，打造了图书馆人担当阅读推广核心、校内名师与社会名人为"阅读推广人"主体、校园"学霸"与读书社团为有力推手的组织系统，采取了经典阅读与主题深化相交叉、"真人图书"与多种阅读相结合的多种推广方式。实践中十分注重学生的互动性、参与性，充分体现学生的自主原则、对话原则和参与原则；了解读者的感受和需求，进而选择令读者青睐的阅读实践路线，保障阅读活动具有时效性、创新性、发展性和较高性价比。

连续两年来，"阅读推广人"开展的"创青春"创新创业主题阅读系列活动、"享阅读"名著经典系列阅读活动、各种讲座与学术沙龙活动等达一百多场，学术沙龙色彩纷呈，经典阅读多姿多彩，真人图书馆有声有色，读书会活动马不停蹄，各种阅读竞赛联翩而至，图书馆活动空间座无虚席，学生热爱阅读的习惯逐步养成，校园阅读蔚然成风，营造了校园阅读的大氛围，掀起了阅读推广的新局面，图书馆阅读推广收到前所未有的新成效。

第一节 "阅读推广人"活动及其现状

当国际上发出"全民阅读"的倡议之后，我国自1997年开始倡导全民阅读，借鉴了"阅读推广"这个词，并逐渐发展成为国内图书馆界、出版界的一个常用词、高频词。全民阅读活动在"阅读推广"行动引导下逐步推向高潮。

一、"阅读推广人"的概念

阐述"阅读推广人"的概念，首先要明确什么是"阅读推广"。关于"阅读推广"

的定义有很多，比较权威的有张怀涛先生的定义："阅读推广顾名思义就是推广阅读；简言之就是社会组织或个人为促进人们阅读而开展的相关活动，也就是将有益于个人和社会的阅读活动推而广之；详言之就是社会组织或个人，为促进阅读这一人类独有的活动，用相应的途径和方式，扩展阅读的作用范围，增强阅读的影响力度，使人们更有意愿、更有条件参与阅读的文化活动和事业。"[1] 这是张怀涛先生整合各家见解，最郑重、最周全地给"阅读推广"下的定义。王波先生也对"阅读推广"进行深入论证，他认为："阅读推广，就是为了推动人人阅读，以提高人类文化素质、提升各民族软实力、加快各国富强和民族振兴的进程为战略目标，而由各国机构和个人开展的旨在培养民众阅读兴趣、阅读习惯，提高民众的阅读质量、阅读能力、阅读效果的活动。"[2] 王波先生对"阅读推广"定义的表述，更为大气和简洁。

随着阅读推广工作的组织与实施，一批专职与业余的"阅读推广人"队伍逐步走向成熟。那么，如何定义"阅读推广人"呢？2012年，《深圳市阅读推广人管理办法》规定："阅读推广人是指市民个人或组织阅读机构，通过多种渠道、形式和载体向公众传播阅读理念、开展阅读指导、提升市民阅读兴趣和阅读能力的专业和业务人士。"[3] 2014年，中国图书馆学会在"阅读推广人"培育行动中也对阅读推广人进行了定义："阅读推广人是指具备一定资质，能够开展阅读指导、提升读者阅读兴趣和阅读能力的专职或业余人员，培育对象包括各级各类图书馆和科研、教学、生产等相关企事业单位人员及有志参与阅读推广事业的其他社会人员。"[4] 以上定义说明，一方面"阅读推广人"是一种社会身份，另一方面"阅读推广人"也是一种荣誉。其最主要的作用就是推广阅读，推广的形式和渠道多样化，而目的是培养公众的阅读兴趣、提升阅读能力和素养，推进全民阅读。

高校阅读推广与社会阅读推广相比具有特殊性，高校的"阅读推广人"面对

---

[1] 张怀涛.阅读推广的概念与实施[J].河南图书馆学刊，2015（1）：2-3.
[2] 王波.阅读推广、图书馆阅读推广的定义——兼论如何认识和学习图书馆时尚阅读推广案例[J].图书馆论坛，2015（10）：1-7.
[3] 谯进华.深圳阅读推广人的实践及发展[J].特区实践及理论，2013（2）：64-66.
[4] 中国图书馆学会.中国图书馆学会召开第六届青年学术论坛和阅读推广人培育行动记者会[EB/OL].[2016-09-12].http://www.lsc.org.cn/c/cn/news/2014-11/06/news_7571.html.

的工作空间、受众群体、推广内容、阅读深度都有一定要求。有人结合中国图书馆学会对"阅读推广人"的阐述认为:"高校图书馆阅读推广人既要具备一般图书馆员的资质,更要具备一定的策划组织能力、编写推荐书目的能力、公关能力、书评能力等,能够开展阅读指导、提升读者阅读兴趣和阅读能力的专业馆员。"[1]在阅读推广工作中,"阅读推广人"发挥的推广作用、凝聚作用和指导作用。

二、"阅读推广人"应具备的素质

"阅读推广人"是个崭新的社会身份,做"阅读推广人"是有门槛的,不是什么人都能做、什么人都可以胜任的。无论是社会上的"阅读推广人",还是高校的"阅读推广人",最基本的是要热爱阅读,热心公益事业;此外,要具备一定的资质,要懂教育、懂阅读、懂读者,做到率先垂范、爱阅读、常思考,具备较高的文化素养和职业道德,还要有一定的组织能力与群众基础。

高校"阅读推广人"的受众群体完全是本科及以上的读者,具有一定的阅读能力,具备了一定的专业知识与世界观,"阅读推广人"如果没有一定的知名度和影响力可能不会引起重视。因此,作为高校图书馆"阅读推广人",首先应具有爱岗敬业的践行观与坚毅力、良好的职业品质与态度、一切为读者服务的宗旨、熟知图书馆资源及新技术、具备图书馆学基础知识和管理学知识、知识服务能力、应付突发事件的危机管理能力等一般图书馆馆员所具有的资质。同时,高校图书馆"阅读推广人"还应具备引导读者阅读的能力、编写推荐书目的能力、策划组织及评估能力、不断创新阅读推广活动形式和内容的能力、较强的公关能力、撰写书评的能力、媒体技术能力以及能自己结合阅读中积累的经验发现新的阅读方式等其他特殊能力。只有具备这些资质,不管遇到多大的困难,都要坚持阅读推广梦想,坚持不懈地将阅读推广推向新高度。[2]

三、"阅读推广人"的价值与作用

"阅读推广人"在整个全民阅读建设中扮演着非常重要的角色,是全民阅读

---

[1] 雷水旺.高校图书馆服务的新生命力——阅读推广人[J].河南图书馆学刊,2016(4):41-44.
[2] 雷水旺.高校图书馆服务的新生命力——阅读推广人[J].河南图书馆学刊,2016(4):41-44.

建设的重要人力保障。"阅读推广人"是图书馆服务转型的标志之一,其改变了传统的服务模式,主动积极寻求阅读引导的新方式,将书、人、生活有机地融合起来,扭转了高校学生不爱读书与图书馆资源受冷落的局面,成为学生读书学习的引路人。此外,"阅读推广人"作为社会名人、校园专家,本身就具有品牌价值,他们的地位与言行是大学生的榜样。他们可帮助学校创建多层次的读书"导赏"机制,进而健全校园阅读系统。"阅读推广人"活动丰富了全民阅读推广模式,通过他们不断创新阅读推广方式,保障阅读推广活动的可持续发展。

"阅读推广人"是阅读推广工作的组织与实施者,对校园阅读文化建设的重要作用是:

(1)引导作用。高校"阅读推广人"在推广阅读活动中开列的专题书目、组织的经典阅读、专业沙龙等,既传授专业知识,又传递阅读理念与价值,使学生懂得了读什么书和怎样读书,提高学生的阅读意愿,使不爱阅读的学生爱上阅读,使喜欢阅读的学生更爱阅读。

(2)帮助作用。高校"阅读推广人"一般阅读经验丰富,学术造诣较深,善于沟通传授。通过推广活动,可以帮助不会阅读的学生学会阅读,帮助专业迷茫的学生跨越学习障碍,辅助学生培育纯正的阅读品位和明确学习目标。

(3)凝聚作用。"阅读推广人"通过"一对多"的活动形式,使得分散的读者能够凝聚成各类阅读团体、学习组织。而这类阅读团体的繁荣既可以凝聚更多力量参与到阅读推广工作中来,助推校园阅读文化,又使得学生之间得以充分交流,相互激励,共同提升阅读素养,凝聚校园文化正能量。

(4)品牌作用。一位有名气的"阅读推广人"本身就是一种阅读品牌,他可以成为一个学校、一个领域、一座城市、一个地区的"形象符号"。"阅读推广人"还是打造阅读推广品牌的中坚力量,通过他们的推广,可以赋予大学生文明沉稳的性格和超越肤浅表象的阅读深度和研究高度。[①]

[①] 百度百科.阅读推广人.[EB/OL].[2016-09-12]. http://baike.baidu.com/link?url=O-jJDtkib Ybmnt UY4jRQ_ TacQVbeLW-qXq6iku0XZL-D69kzSQhurhKs-_6vs1HmX_p0okXREb8_EEzoGwVlNXaI9TTj78YwHR5qYZHlCY9-eaWQ6xCIZAlX3gjefXh_.

四、"阅读推广人"建设现状

伴随"全民阅读"建设的深入开展,"阅读推广人"这一角色应运而生并逐渐得到重视。《全民阅读促进条例》(征求意见稿)第十六条规定:"各级人民政府应当建立阅读推广人队伍,鼓励和支持教师、公务员、大学生、新闻出版工作者等志愿者加入阅读推广人队伍,组织开展面向各类读者群体的专业阅读辅导和推广服务。"[①]《深圳经济特区全民阅读促进条例》第十二条:"鼓励具有阅读推广专业知识和阅读推广实践经验的阅读组织和个人作为阅读推广人,为企业、学校、社区、养老院、福利院、军营等单位提供公益性阅读推广服务。"第十三条:"市、区文化主管部门可以组织培训阅读推广人,为阅读推广人开展公益性阅读推广活动提供必要的支持和保障。"[②]《湖北省全民阅读促进办法》第十六条提出"教育机构应配备阅读推广教师"。这些相关政策促进了"阅读推广人"队伍的发展壮大。

(一)"阅读推广人"的构成

作为"阅读推广人",首先应具有较强的阅读意愿,阅读推广人应该热爱阅读。其次应具有阅读推广意愿,阅读推广人应自愿并乐于从事阅读推广工作,还应以身作则,能够在阅读内容和阅读方法上起到指导作用。目前国内的"阅读推广人"多为全民阅读活动的组织者、各类图书馆馆员、民间读书会创办人、出版部门的推销者、图书的经营者、教师、文化志愿者等。如2014年11月,北京阅读季评选的"十大金牌阅读推广人"是:天奇创投管理合伙人纪中展;"爱阅团"创办人、新阅读研究所研究员李一慢;悠贝亲子图书馆创始人林丹;怀柔图书馆馆长王建军;"一起悦读"俱乐部创办人石恢;昌平圣学图书馆馆长徐继新;德胜社区教育学校图书馆教师宋群;童立方亲子绘本馆馆长刘艳红;同道读书会负责人赵聚等10人。[③]显而易见,"金牌阅读推广人"中图书馆方面的人员居多。此外,还有著名作家,如浙江师范大学儿童文学研究所研究员彭懿、上海师范大学教授梅子涵、中国台湾地区绘本作家方素珍等。有创业者,如中国台湾地区儿童阅读推

---

① 国家新闻出版广电总局.关于《全民阅读促进条例》(征求意见稿)公开征求意见的通知[EB/OL].[2016-09-12].http://www.gapp.gov.cn/news/1663/274862.shtml.
②《深圳经济特区全民阅读促进条例》[N].深圳特区报,2016-01-03(A4).
③ 新华网.北京阅读季评选推出"十大金牌阅读推广人"[EB/OL].[2016-09-12].http://news.xinhuanet.com/book/2014-11/19/c_127228132.htm.

广人张大光等。有全职妈妈，如知名草根阅读推广人喆妈等。不难看出，他们从事的多为儿童阅读推广。

实践表明，我国"阅读推广人"大致可分为：大众层面的阅读推广，如"红泥巴"网站创始人阿甲，各省评选的阅读推广人；儿童阅读层面的推广，如上海师范大学师大的梅子涵，浙江师范大学的方卫平等；妈妈群体的阅读推广，如天心阅读文化网的职业阅读推广人李静等；语文教学界阅读推广，如"亲近母语"课题组的徐冬梅，北京师范大学的陈晖等；高校图书馆阅读推广，如图书馆阅读推广部门的专职人员，各高校选聘的学校阅读推广人等。以深圳市 2012 年"阅读推广人"培训班学员为例，其身份构成：来自民间阅读组织者 52 人（占38.2%），图书馆职员 27 人（占 19.9%），中小学教师 13 人（占 9.6%），企业员工 7 人（占 5.1%），机关公务员 6 人（占 4.4%），全职妈妈 4 人（占 2.9%），其他行业从业者 27 人（占 19.9%）。"阅读推广人"的构成呈现多元化的特征。[①]

与社会不同，高校的"阅读推广人"结构具有特殊性，由于条件的限制，图书馆馆员、教师、高校辅导员和一些社会名人当然成为"阅读推广人"的主要构成人员。如三峡大学文学与传媒学院彭红卫教授荣获 2014 年度湖北省"十佳阅读推广人"；沈阳师范大学的"阅读推广人"外聘的有著名作家、企业家、记者，校内的有长江学者、知名教授、优秀辅导员和研究生代表。

（二）"阅读推广人"的培育

深圳和上海在"阅读推广人"培育工作方面进行了大量的探索。早在 2012 年，"深圳读书月"组委会、深圳市文体旅游局就开始了深圳市"阅读推广人"公益培训。通过"授课+交流+实践"的方式，从知识结构、实践能力两个方面提高"阅读推广人"的专业水平。

中国图书馆学会于 2014 年 12 月 10 日召开以"全民阅读推广的转型与升级"为主题的全民阅读推广峰会暨"阅读推广人"培育行动启动仪式。会议通过专题报告、业务讲座、代表交流互动和专题研讨等形式，提升全民阅读推广的水准和质量，并借此凝聚业界智慧，进一步推动全国全民阅读工作的建设与发展。截至2016 年 7 月，中国图书馆学会"阅读推广人"培训班已经举办了 5 期。培训后，

---

① 谯进华.深圳阅读推广人的实践及发展［J］.特区实践与理论，2013（2）：64-66.

中国图书馆学会组织了"阅读推广人"等级考试,一些参加培训人员顺利通过考试,获得了"阅读推广人"(基础级)徽章。①

在中国图书馆学会号召下,从2014年起,北京、上海、江苏、浙江、湖南等许多省市纷纷招募聘任"阅读推广人",并举办"阅读推广人"培训班,使更多的人加入"阅读推广人"的行列。2015年2月4日,深圳图书馆举办了中国图书馆学会"阅读推广人"培育行动教材编写会第一次会议。该教材将于近期出版,同期持续开展"阅读推广人"培育行动的培训工作,包括"阅读推广人"基础级培训、少儿阅读培训、数字阅读培训、经典阅读培训等。深圳计划5年内培养800位"阅读推广人"。②

2015年4月,上海市"阅读推广人"计划暨首期"阅读推广人"培训班正式启动。浦东图书馆作为示范性试点单位,以"阅读推广人"工作组为领导小组,负责阅读推广人管理办法、认证细则、培训课程方案等制度设计,以及阅读推广人培训计划的实施、阅读推广人认证等具体管理协调工作。各地还举办了"阅读推广人"志愿者推广,以教材、课件、课程授课、观摩实践、水平测试等环节对培训者进行测试。从理论与实践上对学员进行指导,分享成果与实战经验,为各级各类图书馆培养阅读推广业务骨干。③

第二节 "阅读推广人"活动策划与实施

"阅读推广人"活动的组织与实施,一般多发生在省市等各级公共图书馆,并且大多开展的是青少年和儿童阅读推广。高校图书馆开展"阅读推广人"活动的为数不多,但也不乏"阅读推广人"活动的成功案例,沈阳师范大学图书馆的"阅读推广人"计划就为高校图书馆的阅读推广树立了样板。

---

① 中国图书馆学会.关于举办"阅读推广人"培育行动第五期培训班的通知[EB/OL].[2016-09-12]. http://www.aiweibang.com/yuedu/130170665.html.
② 聂灿.首批34位阅读推广人诞生[N].深圳商报,2012-10-11(C01).
③ 浦东图书馆.上海市"阅读推广人"计划暨首期"阅读推广人"培训班在我馆启动[EB/OL]. [2016-09-12].http://www.pdlib.com/pdtsg_website/html/defaultsite/pd_tsg_bggk_xwdt/2015-05-04/Detail_28571.htm.

一、"阅读推广人"活动的背景

1999年至今,中国出版科学研究所(现更名为"中国新闻出版研究院")进行了十三次大规模的全国国民阅读调查,调查结果显示,虽然每年的图书阅读率都有一定幅度的上涨,但与其他国家相比,我国的国民阅读量仍差距较大。在高校中,自2010年开始,图书借阅量普遍呈下滑趋势,以沈阳师范大学图书馆为例,2010年图书借阅量为130万册,到2014年,借阅量已经下降到78万册,下降幅度接近50%,且大学生的阅读行为普遍存在功利性、浅阅读等问题,需要引领和指导。

鉴于此,沈阳师范大学图书馆从2010年开始举办读书文化节,千方百计推广阅读活动。为了强化阅读推广,2014年组建专门的阅读推广部,想方设法促进校园阅读推广。图书馆认为,阅读推广不仅仅是图书馆人的责任,需要集众人之力,将阅读理念推广至每一个人。经过精心策划,于2015年世界读书日前夕,沈阳师范大学图书馆在各种阅读推广活动基础上,推出"阅燃星火·共享书香"的"阅读推广人"行动计划,在学校面寻找热爱阅读、乐于分享的师生,为他们提供空间和平台,根据他们的身份和特点,量身打造阅读推广活动,在校园内播撒阅读的种子,带动大学生读者的阅读热情。

二、"阅读推广人"活动的设计与实施

沈阳师范大学图书馆在原来的阅读推广小组基础上,正式成立了阅读推广部,由馆长助理兼任阅读推广部主任,馆内抽调精干力量从事阅读推广工作。经过阅读推广部的认真准备,首先发起了"阅读推广人"行动计划,并开始宣传与选聘工作,在学校教师和学生社团中招聘阅读推广人,开展各种阅读推广活动,广泛传播阅读理念,达到倡导校园阅读风气、引领读者阅读方向、激发学生阅读热情的目的。

沈阳师范大学图书馆在组建"阅读推广人"团队过程中,特意设计了宣传海报。"阅读推广人"团队借埃及神话中的"五芒星"搭建团队架构,在全校师生群体中分别从学术带头人、教师、辅导员、图书馆馆员、学生五个层面招募聘用

阅读推广人，每个人各有所长，在阅读推广活动中既各有侧重，又相互交融。团队以推广阅读为核心，五个层面的阅读推广人像围绕在周围的五颗星星，他们的阅读推广活动相互交织辉映，以点带面，联接一体，形成充满魔力的"五芒星"，凝聚无穷力量，唤醒读者的阅读热情。

图 13-1　"五芒星"招聘宣传海报　　图 13-2　阅读推广人招聘宣传海报

整张海报以绿草蓝天为背景，象征着阅读的春天即将到来，广阔的天空预示着阅读推广事业发展拥有广阔的空间和美好的未来。画面中心是一本翻开的图书，指代阅读。周围环绕的手臂，寓意图书馆与各层面"阅读推广人"共同承担阅读推广的重任，同心协力做好阅读推广工作，携手迎接阅读的春天，同时圆形有圆满之意，寓意阅读推广事业终将在大家的努力下圆满成功。在广泛宣传和细致工作之下，"阅读推广人"行动方案进入实施阶段。

三、第一批"阅读推广人"的选聘与实践

2015 年，沈阳师范大学第六届读书文化节在筹备过程中，策划了首批"阅读推广人"的团队架构，分别从学术带头人、教师、辅导员、图书馆馆员、学生五个层面招募。所选取的五个层面的人员各有所长，在大学生读者群中享有较高威望和号召力，他们在阅读推广活动中既各有侧重，又相互交融。

表 13-1　沈阳师范大学图书馆第一批"阅读推广人"

序号	姓名	单位	身份	聘任时间
1	孟繁华	辽宁省作家协会	教授（第六届鲁迅文学奖获得者）	2015.4（一年）

续表

序号	姓名	单位	身份	聘任时间
2	贺绍俊	校文化与文学研究所	教授（第六届鲁迅文学奖获得者）	2015.4（一年）
3	王力春	校文学院	青年教师（本校"国学达人"）	2015.4（一年）
4	金星	校法学院	青年教师（辽宁省"最佳藏书人"）	2015.4（一年）
5	刘君杰	校马克思主义学院	专职辅导员（优秀辅导员）	2015.4（一年）
6	魏泽	校教育科学学院	专职辅导员（优秀辅导员）	2015.4（一年）
7	胡永强	校图书馆	文献资源建设负责人	2015.4（一年）
8	芦金梅	校图书馆	读者协会学生社团指导老师	2015.4（一年）
9	孙浩宇	校文学院	研究生（读书社团负责人）	2015.4（一年）
10	贾婷宇	校文学院	本科生（读书社团负责人）	2015.4（一年）

首批10位"阅读推广人"中，贺绍俊教授和孟繁华教授属于学术带头人，两位教授均是国内文学评论界的领军人物、第六届鲁迅文学奖的获得者、茅盾文学奖的评委，在业内颇具威望和影响力。教师层面的"阅读推广人"有王力春和金星两位青年教师。王力春老师是沈阳师范大学"国学达人"，他热心于传统文化推广，先后创办"兰亭书院""子衿国学会"，主编《子衿》会刊。金星老师是2014年度辽宁省"最佳藏书人"、沈阳师范大学"阅读达人"，平时在课堂上经常向学生推荐并指导阅读专业经典图书。辅导员层面上聘请了马克思主义学院的刘君杰和教育科学学院的魏泽两位老师。图书馆馆员"阅读推广人"分别是图书馆采购员胡永强和读者协会学生社团指导老师芦金梅。学生层面的"阅读推广人"，分别从本科生和研究生中选聘了两位读书社团的负责人。

在2015年沈阳师范大学第六届读书文化节上，学校领导为首批10位"阅读推广人"隆重颁发聘书。

图 13-3　第一批阅读推广人颁发聘书

首批"阅读推广人"团队组建后，图书馆与 10 位"阅读推广人"共同策划举办了一系列阅读推广活动，将阅读推广活动实践推向高潮。

读书节开幕式上，贺绍俊教授做客"向忱讲坛"，提出"首席阅读推广人"寄语，"……那些优秀的文学图书，以理想主义的灯火照亮了人们的精神空间，也让更多的人感到活得有尊严。因此，我要隆重地向大家推广优秀的文学图书，我也愿意以一名读者的身份和一名阅读推广人的身份，向文学表示崇高的敬意！"同时为广大读者解读《平凡的世界》这部畅销数十年的当代经典，为读者解读文学的魅力。活动期间，贺绍俊教授还利用自身的影响力邀请了当今文坛知名作家，《来生再见》《湖南骡子》《黄埔四期》的作者何顿，为大学生解读他的抗战题材作品中所蕴含的民族精神；邀请解放军出版社总编辑、小说《亮剑》的责任编辑董保存大校做客"向忱讲坛"，为广大读者讲述苏联红军出兵东北始末，为读者带来了文化与精神的盛宴。

孟繁华教授在读书文化节期间做客"向忱讲坛"，为广大读者带来"当下中国的思想文化环境"专题报告，他集本人多年的读书心得与大家分享，帮助大学生分析当下的文化环境，鼓励大学生多读书，通过读书修身立德，实现大学所倡导的自由精神和独立思想，对大学生读书有着极强的现实指导意义，让同学们受益匪浅。

王力春老师拥有自创的品牌活动，颇具影响力。先后创办"兰亭书院""子衿国学会"，主编《子衿》会刊，每月都在图书馆举办读者沙龙，做客真人图书馆。通过"论语""一分为二道德经"等国学讲座，品经论典，推介国学精粹，引导阅读，与同学们分享国学经典、书法审美与基本技法，传递着儒家的生活方式、处事态度和东方学人的儒雅风度，进而传播中国博大精深的优秀传统文化。

金星老师是 2014 年度辽宁省"最佳藏书人"、沈阳师范大学"阅读达人"，他指导的"鲤鱼读书沙龙"已举办数十期。他为学生做了"法辨：中国法的过去、现在与未来"读书沙龙活动，与大学生共同品读分享这部法学著作的精髓。在图书馆举办的论文写作大赛期间，金星老师为全体参赛学生做了"如何选题以及专业研究热点与趋势分析"的相关培训，帮助大学生提高学术实践能力，提升科研素养。通过他的读书沙龙与学生分享专业阅读理念，荐读学术著作，同时还多次邀请法学专家做客沙龙，助推学生专业学习。

刘君杰老师连续两年组织"与书为友·以书会友"大学生读书爱书活动；魏泽老师所做"品读《少有人走的路》"读书沙龙活动，用阅读开启学生的心智成熟之路。胡永强老师一直通过好书角、新书展架等渠道向读者推送馆藏图书。芦金梅老师与读者协会的同学们组织读书沙龙、英语角、真人图书馆等多项阅读活动，目前真人图书馆已有 88 本真人图书上架，这些活动已成为图书馆指导阅读的品牌，在学生中已经形成一定的影响力。学生"阅读推广人"依托各自的读书会与校内其他学生社团合作组织更加活泼灵活的阅读活动，成为阅读推广的得力助手。

四、第二批"阅读推广人"的选聘与实践

2016 年读书文化节期间，图书馆继续推行"阅读推广人"行动计划，聘任了第二批"阅读推广人"。在面向校内招募的同时，将视野扩大到社会，即面向社会招募"阅读推广人"，希望能够利用社会知名人士的影响力和传播力，吸引更多的大学生读者走进阅读的世界。经过细致的筛选与沟通工作，图书馆第二批"阅读推广人"团队应时产生。

表 13-2　沈阳师范大学图书馆第二批"阅读推广人"

序号	姓名	单位	身份	聘任时间
1	鲍尔吉·原野	辽宁省公安厅、辽宁省作家协会	知名作家	2016.4（一年）
2	毕玉才	《光明日报》辽宁记者站	站长	2016.4（一年）
3	刘奇	辽宁省明明德传统文化教育基金会	著名企业家	2016.4（一年）
4	姚建宗	校法律与公共政策研究中心	主任（博士生导师）	2016.4（一年）
5	杨宝林	校书法教育研究所	所长（博士）	2016.4（一年）
6	李福岩	校马克思主义学院	党总支书记	2016.4（一年）
7	孟宪吉	校数学与系统科学学院	副院长	2016.4（一年）
8	赵慧平	校文学院	教授（博士）	2016.4（一年）
9	迟煦	校戏剧艺术学院	优秀教师	2016.4（一年）
10	韩汶言	沈阳师范大学	研究生	2016.4（一年）

第二批"阅读推广人"团队中，在校外聘用了具有"文艺界草原三剑客"称号之一的国内知名作家鲍尔吉·原野，《光明日报》辽宁记者站站长毕玉才，沈阳著名企业家、辽宁省明明德传统文化教育基金管理办公室主任刘奇。这三位"阅读推广人"都乐于参与推动全民阅读的事业，曾分别做客本校"向忱讲坛"与沈阳师范大学子进行读书、做人、做事等方面的学习交流，都愿意用自己的力量助推大学生正向成长。

校内的"阅读推广人"仍延续五个层面的人选，同时兼顾"阅读推广人"的专业背景，以期对大学生的专业阅读起到指引作用。校内"阅读推广人"聘任了法律与公共政策研究中心主任、2015年教育部"长江学者奖励计划"特聘教授姚建宗博士，校书法教育研究所所长杨宝林博士，马克思主义学院党总支书记李福岩教授，数学与系统科学学院孟宪吉副院长，文学院赵慧平教授，戏剧艺术学

第十三讲 "阅读推广人"活动的创意与实践——沈阳师范大学图书馆阅读推广案例

院迟煦老师以及优秀研究生代表。

这些"阅读推广人"无论身份、地位，他们共同的特点是都热爱读书，对读书有着自己特殊的感悟和见解，并且热心公益，乐于分享，愿意与大学生交流他们的读书经历与心得，与大学生共同探讨阅读中的乐趣。

图13-4 为第二批校外"阅读推广人"颁发聘书

图13-5 为第二批校内"阅读推广人"颁发聘书

以2016年沈阳师范大学第七届读书文化节为开端，第二批"阅读推广人"相继与图书馆共同策划推出了各自的阅读推广活动。不但使"阅读推广人"活动得到确认，而且呈现新的特色、新的魅力，凸显了"阅读推广人"活动发挥的无与伦比的指导作用。第二批"阅读推广人"根据自己的特点，打造了丰富多彩的系列化的主题栏目和推广活动。如"鲍尔吉·原野经典十日谈"、刘奇的"创新创业主题阅读"系列活动等，无不具有极大的吸引魅力。

267

外聘"阅读推广人"鲍尔吉·原野，系辽宁省公安厅专业作家，辽宁省作协副主席。在大陆出版《原野文库》等60种散文集、长篇小说和短篇小说集；在中国台湾地区出版《现代文学典藏——鲍尔吉·原野散文集》等2种散文集。曾获《人民文学》杂志散文奖、蒲松龄短篇小说奖、文汇报笔会奖、内蒙古文艺特殊贡献奖及金质奖章。他应邀成为沈阳师范大学第二批"阅读推广人"。鲍尔吉·原野老师首先向大学生读者推荐了10部经典著作《小银和我》《安娜·卡列尼娜》《契诃夫小说选》《古诗十九首》《杜甫诗选》《霍乱时期的爱情》《与风景对话》《九三年》《汤姆索亚历险记》《草叶集》，并为每一部作品撰写了推荐语。围绕这些作品，原野老师精心准备了10场读书沙龙，与大学生一起逐一解读这10部作品的经典之处。从2016年4月21日开始，陆续举办了原野经典系列讲座之一：《谁在与神灵说话——希梅内斯的〈小银和我〉》读书沙龙；经典系列讲座之二：《清澈中的悲悯——契诃夫小说选》；经典系列讲座之三：《汉朝的清音——古诗十九首》；经典系列讲座之四：《幽默与童贞的混合——汤姆·索亚历险记》；经典系列讲座之五：《美与童贞——安徒生童话选》，全年计划完成10讲。鲍尔吉·原野老师的每场讲座都座无虚席，他以诙谐幽默的讲授技巧和耐心细致的交流互动，赢得学生的喜爱。通过对10部经典的详细分析讲述，在引领精品阅读的同时达到培育文学写作素养的目的，创造了"听君一席话，胜读十年书"的阅读推介效果。

外聘"阅读推广人"毕玉才，现任《光明日报》辽宁记者站站长，高级记者，辽宁省社会科学院特约研究员。历任《辽宁日报》要闻部记者，《辽宁法制报》总编助理，《辽宁农民报》总编辑。出版《影响辽宁》《感动辽宁》《点亮朝阳》等七部作品集。毕玉才记者热心于推广阅读，曾多次应邀为沈阳师范大学大学生做讲座。在读书文化节期间，他以"你不知道的辽宁"为主题，以生动形象夹杂幽默诙谐的语言讲述了辽宁地域鲜为人知的故事，与师生分享了辽宁悠久的历史和文化，让与会师生充分了解了辽宁悠久的历史、源远流长的古文化，增强了师生热爱家乡的情怀和建设家乡的信念。

著名企业家刘奇，系加拿大PQI工业科技有限公司总裁，搜拼网联合创始人，沈阳普祺汽车部件有限公司董事长，辽宁省民营科技企业家协会秘书长。他所做的"新工业革命的机遇与挑战"的报告,作为图书馆第七届读书文化节"创·青春"创新创业主题阅读重要活动——"创业大讲堂"首场报告震撼开讲。报告以工业1.0到工业4.0的变迁为线索,讲述了每个时期的代表人物与重要事件。他结合自身的创业经历和人生感悟,诠释了新一代的企业家精神,讲解了新时代的创业观。在互动环节,刘奇董事长热情解答了同学们提出的关于就业、创业、北漂等问题,他中肯地指出了当代大学生常有的"好高骛远"和"计较小利"的两个大问题。他鼓励同学们大学的前两年要努力学习、磨炼品格,大三之后增加社会实践并要开始规划人生。至于谈到"北漂"问题时,他指出在哪里"漂"不重要,只要志存高远,并努力造好自己这艘小船,到哪里都能扬帆远航。刘奇董事长的精彩演讲使在场师生深受震撼与启发,他的广博见识与谆谆教诲为大学生的学习生活及职业规划提供了有益建议。

在2016年读书文化节启动仪式上,鲍尔吉·原野和刘奇老师在接受"阅读推广人"聘书的同时,鲍尔吉·原野老师还将他的多部手稿捐赠给沈阳师范大学图书馆,刘奇老师也向图书馆捐赠了图书,这些手稿和图书可让大学生对阅读推广老师的造诣增加更深层次的了解、理解与感悟,实现睹物思人的鞭策作用。

书法学博士杨宝林教授,系沈阳师范大学书法教育研究所所长、文学院中国古代文学与古典文献学教授,兼任辽宁省书法家协会理事、辽宁省高校书法协会联合会顾问,被誉为名副其实的学者型书法家。杨宝林教授热衷于"阅读推广人"的工作,在第六届大学生读书文化节"爱国主题楹联竞赛"活动中,为全校楹联爱好者做了"楹联的创作与欣赏"讲座。他详细介绍了楹联的产生及发展过程,指出楹联之所以源远流长是因为其独特的形式特征,其中最重要的当属声律和对偶。报告深入浅出,引人入胜,通过实例充分解读楹联之精妙,展示了楹联学的高雅格调和独特意境,对弘扬中国传统文化,促进社会文明发展意义深远。

沈阳师范大学戏剧艺术学院的迟煦老师利用专业优势,以朗诵的形式与同学们共读经典,同品名篇,在读书节开幕式上带领他的团队以诗朗诵《用读书点亮人生》拉开读书节的序幕。迟煦老师在履行"阅读推广人"职责期间,做了"朗诵技巧与训练"的推广计划,第一部分:朗诵概说;第二部分:朗诵技巧;第三部分:朗诵训练;第四部分:朗诵指导,整体计划经过四期完成。通过朗诵技巧的训练，向学生传授朗诵的准备和表达等技巧，并进行诗歌朗诵、散文朗诵、小说朗读、议论文说明文朗读、童话寓言朗读的不同段落练习，指导学生诵出节奏美、旋律美和意境美。该活动吸引全校学生的参与，每个经过训练的学生都能将各种朗诵素材创作成为舞台作品，使学生受益匪浅。

李福岩教授，系沈阳师范大学马克思主义学院教授、哲学学科负责人，兼辽宁省社会科学联合会党的创新理论研究中心特约专家，辽宁省马克思主义学会、哲学学会、"中国梦"战略思想研究会理事等职，从事马克思主义理论教学与研究26年。他围绕自己的专业，通过读书沙龙活动向大学生推荐并解读专业经典书目，以《自由人联合体的美好理想——品读〈共产党宣言〉》为题，向大家深入浅出、通俗易懂地讲解了这部伟大的著作，让参与沙龙的同学们深刻理解了《共产党宣言》的内涵和思想，并坚定了共产主义伟大理想。

沈阳师范大学赵慧平教授，系沈阳市劳动模范，沈阳五一劳动奖章获得者，辽宁省普通高校专业带头人，其在文学理论、文化学领域具有较深造诣。作为文学院院长、教学名师的赵慧平教授，曾多次参与阅读推广活动，如"在读与写中愉快生活"等报告。现在作为名正言顺的"阅读推广人"，他又带来了"新世纪之交，我们一起读鲁迅"的系列讲座，与文学爱好者共同分享鲁迅的文学世界和精神魅力。赵老师一再强调读书与写作都是生活中令人愉快的事情，通过读书、写作能够与所有的人实现精神的对话和心灵的沟通。读书和写作能使自己超出个人生活经验与思想的局限，获得更为丰富的精神生活空间，让生命更有质量。

姚建宗教授，系教育部"长江学者"，国家级教学名师，全国十大"杰出青年法学家"，教育部法学学科教学指导委员会副主任委员，中国法学会常务理事，中国法学会法理学研究会副会长，国家社会科学基金学科规划评审组专家，辽宁省高等学校"攀登学者"。现为沈阳师范大学法律与公共政策（法律政治学）研究中心主任，法学学科的领军人物。姚建宗教授在百忙之中积极担当"阅读推广人"，为学生做"读书与我们的生活"讲座，在法律与公共政策方面（包括法理学、法哲学、法律社会学和法律政治学理论等），为大学生开展多场讲座与读书沙龙，指导大学生法学学科书籍的专业深度阅读，助力学校的阅读推广活动。

孟宪吉副教授，系沈阳师范大学数学与系统科学学院副院长，被学校评为

"我心目中的好老师"。孟宪吉老师多次指导大学生参加全国数学建模竞赛和省级教学质量工程项目,多次获奖,被学校评为优秀指导教师。他在应邀担任"阅读推广人"后,凭着强烈的事业心,脚踏实地地开展指导工作,提出数学和系统科学方面的阅读书目,以"春蚕吐丝"般的奉献精神,培养学生的阅读能力、创新能力和就业竞争力,强化对学生实践能力的培养。

沈阳师范大学图书馆选聘的第二批"阅读推广人",无论职位高低,无论专业如何,无论工作多么繁忙,都能积极履行"阅读推广人"的责任与义务。他们主动热情创意,策划的各种阅读活动精彩纷呈,有声有色、多姿多彩的阅读系列活动布满了整个年度学程。

第三节 "阅读推广人"活动的绩效评价

沈阳师范大学图书馆推行"阅读推广人"行动计划两年来,制度逐渐健全,队伍日趋稳定,活动积极创新。聘任的两批"阅读推广人"分别开展了读书沙龙、专家讲坛、经典书目推荐、真人图书分享等形式多样的系列活动,每一期活动都收到了意想不到的良好效果,所发挥的阅读推广作用成效显著。

一、"阅读推广人"以其知名度和吸引力创造了较大的社会影响力

沈阳师范大学图书馆"阅读推广人"团队中有外聘的社会媒体名流、知名军旅作家和知名企业家,有校内学识渊博的著名学者和深受大学生喜爱的教学名师,还有大学生身边的"学霸"。他们以其自身的知名度和吸引力,积极推动校园阅读工程,组织大学生读书活动、传播经典优秀读物、开展阅读指导活动,组织策划的读书项目或活动有创意,内容丰富,形式生动。专家学者关于读书的观点和推荐的图书都引起大学生的广泛关注;企业家们丰富的人生阅历使得他们的读书观对大学生产生切身的说服力和号召力;朝夕相处的研究生、本科生"学霸"经常为学弟学妹们传经送宝,特别是专题性的系列活动,每一期活动都为下一期做了宣传,引发大学生的期待和阅读的欲望。"阅读推广人"积极传播健康的阅

读理念，不断创新阅读推广方法，积累了丰富的推广活动经验，受众面越来越广，推广价值与引领作用越来越大。

二、"阅读推广人"以其丰富学识和引领作用对学生的成长影响深远

"阅读推广人"自受聘以来，以"推进校园全员阅读、建设书香校园"为己任，"阅读推广人"团队为在校园撒播经典阅读种子、传播读书技巧和方法方面做了大量工作。他们在引导学生阅读中注重解决三个问题：为什么阅读，读什么书好，怎样阅读。通过他们的言传身教，学生真正懂得择真而读、择善而读、择美而读，并学会精读、略读、快读、默读和听读等读书技能，懂得要为自己成为合格人才而读。"阅读推广人"除以主讲人身份做讲座，传播个人的学习奋斗经历，还邀请社会知名人士为校园学子开拓阅读视野。他们以其渊博的学识言传身教，推广专业经典，引领学生阅读方向；他们发挥自身优势，推送馆藏资源，组织读书社团，指导大学生阅读行为，培养学生阅读习惯。全体"阅读推广人"在各自的领域，他们发挥自身优势，勇于担当"阅读师表"的社会重任，做好学生阅读的引路人，全面释放他们的光与热，对在校大学生的成长和校园人才培养意义重大，影响深远。

三、"阅读推广人"在阅读推广活动中发挥了最大的通约性

沈阳师范大学图书馆与"阅读推广人"共同策划推广计划时，对活动的科学性、合理性和预期目标展开论证，注重活动实效，不停留在表面指标上，不搞应时应景或运动式活动，建立可持续发展的阅读推广体系。"阅读推广人"行动的实施，实现了培养阅读习惯，解决了阅读的惯性和持久性问题；提高了阅读质量，解决了阅读的内容和品位问题；提高了阅读能力，解决了阅读的方法、技巧，即阅读效率问题；提高了阅读效果，解决了阅读的理解水平，即阅读的消化吸收问题。同时，阅读兴趣、阅读习惯、阅读质量、阅读能力、阅读效果这五个概念在阅读推广活动中具有最大的通约性，规约了阅读推广的内涵和外延，一切阅读推广活动都是围绕着这五个范畴来开展的。此外，高校图书馆"阅读推广人"具有内行性和懂教育、懂馆藏、懂读者的明显优势，专家承担传道授业、引领读书，

辅导员和学生联系密切，方便开展阅读活动，并能以阅读活动为载体促进其他工作的开展，他们是学生阅读的引路人，是高校图书馆"阅读推广人"队伍的最好选择。

四、"阅读推广人"切实有效的推广成为高校阅读推广的最佳模式

"阅读推广人"是校园阅读的引路人，对学生阅读兴趣的激发、阅读能力的培育、阅读习惯的养成，起着不可替代的作用。因此，建立稳定的"阅读推广人"队伍是高校和高校图书馆需要开展的一项重要工作。社会上的文化名人、知名企业家、成功人士与校内高素质的教师、学生代表均是高校"阅读推广人"队伍稳定、重要的力量。他们喜爱阅读并乐于分享阅读心得，担起帮助大学生读书的重任，担任"阅读推广人"具有明显的优势，可行性和操作性强。图书馆推行"阅读推广人"计划，在确定"阅读推广人"后，要对"阅读推广人"进行系统培训和科学管理，积极与所聘"阅读推广人"沟通，交流阅读推广活动目的和实施计划，进行活动策划；让"阅读推广人"做出自己的阅读推介活动计划，由图书馆阅读推广部来统筹安排、组织实施，并对他们的阅读推广工作提供必要的帮助。阅读推广工作是今后一个时期高校乃至全社会的一项不可忽视的工作。在高校各部门的保障和支持下，采用多种切实有效的工作方法实施"阅读推广人"计划，其良好的操作性、实效性与可持续性是高校图书馆阅读推广的最佳模式，其达到的推介效果是无与伦比的。

第四节 关于"阅读推广人"活动的启示

通过"推广阅读人"活动的实施，沈阳师范大学图书馆的阅读推广不断掀起高潮，大学生热爱阅读的习惯不断养成，他们十分关注和愿意参加各种阅读活动。阅读推广不仅仅是图书馆人和"阅读推广人"的事，全校师生乃至全社会每一个人都义不容辞。

一、构建专业化的"阅读推广人"团队

在策划"阅读推广人"招募过程中,要拓宽"阅读推广人"聘任的视野,走出校园,面向社会媒体、企业、团体、军营、社区等不同领域寻觅人选,利用推广人的优势,让他们在擅长的领域尽情发挥。同时要挖掘大学生身边的力量,在教师团队和读者之星中聘任"阅读推广人",树立身边的榜样,在校园中营造阅读的氛围,打造阅读时尚,充实"阅读推广人"队伍的建设。目前,"阅读推广人"的队伍还很薄弱,在社会上还没有形成气候,所发挥的作用比较有限。因此,必须加强培养"阅读推广人"团队,通过培训班系统的专业培训,"阅读推广人"发展成为一个崭新的社会专门职业不是没有可能。这一职业正在一批业余推广人、读书人、爱书人以及卖书人中"孕育",推动"阅读推广人"职业化,对"阅读推广人"进行等级评定,并做好优秀"阅读推广人"的评选工作,这是全民阅读工程的需要,是提高中华民族文化水平的需要。

二、借助名人效应建设"阅读推广人"队伍

名人效应在阅读推广中具有很大优势,他们以其自身的知名度和影响力来助力校园阅读推广人建设具有重要作用。借助名人效应,将各类名人纳入到阅读推广人队伍中来。在各类名人中选择恰当人选,在其自愿的前提下,聘任为"阅读推广人",利用其知名度和影响力来激发阅读推广对象的阅读热情和关注度,效果显著。进行明确分工,加强社会名人与专业"阅读推广人"的协同互助。社会名人难以全程参与到阅读推广中来,可对"阅读推广人"进行如倡导者、组织者、讲述人、指导者等明确分工,各有侧重,加强各类"阅读推广人"的协作。注重名人的身份特征与群体阅读需求的对应关系。大学生因专业的原因形成群体阅读需求,因此,阅读推广要"对症下药",要根据不同专业群体需求特征来寻找相对应的名人。名人本身的权威性和较强的专业性,可确保阅读推广的质量。利用名人效应来发挥"激励"手段的作用。名人效应能够有效激活包括物质激励、精神激励、竞赛激励、舆论激励等各种激励模式,如亲笔签名或签名照,获得偶像或权威的肯定,名人对阅读事迹的赞赏及宣传等,都有利于广泛营造热爱阅读的

舆论氛围，激发大学生的阅读兴趣。

三、阅读推广应从文化传承向学术引领拓展

校园阅读推广与社会阅读推广无论在内容、形式或在受众群体上均有不小的差别。社会阅读推广肩负起面向全社会推广文化理念、传播文化精神的重任，激发全民阅读热情，引领高雅健康的阅读风尚，尤其关注少年儿童的阅读推广工作，较多体现的是普及阅读文化，提升社会民族修养和文化传承。高校阅读推广担负的是学校的人才培养，在文化传承的基础上，更多注重经典阅读、专业拓展与学术研究的引领。阅读推广不能以活动形式来应景，追求一时热闹，丢掉了活动的主旨与核心。高校阅读推广活动中被推荐的"好书"既要具备阅读价值又体现专业价值，既要符合主流育人观念又要启发人性思考，既要注重文化传承又应引领学术研究拓展。因此需聘任具有不同学科背景、高水平、专家型的"阅读推广人"，形成校园阅读的推介系统，以学术沙龙为依托，以经典阅读为核心，以提高写作研究水平为目的，助力大学生专业学习和创新能力的提升，助推高校人才的培养。这才是高校"阅读推广人"努力追求的推动效果。

四、重视"阅读推广人"行动方案的创新

随着新媒体的不断发展，高校图书馆读者信息需求和阅读习惯也在不断改变，"阅读推广人"应针对这些改变，将阅读推广活动不断创新。目前高校的阅读推广活动存在两种现象，一是尴尬应景、追求表面热闹；一是重视理论研究、忽略实践探索，二者在一定程度上均不能切实融入阅读活动的推广热潮中。因此，各高校图书馆"阅读推广人"活动需要重视创新与实践的研究，借助一切力量创新阅读活动的引导和推广。对于"阅读推广人"活动创新应有三层含义，一是更新，二是创造新的东西，三是改变。创新作为一种理论支持人们进行创新思维，"阅读推广人"也要不断创新，突破已有常规阅读推广模式的界限，以新的方式、视角去开展阅读推广活动，策划出新颖独创的推广方案，深化推广的活动内涵，产生新颖、独到、有指导阅读意义的行动计划，增加新的阅读品牌，从而实现阅读推广常态化、活动形式多元化、经典阅读轻松化、主题阅读更深化、专业阅读加

强化的推广局面。这是"阅读推广人"计划可持续发展、长盛不衰的法宝。

综上所述,"阅读推广人"是我国"全民阅读"工程中新出现的一种具有重要意义的角色,是全民阅读建设中重要的人才保障。目前"阅读推广人"机制建设尚处于发展初期,相关研究与实践仍不够成熟。沈阳师范大学图书馆的"阅读推广人"工作没有成型的模式可用来参考借鉴,只是系在阅读推广的大目标上摸索前行,"阅读推广人"活动的创新与发展,仍需接受实践的洗礼和检验。但必须基于我国教育实情,借鉴国外先进理念,从实践中摸索出一套适合我国国情的高校图书馆"阅读推广人"建设的方法。只有阅读推广活动不断创新,才能激发学生读书的长久积极性,看到阅读推广的力量,看到"阅读推广人"的赤子之心。

后 记

大学生作为社会的精英阶层，是国家和民族未来发展的中坚力量，应当继承悠久的阅读传统，培养自身的阅读兴趣，养成良好的阅读习惯。与此同时，大学生正处在可塑性很强的成长发展阶段，在这个阶段，有没有及有什么样的知识的传导和渗透，将对大学生的成长、成才产生巨大的影响。因此，阅读成为大学生成长、成才的重要的途径，更成为构建文化强国的社会基石。

我们知道，图书馆本身就肩负着培养学生阅读能力和兴趣的责任，如何吸引大学生积极阅读、如何引导大学生科学阅读，图书馆任重道远。面对网络阅读和数字阅读的冲击，高校图书馆纸本文献的借阅率持续下降，给高校图书馆带来了深深的危机感。目前，在倡导全民阅读的大背景下，阅读推广已成为图书馆的根本性任务之一，也成为高校图书馆工作的"新常态"。在许多高校都在普遍进行阅读推广、社会各界也在广泛关注的基础上，大学图书馆阅读推广工作初见成效，已有越来越多的大学生参与到热爱阅读、热爱知识的行列中。但是，在现有的阅读推广活动中，仍存在着许多制约阅读推广活动不能继续向前推进的因素，高校图书馆开展阅读推广服务的许多问题并没有得到根本解决，都有待进一步深入研究和实践。

为此，我们组织了国内阅读推广工作做得比较突出的部分高校图书馆同人共同编写这本《大学图书馆阅读推广》，以期对目前大学图书馆阅读推广工作做一个梳理。具体分工如下：

王新才，武汉大学图书馆学博士，教授，武汉大学信息管理学院博士生导师、图书馆馆长，湖北省高校图工委秘书长，中国图书馆学会阅读推广委员会副主任。本书主编，负责撰写第一讲《大学图书馆阅读推广的基础理论》。

黄鹏，武汉大学图书馆学博士生，武汉大学图书馆副馆长，湖北省高校图工委副秘书长，中国图书馆学会阅读推广委员会大学生阅读专业委员会主任。本书副主编，负责撰写第二讲《大学图书馆阅读推广的基本准备》。

胡永生，武汉大学图书馆学硕士，武汉大学图书馆咨询与宣传推广部副主任，研究馆员。负责撰写第三讲《大学图书馆阅读推广活动的策划》。

王媛，北京大学图书馆学硕士，清华大学图书馆副研究馆员。本书副主编，负责撰写第四讲《大学校园读书会的培育》。

岳修志，南开大学图书馆学博士，中原工学院图书馆馆长，研究馆员。负责撰写第五讲《高校阅读推广活动评价》。

肖珑，北京大学图书馆副馆长，研究馆员。牵头撰写第六讲《北大读书讲座：汇聚名家大师，分享阅读人生》。

周燕妮，南京大学图书馆学硕士，武汉大学图书馆馆员。负责撰写第七讲《基于卡通形象的高校图书馆阅读推广——以武汉大学图书馆卡通形象"小布"为例》。

杨新涯，中山大学图书馆学博士，研究馆员，重庆大学图书馆馆长；王宁，硕士，重庆大学图书馆馆员。负责撰写第八讲《以书评促阅读——重庆大学图书馆阅读推广实践》。

高凡，中国科学院文献情报中心博士，西南交通大学图书馆馆长，研究馆员。牵头撰写第九讲《尊经重典校风薪传　崇阅尚读书香永继——西南交通大学经典"悦"读推广实践》。

朱立红，华中师范大学图书馆副研究馆员，研究生学历。负责撰写第十讲《以经典阅读为中心的高校阅读推广活动——以华中师范大学"文华阅读季"为例》。

刘宝明，天津财经大学图书馆馆员。负责撰写第十一讲《书与剧的碰撞　你与我的思扬——天津财经大学图书馆阅读推广案例》。

陈有志，湖南大学图书馆，副研究馆员；李柳情，博士，湖南大学图书馆馆员。负责撰写第十二讲《阅读推广：从形式走向内涵建设：湖南大学"一校一书"

阅读推广案例》。

  吴瑾，图书馆学硕士，沈阳师范大学图书馆副馆长，研究馆员；王宇，图书馆学硕士，沈阳师范大学图书馆馆长，研究馆员。负责撰写第十三讲《"阅读推广人"活动的创意与实践——沈阳师范大学图书馆阅读推广案例》。

  阅读推广是图书馆重要的工作任务之一，图书馆只有加大阅读推广服务的力度，丰富阅读服务形式和内容，创造性地将大学生阅读与图书馆推广活动关联，才能更加有效地唤起大学生对知识的渴求，使阅读融入他们的学习与生活，促进大学生各专业素质综合发展。大学图书馆阅读推广工作是一个方兴未艾的事业，阅读推广理论和实践也还处于探索阶段，因此，本教程也必有不当之处，敬希方家批评指正。

黄　鹏
2017年4月于武汉